Du grand Sport et de L'Amitié
à Genève
[signature Michel Robert]

Genève ça roule!
[signature Werner Ulrich]

Genève 2010 !!!
Ma première victoire en
Coupe du monde, dans une
ambiance incroyable, pourvu
qu'il y en ait d'autres!
[signature Kevin Staut]

C.S.I.O. di Ginevra: un nome magico nella vita
di un cavaliere!
Non per nulla la
disputata nel Pa
precisione.
Uno dei ricordi più significativi ed impressi
è legato alla vittoria in una combattuta e
difficile "Coppa" e dove tutti noi componenti
la squadra Italiana, A. Oppes, U. d'Amelio
e i due "fratellini" siamo giunti al
Grand Palais con notevole ritardo, dovuto a
motivi di traffico. La ricognizione del
percorso fu, infatti, sbrizzata da cavallo
approfittando della sfilata delle Squadre
all'inizio della gara.
[signature Piero e Raimondo d'Inzeo]

Genève! que de bons souvenir
équestres.
[signature Pierre Durand]

Viva Geneva
For me one of the best shows
in the World !!!
[signature Jeroen Dubbeldam]

I LOVE GENEVA!
[signature]

Viva geneve !!!
[signature]

Herzliche Grüße
[signature Isabell Werth]

Genève, trois éditions pour moi,
Mais que de beaux souvenirs.
[signature Eric Lamaze]

De haut en bas et de gauche à droite, les dédicaces de Michel Robert, Werner Ulrich, Piero et Raimondo d'Inzeo, Kevin Staut, Pierre Durand, Ludger Beerbaum, Jeroen Dubbeldam, Malin Baryard-Johnsson, Isabell Werth et Eric Lamaze.

LE CONCOURS HIPPIQUE INTERNATIONAL DE GENÈVE
DE 1926 À NOS JOURS

UNE HISTOIRE DE PASSION

ALBAN POUDRET

LE CONCOURS HIPPIQUE INTERNATIONAL DE GENÈVE
DE 1926 À NOS JOURS

UNE HISTOIRE DE PASSION

PRÉFACES DE PIERRE JONQUÈRES D'ORIOLA ET RODRIGO PESSOA

POSTFACES DE SOPHIE MOTTU ET STEVE GUERDAT

Avec le soutien de la
FONDATION
HANS WILSDORF

Éditions Slatkine
GENÈVE
2011

Illustrations de couverture :
L'arène principale du CHI de Genève, à l'époque de l'ancien Palais (photo coll. *Le Cavalier Romand*, Pully) et aujourd'hui à Palexpo (photo Roland Keller), et quelques-uns des principaux acteurs de cette belle et longue histoire, que vous retrouverez au fil des pages.

© 2011. Éditions Slatkine, Genève.
www.slatkine.com
ISBN 978-2-8321-0473-6

Cornella del Vercol   Avril 2011

   Genève 1946, mon premier Concours Hippique International!
Vous pensez quel plaisir j'éprouve a la demande si sympathique de
mon ami Alban Poudret pour tracer ces quelques lignes.
   Que de bons et vieux souvenirs!
   Et après quelques Concours en France ou j'avais déjà obtenu certains
succès, le Colonel Cavaillé notre Chef d'Equipe eut la bonne idée
de faire appel a deux jeunes Cavaliers Jean d'Orgeix et moi même
pour ce premier Concours International après Guerre.
   Nous allions rencontrer quelques fines cravaches qui faisaient leur
retour et que nous admirions avec respect. Et puis des grands
liens d'amitié qui durèrent longtemps avec les Bruslius, Mettler.
Franck Lombard, Victor Morf etc... Je ne veux pas oublier les
grandes personnalités des Sports Equestres Suisse: le Colonel de Muralt
le Colonel Haccius, le Colonel Chevinne, le Colonel Deguellin.
   Après les parcours sur cette belle piste de Plainpalais nous prions la joie
de nous retrouver pour feter le gagnant de l'épreuve...

Préface
de Pierre Jonquères d'Oriola

Genève 1946, mon premier concours hippique international ! Vous pensez quel plaisir j'éprouve à la demande si sympathique de mon ami Alban Poudret de tracer ces quelques lignes. Que de bons et vieux souvenirs !

Après quelques concours en France où j'avais déjà obtenu certains succès, le colonel Cavaillé, notre chef d'équipe, eut la bonne idée de faire appel à deux jeunes cavaliers, Jean d'Orgeix et moi-même, pour ce premier concours international de l'après-guerre.

Nous allions rencontrer quelques fines cravaches qui faisaient leur retour et que nous admirions. Et nouer de grands liens d'amitié qui dureront longtemps avec les Mylius, Mettler, Frank Lombard, Victor Morf, etc. Je ne veux pas oublier les grandes personnalités des sports équestres suisses : le colonel de Muralt, le colonel Haccius, le colonel Chenevière, le colonel Dégallier.

Après les parcours sur cette belle piste – en plein air – de Plainpalais, nous avions la joie de nous retrouver pour fêter le gagnant de l'épreuve.

Pour terminer l'évocation de cet historique concours 1946, je précise que je fus 2e du Grand Prix derrière d'Orgeix et que, quelques semaines plus tard, je remportai le Grand Prix de Zurich devant celui-ci, qui se classa 2e !

S'il reste un « rescapé » de 1946, je suis heureux de lui adresser toutes mes amitiés.

Par la suite, de 1947 à 1973, à l'ancien Palais, je n'ai manqué qu'une seule édition, en 1965, parce que ma propre fédération n'avait pas voulu me sélectionner pour d'obscures raisons, un an après mon second titre olympique à Tokyo. J'étais alors venu en spectateur, pour revoir mes amis. Et c'est ce que j'ai continué à faire, notamment ces vingt dernières années à Palexpo. J'ai beaucoup aimé les finales de Coupe du monde, les Top 10, vos grandes épreuves, mais aussi des épreuves plus amusantes comme le Prix des Familles ou le Masters. J'ai eu le plaisir d'être souvent parmi vous et de vibrer en 2010, en avril comme en décembre, pour votre 50e anniversaire.

Et Genève restera toujours un des plus beaux Concours du monde !

P. Jonquères d'Oriola

⇧ Pierre Jonquères d'Oriola, tout sourire lors d'une de ses fréquentes visites au CHI-W de Genève. Le grand champion est hélas décédé le 19 juillet 2011, peu de temps après avoir rédigé ce texte de sa main.
Photo Geneviève de Sépibus

⇦ Pierre Jonquères d'Oriola lors de sa première conquête du titre olympique, en 1952 à Helsinki avec Ali Baba. Une deuxième médaille d'or olympique suivra, en 1964 à Tokyo.
Photo Jean Bridel – coll. privée Poudret, Pully

Préface
de Rodrigo Pessoa

Genève a toujours été une place spéciale pour moi et ce pour plusieurs raisons. Tout d'abord, c'est à Genève que mon père, Nelson, est arrivé du Brésil dans les années soixante pour commencer sa carrière. Beaucoup de liens se sont donc créés avec des gens domiciliés dans la région et avec lesquels nous sommes toujours en contact aujourd'hui. Genève est aussi le premier concours Coupe du monde à m'avoir donné ma chance et soutenu dès le début de ma carrière. J'ai donc toujours été très motivé sur cette piste. Je suis passé à côté du Grand Prix en 1992, mais j'ai gagné en 1993. Il s'agissait du premier Grand Prix vraiment important pour moi. Ca a été un grand début.

Mais à Genève, il y a aussi eu des moments difficiles, comme en 1996, lors de la finale de la Coupe du monde. Sur le moment, j'ai vécu cela comme un échec, c'était brutal. Mais aujourd'hui, je me rends compte que cela m'a servi. Ce fut une leçon qui a contribué à ma formation et à la gestion de ma carrière. Cette finale a été un vrai tournant pour moi, cela m'a appris à gérer une épreuve et de grosses échéances.

Après cette défaite, j'ai également vécu une série de moments fantastiques et inoubliables à Genève avec mes deux chevaux de tête, Lianos et Baloubet du Rouet, souvent en alternance. Ils se sont toujours bien comportés sur la piste de Palexpo, que ce soit dans les Grands Prix Rolex ou lors de grands rendez-vous, comme les Top 10.

Le public de Genève m'a toujours très bien accueilli. Il a toujours été très fair-play et enthousiaste et cela procure un sentiment spécial. Lorsqu'on sent tout ce monde derrière soi, on n'a qu'une envie, faire encore mieux, se donner encore plus de peine.

Genève est un concours qui a toujours essayé de rester moderne et de progresser sans rester dans un train-train habituel. C'est très important et les organisateurs ont parfaitement géré cela. C'est pour cette raison que Genève a toujours fait partie des deux ou trois concours les plus importants du circuit indoor ces quinze dernières années.

Longue vie au CSIW Genève

Amicalement

R. Pessoa

⇧ Rodrigo Pessoa lors d'une de ses deux victoires en finale du Top 10 mondial à Genève.
Photo LDD

⇦ Rodrigo Pessoa sur le phénoménal étalon Baloubet du Rouet, avec lequel il remportera trois finales de la Coupe du monde Rolex FEI, deux finales du Top 10 Rolex IJRC à Genève et l'or aux JO d'Athènes 2004.
Photo François Mösching

Avant-Propos

Quelle belle aventure : quatre-vingt-cinq ans de longévité, 50 concours internationaux (voire même 51, 1946 n'ayant pas été comptabilisé, on en reparlera…), et sans compter trois nationaux sur la plaine de Plainpalais durant la seconde guerre mondiale, le CHI de Genève aura marqué tous les cavaliers de saut et les passionnés romands, suisses et même étrangers de quatre ou cinq générations.

Pour ma part, le CHI de Genève est à la fois la source et le moteur de ma passion pour le concours hippique, il m'aura aussi permis de réaliser des rêves et des défis insoupçonnés et intenses. Enfant déjà, je rêvais de devenir journaliste hippique et organisateur de concours et, pour tout dire, n'imaginais pas faire autre chose ! A 10 ou 12 ans, quand je faisais sauter, à pied, mes amis dans le jardin, tous les mercredis et samedis ensoleillés, dans des Prix des Nations où s'affrontaient les villages voisins, avec défilé, fanfare et fleurs autour des obstacles, constitués de tonneaux et de bouts de bois peints, pour moi, c'était Genève !

Ma passion pour le concours, ce concours, remonte à 1961. J'avais 4 ans et me souviens encore comme si c'était hier de mon deuxième CSIO*, en novembre 1963. Mes parents ne m'autorisaient pas à les accompagner le soir, ce qui me fit manquer la victoire des Suisses dans le Prix des Etendards. Cette première grande frustration allait sans doute encore décupler ma motivation.

L'ancien Palais avait une âme. Et il s'y dégageait une impression de grandeur, renforcée par ce très haut plafond et cette galerie perchée dans le ciel, que l'on appelait promenoir et d'où l'on pouvait suivre les épreuves pour un ou deux francs. Je revois encore le grand hall d'entrée, revis l'excitation à l'idée de découvrir ce décor et ces champions, sens encore le bois des tribunes, revois cette lumière, comme un filtre jauni, qui descendait sur la piste, des dames élégantes assises aux Potinières…

Sur la piste, le Dr Carbonnier déambulait son mètre à la main, prêt à surprendre, avec une rivière – on a essayé d'en remettre une en 2003, pour le Top 10, mais la réaction de certains cavaliers fut vive ! –, une butte, un peu (trop) grosse peut-être, qui mit le bon Erbach de Monica Weier-Bachman et quelques autres sur trois pieds, une succession de murs, un tout autre décor.

C'était une autre époque, assurément, mais à laquelle le CHI-W de Genève aime se référer. Nous y avons du reste puisé quelques idées, comme le relais aller-retour, l'épreuve des combinaisons, certains obstacles (l'oxer de bouleau), etc. L'histoire (du CHI) ne serait-elle qu'un éternel recommencement ?

Les Vernets, ensuite, ce fut une sorte de transition, le début de l'ère moderne… Comme tout changement, il suscita tout d'abord quelque réticence, mais le public allait être conquis par des Puissances de folie et par la Coupe du monde, même si, pour certains, le deuil des Coupes des Nations fut bien difficile. Palexpo, enfin, marqua l'avènement du sport mis en scène, proposa le Top 10, des épreuves inédites et offrit ses premières finales de Coupe du monde à la Suisse.

⇧ Alban Poudret
Photo LDD

---

* Concours de saut d'obstacles international officiel.

⇩ Le journalisme hippique et l'organisation de concours, une passion née dans mon jardin de Vufflens, où l'on sautait à poney et surtout à pied et où l'on… se croyait au CHI de Genève tous les mercredis et les samedis. Puis, la première interview du champion du monde David Broome, en 1977 aux Vernets, peu avant mon 20e anniversaire. Et, depuis 1992, la participation active à l'organisation… ici avec le remarquable chef de piste de Palexpo, Rolf Lüdi. Et avec Sophie Mottu: une belle complicité, renforcée par huit années d'étroite collaboration à la tête du CHI-W de Genève. Le rêve s'est transformé en réalité !
Photos P-A Rattaz, Patrick Jeanrenaud et François Ferrand (2)

Du jardin à la réalité…

En organisant de «petits Genève» enfant dans mon jardin, je me préparais sans doute sans le savoir à apporter ma propre contribution au concours. C'est Pierre E. Genecand, l'homme du transfert à Palexpo, qui me donnera l'occasion de «rêver en grand», fin 1992. Bien d'autres ont forgé leurs rêves dans leur jardin ou en ramassant des barres et du crottin sur LA piste. Pour ma part, j'avais eu la chance d'être accrédité «presse» dès 1975 – juste avant mes 18 ans –, de collaborer à la rédaction du programme (textes et photos surtout) à partir de 1981, et de donner un coup de main à mon «frère» Pierre-Alain Rattaz, chef de presse, qui avait aussi sauté les obstacles dans mon jardin enfant (… au moins une fois par semaine!). J'étais, en revanche, assez déçu que l'on ne me propose pas de partager le micro, mais cette longue abstinence genevoise m'a sans doute permis de mieux réfléchir à ce qu'il convenait de faire – et de ne pas faire – pour animer le concours et motiver davantage un public alors encore réputé froid. Et, en décembre 1991, quand vint mon tour – à l'occasion des premières Six Barres, épreuve que j'avais suggérée histoire de bien montrer la taille de Palexpo! –, c'était comme si je m'étais préparé des années durant.

Fin 1992, ce fut l'entrée au comité et, dans la foulée, la préparation de la candidature pour la finale de la Coupe du monde de saut 1996, que nous allâmes défendre en avril 1993 à Göteborg. Comme des collégiens enthousiastes, un peu naïfs, mais promus! Au retour, Pierre E. Genecand me proposait de devenir vice-président, ce que je mis du temps à accepter, craignant la double casquette de journaliste et d'organisateur. Je voulais bien officier comme responsable du sport et du spectacle – ce que je fais depuis bientôt dix-neuf ans –, mais sans trop de titre(s), le mélange des genres pouvant se révéler délicat. J'ai alors renoncé à couvrir Genève pour la plupart de mes médias habituels, à l'exception notable de la Télévision Suisse Romande, où on m'avait fait comprendre que c'était «Genève, sinon rien». J'ai toutefois laissé au journaliste «maison», Alain Meury et avant lui à Bernard Heimo et au si regretté Frédéric Neumann, le soin de parler de l'organisation, me contentant à Genève plus qu'ailleurs du côté sportif.

Aujourd'hui, je crois pouvoir dire que cette double casquette – depuis le temps! –, je l'assume et la revendique, au nom de la passion. A ce propos, on peut se demander pourquoi si peu de concours s'attachent les services d'un homme de communication et de médias. La mise en scène n'est-elle pas un élément important d'un concours? Un journaliste pense forcément au public et il me paraît tout aussi important d'être à l'écoute des spectateurs que des cavaliers. Un concours, c'est un tout.

Merci à Pierre E. Genecand et à Sophie Mottu, qui lui a succédé fin 2003 et avec qui une complicité sans faille me lie, et à leurs comités successifs, d'avoir accepté ce journaliste parfois un peu (trop) passionné et bouillant et de lui avoir fait confiance! Le CHI-W, c'est d'abord une équipe. Notre passion pour le sport et notre amitié sont nos moteurs, ce qui fait que beaucoup d'entre nous sont en poste depuis dix, quinze, voire vingt ans. Il y a bien sûr parfois de petits ratés dans ces moteurs, comme dans toute aventure humaine, mais le CHI-W est une belle histoire de confiance et d'amitié.

Entre émotion et frustration…

Monter une telle manifestation, c'est un sacré défi, éprouvant parfois. C'est aussi beaucoup d'émotions fortes, parfois difficiles à contenir, surtout quand le stress et le manque de sommeil se font sentir. Que de larmes de joie pour nous tous en décembre 2006, après la victoire de Steve Guerdat en Coupe du monde, synonyme de renouveau après une traversée du désert. Le « Rodrigo des années 1990 », c'est désormais lui, depuis ses premiers tours de rêve ici à 16 ans et surtout ses victoires en Grand Prix, en 2004 et 2006. Que d'émotion encore en 2008, lorsque le Jurassien s'adjuge le 1er Défi des Champions, épreuve pour laquelle nous n'aurions osé rêver d'un vainqueur « maison » ! En 2010, il allait encore nous gratifier de deux victoires en avril, puis d'un triomphe dans la 10e finale du Top 10, en décembre. Palexpo lui donne des ailes et c'est comme si le public voulait tellement ses victoires que celles-ci finissaient par tomber ! C'est chaque fois une belle récompense pour le comité et pour Philippe Guerdat, qui a beaucoup fait pour son fils, comme pour le concours où il œuvre sans relâche dans les coulisses.

Des larmes de déception aussi, un peu d'abattement parfois, comme lors d'accidents ou lors de cette fameuse nuit (blanche !) d'avril 2010 où McLain Ward, leader de la Coupe du monde après deux jours, fut disqualifié. Au terme d'une nuit de dingues – de dupes ? –, où nous étions désarmés, interloqués aussi. A 5 h du mat, Sophie Mottu et moi ne savions plus si notre fou-rire nerveux entremêlé de larmes allait s'arrêter. Nous sommes les premiers à vouloir défendre le bien-être des chevaux. N'avions-nous pas doublé le nombre de stewards et ajouté aux frais du concours des caméras partout dans les écuries, comme vidéo-surveillance et moyen de prévention ? Nous estimions toutefois la procédure de la Fédération équestre internationale (FEI) un peu hâtive et notre scepticisme allait se révéler en partie fondé quelques semaines plus tard, la FEI revenant sur certaines de ses décisions…

Au-delà de cet épisode, les méthodes d'entraînement illicites, le dopage ou la triche, la soif de l'argent, tout cela existe aussi et l'évolution du sport nous inquiète parfois. Comme organisateurs, nous observons un décalage trop grand entre l'engagement total, le bénévolat et le cœur mis par tant de gens pour faire du CHI une fête, avec des fleurs, des guirlandes de Noël, des biscuits « maison », et la course à l'argent actuelle. Heureusement, il y a aussi beaucoup d'attitudes magnifiques de la part de pros, ce qui nous évite de faire un grand écart avec notre passion et nos rêves d'enfant. Il y a tant de cavaliers merveilleux, prêts à donner de leur personne sans

penser d'abord à l'argent, à comprendre l'esprit de notre concours et à jouer le jeu de nos épreuves spéciales (encore récemment, à l'occasion du 50e), à partager nos aspirations, à donner aux jeunes, au public.

Le CHI, c'est une grande aventure humaine et, par-dessus tout, des chevaux qui nous font vibrer, de Bellevue à Mereley-a-Monarch, à Baloubet ou à Hickstead. Que de clins d'œil du passé en feuilletant ces vieilles images et ces piles d'archives. Meredith Michaels Beerbaum, âgée de moins de 22 ans, qui coupe le premier ruban de Palexpo en 1991 et deviendra la première femme n° 1 mondiale et reine du Top 10 dans cette même salle. *Idem* pour Rodrigo Pessoa, qui y montait déjà à 19 ans et y fut sacré à 21. Après Neco, Rodrigo !

Un éternel recommencement ?

Et ces épreuves qui reviennent au goût du jour, comme les combinaisons, le relais cheval-poney cher aux Vernets, ou le relais à deux chevaux si apprécié à l'ancien Palais et remis au goût du jour en 2011. Rien ne se perd, tout se transforme et puiser dans ses racines est important. J'espère qu'à travers ce livre se refléteront aussi l'histoire et l'évolution des sports équestres, du saut d'obstacles en particulier. Qui imaginerait aujourd'hui qu'une faute d'antérieur coûtait naguère deux fois plus qu'une faute de postérieur, que l'on mettait du plomb dans sa selle à moins de 75 kg (70 pour les dames), etc. ?

Je suis ému de poursuivre ce que François-Achille Roch avait brillamment lancé : écrire l'histoire du concours. *Genève saute*, tel était le titre du livre – aujourd'hui épuisé – que notre regretté confrère, ancien commentateur hippique à la Télévision Suisse Romande, avait consacré au concours. C'était avant la 30e édition d'avril 1989, la dernière aux Vernets.

Le Concours hippique international de Genève est important, essentiel même, pour la vie équestre romande. A tous les niveaux. Nous allons revenir sur les débuts, avec des anecdotes inédites, de nouveaux extraits d'articles, suivre l'évolution du sport et surtout parler des vingt-et-une éditions qui ont suivi. En essayant de vous faire revivre de grands moments sur la piste, et aussi l'émotion et le stress dans les coulisses – il faut bien que ma double casquette serve aussi à cela… Vive la passion !

Alban Poudret

⇧ François-Achille Roch, grand journaliste hippique (qui jonglait entre presse écrite, radio et télévision), premier président de l'Alliance internationale des journalistes équestres, ancien speaker du concours et auteur de *Genève saute*, livre qui retraçait les 29 premières éditions du CHI de Genève.
Photo Oscar Cornaz, coll. Roch

Une délégation de L'Etrier composée d'Alfred Vidoudez, futur mentor du CHI, d'Alfred Blanchet, d'Emile Pinget, deux autres pionniers essentiels, de Philippe Albert et du père de François-Achille Roch, William Frédéric Charles Roch, décédé peu après, s'en alla en 1924 à Paris voir le Grand Palais, déjà théâtre de concours internationaux depuis 1901 et «*temple du concours hippique*». Elle s'en revint plus motivée que jamais: du Grand Palais au Palais des Expositions, il n'y avait plus qu'un pas!

La réputation de Genève «*place de foires*» remontait paraît-il à l'Antiquité, et c'est au Salon de l'automobile que l'on doit son histoire moderne et sa réputation. Pour la 3e édition du Salon de l'auto, en 1926, on construisit donc un Palais des Expositions de Plainpalais, qui allait accueillir le CHI. Le concours fut une des rares manifestations à avoir le privilège de partager ce toit avec le Salon de l'auto entre deux guerres. «*Alfred Blanchet eut la bonne idée de demander aux promoteurs de ne pas bétonner le sol comme prévu, mais de le conserver en terre battue, pour que l'on puisse l'aménager en vue du concours hippique*», expliquera François-Achille Roch dans son livre. Une équipe se forme à cette occasion, et elle ira au bout de son projet, de son rêve…

Parmi les plus anciens

Seule une dizaine de concours internationaux de saut, Paris (depuis 1897 et dès 1901 au Grand Palais), Spa (1900), San Sebastian (1904), Bruxelles (1906), Lucerne (1909), New York (1910), Londres-Olympia (1911), Hambourg et son fameux Derby en 1920, Nice (1921), Rome (1922), Aix et Toronto (1925), ont une plus vieille histoire que Genève. Et dans le cas de Lucerne, de Spa ou de Nice, celle-ci est hélas finie ou pour ce qui est de San Sebastian bien réduite. Bruxelles a lieu par intermittence, aujourd'hui encore (pas de CSI en 2011!). Et New York aussi.

Genève est donc un des concours hippiques pionniers et c'est aussi un des premiers indoors, juste après Paris, New York, l'Olympia et Toronto.

Le plus grand CHIO du monde, Aix-la-Chapelle, est né un an avant Genève, en 1925 (et il ne s'agissait alors que d'un CHI, voir encadré p. 23), Vienne et le CSIO de Dublin – le merveilleux terrain de Ballsbridge sera longtemps un des plus beaux temples du saut d'obstacles –,

⇧ L'ancien Palais en 1929, lors d'une remise de prix.
Photo coll. Poudret, Pully

suivant peu après, la même année que Genève. Amsterdam débute en 1933, Rotterdam en 1947, Madrid en 1950, les autres bien plus tard, sans parler de Hickstead (1961), de 's-Hertogenbosch (1967), de Calgary (1974), etc.

Une âme et un promenoir…

Vous n'avez peut-être pas connu le Palais des Expositions, quitté par le CHI en 1973, démoli peu après, et dont Palexpo est à la fois une contraction (pour ce qui est du nom) et un modèle… agrandi! Ce palais n'était pas très beau, mais il avait une âme. Et une étonnante galerie perchée dans le ciel, que l'on appelait promenoir et d'où l'on avait une vue plongeante sur les parcours. On y trouvait des places assises et debout. C'était en quelque sorte un espace «2e classe», ce que le poulailler est au théâtre et, lors des premières éditions, les billets pour les promenoirs étaient à 1 fr. 20 (une place assise dès 2 fr. 30). Au début des années 2000, on évoquera à nouveau la possibilité d'instaurer à Palexpo des places debout, moins chères et permettant d'accueillir des spectateurs en cas de soirée «sold out», comme ce fut le cas en 2004. On abandonna pourtant l'idée, de peur de la resquille (échanges de billets à l'intérieur de l'enceinte), mais l'idée resurgit de temps à autre. Cette salle avait du charme, de l'espace à revendre, mais un grand défaut: ses larges poteaux en béton, qui encadraient le terrain et empêchaient certains spectateurs de voir tel ou tel obstacle.

Le tout premier CHI

Le mercredi 10 novembre 1926 est ouvert le 1er CHI-W de Genève. Le major (et futur colo-

⇧ Dessin de Clément Grandjean.

nel divisionnaire) Charles Charrière tient les rênes de l'organisation. Les membres de L'Etrier et de la Société de cavalerie de Genève (alors appelée Société de cavalerie des guides genevois) sont particulièrement actifs. Le Rallye Genève, qui regroupe au début les cavaliers d'extérieur, viendra les rejoindre à partir de 1929, année de sa fondation. Jusqu'en 1973, ces trois sociétés assumeront la responsabilité sportive et technique du CHI de Genève. « *Le bénévolat, et il perdure, était déjà une caractéristique du concours de Genève* », notait François-Achille Roch dans son livre. L'Office du tourisme de Genève, appelée alors « Association des Intérêts de Genève » est à cette époque-là d'un grand soutien, assurant un éventuel déficit.

Quatre-vingt-cinq cavaliers et 158 chevaux représentent six nations, dont quatre avec des équipes complètes. Le Prix des Nations, ce sera

pour l'année suivante ! Le capitaine transalpin Alessandro Bettoni s'adjuge le Grand Prix avec Scoiattolo (l'écureuil, en italien). Et le futur colonel Pierre de Muralt, qui présidera bien plus tard le concours durant plus de vingt ans, partage la victoire de la Puissance avec un autre Italien, auquel il laisse la coupe.

On dénombre déjà quelques amazones et Mme Maroussia Haecky s'impose dans l'épreuve qui leur est réservée. Figurent aussi quelques gentlemen en habits rouges de tenue de chasse, mais jusqu'à la seconde guerre et même au-delà, les officiers seront nettement majoritaires.

« *L'état du sol souleva l'admiration unanime des concurrents. M. Alfred Blanchet avait remarqué, près de l'usine à gaz, des scories de tourbe, principal aliment des brûleurs pendant la guerre, et qui étaient restés depuis des années à se décomposer au soleil et à la pluie. Il eut l'idée ingénieuse de les utiliser* »

Enthousiasme dans les tribunes, enthousiasme dans la presse. Voilà ce que l'on pouvait lire dans le *Journal de Genève* du 15 novembre 1926 :

Des oh!... des ah!... des aïe!...

Cette cinquième et dernière journée du concours hippique international a remporté un succès si grandiose qu'il dépasse de beaucoup les prévisions les plus optimistes.

Notre premier concours hippique ne fut pas seulement brillant, mais triomphal de la première à la dernière journée.

Hier, dimanche, matin, après-midi et soir, ce fut la folle cohue. De toutes parts, en ce jour dominical, on était accouru pour ne pas manquer un si merveilleux spectacle.

L'après-midi, ce fut la grande bousculade; dans l'immense salle du Palais des expositions, il n'y avait plus la moindre petite place assise. Aux galeries, un quadruple cordon de spectateurs qui tinrent fermement leur poste durant toutes les épreuves.

Un nombre d'autos incalculable ceinturait le palais, la circulation n'en souffrit point, tout étant heureusement ordonné.

Et quel admirable public! Vibrant, trépidant, suivant toujours avec intérêt le moindre parcours. Manifestant par des oh! des ah! des aïe! sa surprise, ses déceptions, ses regrets.

Couvrant d'ovations à répétition les cavaliers heureux comme les malchanceux, nuançant sa cordialité pour les participants étrangers, sa sympathie particulière pour nos nationaux, bon public gavroche mais pas méchant, que les paroles de M. Camille Odier le président de l'Association des intérêts de Genève remirent dans le bon chemin dont il s'était un peu égaré.

Les chevaux, hier soir, fatigués par les multiples obstacles qu'ils avaient franchis les journées précédentes, donnèrent aux spectateurs mille occasions de laisser éclater leur joie. Et ils en profitèrent, je vous l'affirme, surtout lorsque le cheval ne cachait pas le plaisir qu'il éprouvait de rentrer à l'écurie, plutôt que de fatiguer encore des muscles déjà bien las. Ah! les saines cascades de rires! Ah! quel contentement du public! (...)

Le résultat de votre présence, formidable, tout simplement: près de 100000 francs de recettes; environ 50000 entrées. Ce magnifique bilan n'est-il pas éloquent?

Le premier concours hippique international est mort en beauté Vive celui de 1927.

Note: article paru en 1926 dans le *Journal de Genève*, publié à nouveau à l'occasion du 50e par le quotidien *Le Temps*.

pour la piste… », expliquera François-Achille Roch. Les parcours sont tracés par le lieutenant-colonel Ernest Haccius, qui officiera jusqu'à la seconde guerre. Avec l'aide d'Alfred Blanchet. Le jury est présidé par le colonel divisionnaire Guillaume Favre.

Cent vingt-six chevaux s'élancent dans la chasse, *« interminable, mais passionnante »*, qui se conclut par la victoire des champions olympiques suisses Alphonse Gemuseus et Lucette. Et dans les Six Barres du vendredi, ils sont 100 au premier tour, sur 130 cm (!), 53 au deuxième tour, sur 140 cm, 27 au quatrième tour, sur 160 cm, et 10 au dernier tour, sur 170 cm, une hauteur que seul l'Italien Bettoni maîtrisera. La grosse journée du samedi se termine dans la soirée, avec, en prime pour les concurrents, le bal à l'Hôtel des Bergues. Grâce à Paul Weier, qui nous a transmis l'article du *Schweizer Kavallerist* d'alors, nous apprenons que *« Le dimanche, le Grand Prix (140 cm) se déroulait l'après-midi, avant une épreuve de couples homme-femme et… un Prix d'Adieu, sorte de consolation disputée par 130 chevaux en fin de soirée ! »* *« La remise des prix se déroule peu après 1 h du matin »*, précise le magazine. Quelle santé !

Cinq mille à 8 000 spectateurs par session et 31 500 au total : le succès est impressionnant ! Et le public reste volontiers *« au-delà de minuit, jusqu'à la fin des épreuves »*, souligne encore le *Schweizer Kavallerist*. *« Les prix d'entrée sont adaptés à toutes les bourses et cela explique aussi pourquoi certaines sessions sont pleines à craquer. Ce premier CHI de Genève n'est pas seulement un succès sportif de premier ordre, mais aussi une brillante propagande, sur tous les plans, de notre sport noble et de nos cavaliers militaires »*, peut-on encore lire dans la revue suisse alémanique.

Deux poids, deux mesures !

Cinq jours (dont un de repos) lors de la première édition, dix pour la deuxième – dont deux de repos, pour les chevaux en tout cas car réceptions et bal se succèdent –, fin 1927. Cent un concurrents, 207 chevaux et 8 nations sont cette fois en lice. Le premier Prix des Etendards – c'est ainsi qu'à Genève on appelle le Prix des Nations jusque dans les années 1970 –, alors disputé à trois cavaliers par équipe, revient aux Suisses. Ce trio est composé d'Alphonse Gemuseus, champion olympique trois ans plus tôt à Paris avec la même Lucette, de Max Thommen montant la

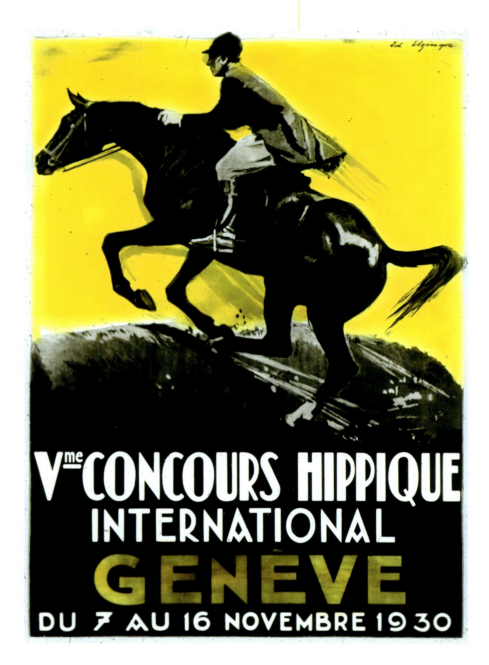

fameuse Pepita et de Pierre de Muralt en selle sur Notas, *« une des grandes illustrations de la Remonte fédérale »*. Toutes les autres équipes sont éliminées… dans une manche au moins et départagées par des scores d'un tour ! Il faudra attendre 1963 pour que la Suisse réédite pareil exploit à Genève et le troisième succès sera réalisé lors du tout dernier Prix des Etendards à Genève, en 1983 aux Vernets. Le Grand Prix 1927 revient au fameux Français Christian de Castries, qui s'imposera encore en 1933.

Plusieurs épreuves sont divisées en deux séries, pour les plus de 75 kg d'abord, pour les moins de 75 kg ensuite. Pour les femmes, la limite est à 70 kg. Jusqu'à la fin des années 1970, les cavaliers trop légers devront mettre du plomb dans les arçons de leur selle. Aux JO d'Helsinki 1952, Piero d'Inzeo sera privé de départ et d'une probable médaille pour

⇧ Le colonel Louis Dégallier, ici à Aix-la-Chapelle avec Notas (quel style parfaitement classique!), évoluera à Genève comme cavalier – dès 1929, signant le meilleur résultat suisse dans le Prix des Etendards l'année suivante et obtenant alors le Prix du cavalier le plus sympathique –, puis comme chef de piste (au début des années 1950), comme chef d'équipe (à la fin des années 1950), comme juge et président du jury (1971 et 1973) et comme vice-président technique, aux cotés de Robert Turrettini et Yves G. Piaget (de 1975 à 1979). Et il sera spectateur jusqu'à son décès, en 2001. Une belle leçon de fidélité!
Photo coll. privée Poudret, Pully

200 g! Et à Genève, le commandant Bernard de Fombelle insultera à tel point le préposé à la pesée – son subalterne, mais de l'armée suisse! –, que la police devra intervenir. La légende veut qu'on le ramena en fourgonette pour disputer les épreuves…

On notera aussi qu'il y a déjà une butte des plus coriaces, haute de plus d'un mètre dix et assez étroite en son sommet (c'est presque un talus breton), souvent utilisée par le lieutenant-colonel Ernest Haccius.

Le rôle d'Alfred Vidoudez

En 1928, ce sont les Italiens qui remportent le Prix des Etendards. Alfred Vidoudez fait son entrée au comité, comme président de la commission sportive. Il sera longtemps n° 2 du concours, ne présidera le comité que par intérim, en 1934, puis lors des nationaux organisés sur la plaine de Plainpalais avant de s'éteindre prématurément, en 1943, mais il sera «*la véritable âme du concours*», selon François-Achille Roch et plusieurs observateurs.

Après le concours, un journaliste du *Schweizer Kavallerist* a le droit d'assister à la séance de debriefing du comité, où tous les chiffres et les résultats financiers sont décortiqués par le président du concours, le colonel divisionnaire Favre, et par le président de l'Office du tourisme (Intérêts de Genève), très impliqué dans l'organisation. «*Tout est en progression, le nombre de chevaux passé de 141 en 1926 à 204 en 1927 et à 213 en 1928* (ndlr: c'est plus qu'aujourd'hui!), *celui des cavaliers,*

passé de 63 à 71 puis à 96 (6, 12 et 19 pour les cavalières, comptées séparément!). Idem pour les nations: 5, puis 7, puis 9. On a encaissé 171 666.45 fr. de l'époque contre 100 000 environ deux ans plus tôt. Le droit des pauvres s'élève à 22 754 fr.»

La location du Palais des Expositions coûte 15 000 fr., le montage et la location des tribunes 20 388 fr., l'éclairage 3 584 fr., le chauffage 1 821 fr., les installations électriques 3 149 fr., la décoration 3 000 fr. A noter que le travail des chefs et hommes de piste ainsi que les obstacles coûtent 17 288 fr., les écuries, le fourrage et l'accueil des grooms 7 042 fr., les dédommagements de voyage pour les chevaux 18 488 fr, les attractions militaires 7 975 fr. A cela s'ajoutent 5 454 fr. pour le travail et service de surveillance, 40 829 fr. pour la dotation des épreuves, 11 000 fr. pour la publicité, 3 615 fr. pour la musique et les divertissements. Les recettes totales s'élèvent à 208 221.25 fr., les dépenses à 205 929.25 fr., d'où un bénéfice pour l'exercice de 22 992 fr. Des chiffres bien instructifs… et amusants en comparaison du budget actuel, qui s'élève à plus de quatre millions. Tout est relatif, évidemment et on notera la part importante des dédommagements de voyage dans ce budget. En revanche, les obstacles et la décoration ont des budgets proportionnellement beaucoup plus modestes aujourd'hui.

2 270 départs en 1929!

Record de participation en 1929, avec 110 cavaliers et 260 chevaux venus de 9 pays, ce qui représentera un total de 2 270 parcours: le record européen est battu! Imagine-t-on autant de parcours aujourd'hui? Mais c'est un peu le chant du cygne, car l'Europe est en crise, c'est la fin des Années folles et le début d'une période de quinze ans particulièrement sombre. On a beau être en Suisse, le CHI en souffrira. En 1929, le capitaine Henry de Vienne s'adjuge le Grand Prix avec Pompignac et le lieutenant Henri Pernot du Breuil le Championnat de Genève (Puissance) avec Salamandre, sans faute sur 185 cm, mais les Français s'inclinent devant les Allemands, pour deux fautes, dans le Prix des Etendards. Belges et Suisses se partagent la 3e place.

Un officier français chute et perd sa perruque sur la piste. Mort de honte, il fait mine d'être inanimé et sort sur une civière. Blême et dans un silence de mort.

Quel nom lui donner ?
De CHI à CHI-W…

Beaucoup de visiteurs réguliers du Concours hippique international de Genève hésitent entre CIO et CSI, avant de se raviser et de parler de CSO ou de je ne sais quelle abréviation ! Il faut dire que, curieusement, le Concours hippique international de Genève a toujours porté ce nom-là, mais que ses abréviations ont beaucoup changé au fil des ans, au point que l'on en perde un peu son latin. Jugez-en par vous-même : CHI en 1926, année de sa fondation, CHIO officiellement depuis 1933 mais de fait à partir de 1927 (le O d'Officiel, signifie que des équipes sont officiellement désignées pour y monter une Coupe des Nations), CHI en 1946, sur la Plaine de Plainpalais où quelques étrangers étaient venus fêter le renouveau, CHIO de 1947 à 1971, CSIO ensuite, à la fois CSI-W et CHIO en 1979 et en 1983, au moment où la FEI somma Genève de choisir entre les deux circuits avant d'interdire toute Coupe des Nations en indoor (hormis aux Etats-Unis), CSI-W depuis lors et CHI-W depuis que les Coupes du monde de dressage, puis d'attelage, sont venues enrichir le programme.

Dans les années 1990, à Palexpo, l'appellation CSI avait fait son chemin, mais dès lors que le concours hippique est devenu plus qu'un simple concours de saut, qu'il accueille d'autres disciplines et qu'il est bien une fête dédiée au cheval dans son ensemble, cela ne collait plus.

CHI-W, c'est plus juste mais on n'a pas (encore) l'habitude de le dire ! Et ce cocktail de franglais n'est pas très heureux, car le W, c'est pour World, en référence à la Coupe du monde. Comme la FEI a hélas totalement abandonné l'usage du français, qui est pourtant la langue de son fief, Lausanne, il n'est guère envisageable que le nom change (à moins qu'il ne… s'anglophonise totalement !). Que ce soit à Aix-la-Chapelle, à Calgary ou à Göteborg, on parle jusqu'ici – avec l'accent – de Concours hippique international et c'est ma foi très élégant. Le CIO n'a pas tourné le dos au baron de Coubertin, il a conservé un bilinguisme français-anglais très équilibré, mais à la FEI, pour des raisons de coûts et de commodité (les dirigeants ne sont plus guère francophones), on a tourné le dos au français, allant jusqu'à vous répondre « *Hello, how are you today ?* » lorsque vous téléphonez au siège lausannois. A Genève, ces vingt dernières années, on a bien essayé de trouver un nom plus évocateur, mais ça tournait souvent autour de *jump* et *jumping*. A Bordeaux, on parle de Jumping et on avait même osé Jumbo mais, à Genève, on tient justement à défendre sa langue. Au-delà de ces appellations plus ou moins contrôlées et de ces abréviations plus ou moins heureuses perdure et se développe une manifestation d'envergure, mais si vous étiez inspiré et trouviez un nom plus évocateur, n'hésitez pas à nous le communiquer !

⇐ Le Palais des Expositions des débuts. On y voit déjà une butte. Inaugurée en 1926, l'année du premier CHI, cette halle avait été conçue pour accueillir un concours hippique, même si le Salon de l'automobile était déjà sa plus grande manifestation.
Photo Wassermann ldd

8e CONCOURS HIPPIQUE INTERNATIONAL

GENÈVE 12-20 MARS 1938

ORGANISÉ PAR LE COMITÉ PERMANENT DU CONCOURS HIPPIQUE INTERNATIONAL AVEC LA COLLABORATION DE L'ASSOCIATION DES INTÉRÊTS DE GENÈVE ET LA SOCIÉTÉ HIPPIQUE DE L'ÉTRIER

PROGRAMME OFFICIEL

PRIX: 50 CENTIMES

Quatrième Journée: JEUDI 17 MARS

PROCÉDÉ OFFSET - ATAR - GENÈVE

Chapitre 2

La crise, avant la guerre
Les avatars de l'histoire

Depuis 1929, l'Europe est en crise et le CHI de Genève subira forcément, de près ou de loin, les avatars de l'histoire. Si 1928, 1929 et 1930 voient encore trois éditions se dérouler à la suite, l'Europe est malade et la situation économique devient dramatique. Le CSI est lui-même en péril: «*Le concours de 1930 laisse un déficit assez douloureux à supporter pour les 'Intérêts de Genève'. Mais il ne faut pas oublier le fameux 'Jeudi noir', qui avait marqué à la Bourse de New York, le 14 octobre 1929, le début de la grande crise économique*», écrit François-Achille Roch, sans préciser le montant. On pense adopter un rythme biennal et d'autres événements politiques feront que l'on se contentera même d'une cadence quadriennale, de 1934 jusqu'à la guerre.

L'édition de 1930 ne souffre pas trop encore de la crise: record de participation avec 141 cavaliers (dont 14 amazones) et 258 chevaux, pour 17 épreuves, étalées sur dix jours, et un budget total de 240 000 fr. Le prix du cavalier le plus sympathique, organisé par la *Feuille d'Avis de Genève* auprès du public, revient au jeune lieutenant Louis Dégallier, meilleur Helvète dans le Prix des Etendards et qui deviendra plus tard le leader, puis le chef de l'équipe suisse, avant de fonctionner successivement à Genève comme chef de piste, chef d'équipe, président du jury et vice-président du CHI. Ce grand homme de cheval s'est éteint le 6 juillet 2001 et il a encore assisté au CHI à la fin des années 1990.

Le colonel Pierre de Muralt, futur président du CHI, lui confiera par la suite Notas, notam-

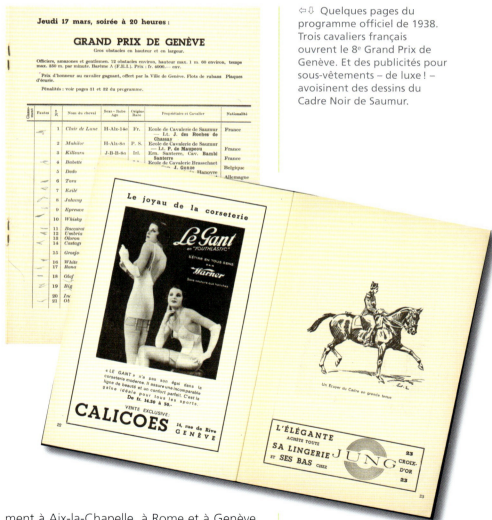

⇦⇩ Quelques pages du programme officiel de 1938. Trois cavaliers français ouvrent le 8e Grand Prix de Genève. Et des publicités pour sous-vêtements – de luxe! – avoisinent des dessins du Cadre Noir de Saumur.

ment à Aix-la-Chapelle, à Rome et à Genève. «*Notas était petit, 158 cm à peine, mais il a fait le bonheur de beaucoup de cavaliers, notre champion olympique Alphonse Gemuseus, Fehr, Kuhn, de Muralt et moi, notamment. Et dire qu'il avait été acheté comme cheval de troupe!»*, nous confiait le colonel Louis Dégallier… soixante-dix ans plus tard. A l'époque, c'est le chef d'équipe qui décidait quel officier monterait quel cheval.

Aujourd'hui, on s'offusque – à juste titre – de ces cavaliers qui n'arrêtent pas de vendre, ou d'acheter, des cracks, de ces chevaux qui changent trop souvent de main, mais il faut bien dire qu'à cette époque-là certaines montures passaient souvent d'un cavalier à un autre. Et, plus loin dans ce livre, vous verrez que chez les Français jusque dans les années 1950 cela se passait aussi comme cela. Sinon, d'Oriola n'aurait pas pu récupérer Ali Baba juste avant les JO d'Helsinki, au beau milieu du CSIO de Rome… Le mercantilisme, en revanche, était moindre!

Mais revenons à 1930, Mme Stoffel franchit 2 m dans la Puissance avec Primula et ce record féminin tiendra vingt ans au niveau mondial. Jusqu'à ce que Pat Smythe, autre habituée de Genève, franchisse 210 cm à Paris avec Kilgeddin (1951), puis 220 cm à Bruxelles avec Prince Hal (1954).

Antérieurs et postérieurs…

1930, c'est la dernière année où les fautes d'antérieur coûtent plus cher que les fautes de postérieur, la Fédération équestre internationale ayant décidé de simplifier les règles et d'uniformiser les pénalités pour une faute: 4 pts, un point c'est tout! Et certains de s'indigner de ce que le cheval ayant défoncé du poitrail un mur ou traverser un vertical ou un portail ne soit pas pénalisé davantage qu'un autre ayant effleuré un oxer *«d'… une piche-nette»*.

«L'unification imposée, qui simplifiera singulièrement la tâche du jury et celle des commissaires, ne procède pas seulement, comme on pourrait le croire, de la loi du moindre effort. Elle aurait été rendue nécessaire, paraît-il, parce que, dans certaines épreuves internationales où les rivalités entre nations étaient fort vives, on aurait constaté quelque tendance à la partialité», écrit le colonel Henri Poudret, mon arrière-grand-père, dans la *Revue militaire suisse* de janvier 1931.

«S'il en est ainsi, si vraiment ce sont là les raisons invoquées, alors il faudrait déplorer la décadence d'un sport qui a derrière lui une longue tradition de loyauté, d'esprit chevaleresque et de distinction, et ce serait là la condamnation des réunions internationales. Mais je veux croire qu'on a simplement voulu

éviter toute occasion de frottements et écarter le plus possible les réclamations toujours bien délicates à trancher (ndlr: il n'y avait pas de caméra vidéo et la mauvaise foi existait déjà). *Cependant, le mal est-il si grand qu'on doive abandonner une méthode ayant en somme fait ses preuves depuis trente ans, et la remplacer par une unification qui constitue un véritable non-sens hippique?»*, ajoute-t-il. Et le futur président du CHI (1938) de conclure: *«J'en appelle à tous les cavaliers qui sautent ou qui ont sauté de gros obstacles fixes en campagne, et je doute qu'il y en ait un seul qui ne fasse la différence entre les fautes des antérieurs, provoquant quasi régulièrement la mauvaise chute, et la faute presque toujours sans conséquence des postérieurs. La première chose que l'on demande à un cheval d'extérieur, c'est de ne pas tuer son cavalier, et l'on peut trouver regrettable qu'en concours, le maladroit ou le brutal jouisse désormais d'un traitement de faveur».*

1933: «Squibbs» est au micro

En 1933, le colonel Guillaume Favre prend la présidence du comité, mais il devra manquer les deux éditions de 1934 et 1938. Le micro est alors tenu par le fameux animateur de Radio-Genève Squibbs, alias Me Marcel-W. Suès, qui faisait vibrer les auditeurs pour ses commentaires de football, de hockey… et de concours hippique. En attraction, une reprise de dressage du commandant Xavier Lesage, futur Ecuyer en chef du Cadre Noir de Saumur,

et son illustre Taine, champions olympiques un an plus tôt (1932) à Los Angeles : «*Un moment inoubliable, plus qu'un spectacle ou une attraction, un merveilleux enseignement et une révélation de l'art équestre dans toute sa pureté*», écrira la *Tribune de Genève*.

Autre attraction assez innovante, le skijöring ! Le Ski-Club de Genève essaie d'imiter ce qui se fait à St-Moritz et à Château-d'Œx ! A la fin des années 1990, on imaginera proposer une attraction similaire, sans savoir que les Genevois l'avaient déjà fait soixante-cinq ans plus tôt.

Pour des motifs d'économie (on avait frôlé la faillite et trouvé in extremis un capital de garantie de 40 000 fr.), le concours avait été réduit à une durée de cinq jours, sa longueur initiale. «*Le Grand Palais est redevenu le temple du cheval et le refuge singulièrement bienfaisant où les spectateurs ont pu oublier les turpitudes de notre époque, se retremper dans une atmosphère d'élégance et de courtoisie, assister aux joutes d'un sport violent, mais sans brutalité, applaudir des cavaliers fins et hardis, admirer les beautés et le charme que renferme l'art équestre poussé à ses dernières limites*», pouvait-on lire sous la plume d'Henri Poudret dans la *Revue militaire suisse* de janvier 1934.

Le Grand Prix est remporté par Christian de Castries, déjà victorieux de cette épreuve six ans plus tôt. «*Le lieutenant de Castries a fait du chemin depuis sa dernière participation au concours de Genève. Il est non seulement devenu un cavalier d'obstacles expérimenté et sûr, mais il détient encore, et ce n'est pas peu de chose, le record mondial de saut en hauteur (Vol-au-Vent 2,38 m., Paris, 1933)**. Camarade de régiment du capitaine Clavé, il a journellement de bons exemples sous les yeux ; sa monte présente d'ailleurs quelque analogie avec celle du vétéran ; il est énergique, très souple, très maître de son équilibre ; c'est le gagnant du Grand Prix de Genève. (…) Et jamais encore l'équipe française n'avait donné le spectacle d'une si parfaite unité de monte. Tous ces officiers sont placés de la même façon, ils sont allants, précis, sobres de gestes et d'une remarquable fixité. Chez tous, la jambe a la même obliquité en arrière, le talon constamment bas assurant une ferme adhérence du mollet ; on remarque chez chacun d'eux une grande habileté à se lier au mouvement et le souci constant de suivre le cheval jusqu'au bout, c'est-à-dire jusque dans la descente, sans rester en retard sur celle-ci. C'est le colonel Danloux qui, avant son récent départ de Saumur, a dirigé la préparation de cette*

équipe si homogène», lisait-on toujours dans *La Revue militaire suisse* de janvier 1934.

Un regard assez critique…

«*Venons-en au contingent suisse. La vérité n'est pas agréable à dire, il faut la dire pourtant, et une fois de plus : nous ne sommes pas en progrès. Comme trop souvent, nous avons dû à une dame la seule victoire nationale (championnat des amazones) et nos parcours n'ont dans leur ensemble pas été très satisfaisants. Les nôtres font ce qu'ils peuvent. Ils le font même avec une persévérance à laquelle il faut rendre hommage. Mais, disséminés un peu partout, livrés à eux-mêmes presque toute l'année, ceux qui font partie de l'équipe n'étant réunis que pour des périodes d'entraînement ridiculement courtes, ils ne sauraient prétendre à la grande maîtrise. Je voudrais pour nos cavaliers des chevaux calmes, ne luttant pas contre la main et pouvant changer leur équilibre sans trop d'interventions. Un pareil cheval aura toujours plus de chance de se classer qu'un autre, plus puissant, mais violent ou trop chaud : laissons aux Bizard et aux Léquio le soin de mâter ces derniers !*»

«*Passons maintenant une rapide revue de nos chevaux. A tout seigneur tout honneur : le glorieux vétéran Notas, revenu de loin, a fait un bon parcours dans le Prix du Rhône ; ailleurs, il a manqué de ce ressort qui jadis l'envoyait loin et haut, il a failli, s'est coulé sur les obstacles comme un animal usé et las. Est-ce la fin ? Lucette, autre vieille gloire, a bénéficié d'une résurrection plus complète, ce qui s'explique par le fait qu'elle est plus près du*

⇧ Mentors du jury durant des décennies (près de quatre-vingt ans à eux deux !), le colonel Jack de Charrière de Sévery (à g.), dont on ne voit pas l'inéluctable cigare et «*qui menait avec autorité le jury*», écrira François-Achille Roch, et ce jusqu'en 1959, et le colonel Henri Poudret, qui y siégera de 1927 à 1957 et préside le concours *ad interim*, en 1938.
Photo Oscar Cornaz, coll. L'Eperon

* Le capitaine Larraguibel et Huaso franchiront 247 cm en 1949 (voir records en p. 231)

⇨ Double champion olympique en 1932 à Los Angeles avec Taine, que voici, Xavier Lesage commanda le Cadre Noir de Saumur entre 1935 et 1941. Il se produit à Genève en 1934 avec Taine et, en 1938, le « Grand Dieu » amène pour la première fois le Cadre Noir à Genève. Quelle superbe assiette naturelle !
Photo coll. privée

⇩ En 1938, devant des tribunes et galeries pleines à craquer, l'Allemand Günter Temme – en haut-de-forme – remporte le Championnat de Genève, qui est de fait une Puissance, avec Nordland, franchissant 2 m sans faute. En 1938 se déroulent aussi pour la première fois des Six Barres, qui redeviendront à la mode à Palexpo.
Photo coll. Cornaz/ coll. Poudret, Pully

sang. » Henri Poudret s'attarde plus sur les chevaux que sur les cavaliers, mais a de beaux compliments à l'adresse d'un jeune 1er lieutenant : « *Louis Dégallier possède la vraie classe internationale. Son talent n'a pas été récompensé, car il a monté le vieux Notas usé et des chevaux qu'il connaissait trop peu. Il devra se garder de se présenter dans des concours de l'importance de Lucerne et de Genève sur des chevaux médiocres qu'on ne manquera pas de lui proposer* », souligne-t-il. Parce qu'il était jeune ou parce qu'il était romand ?

1934-1938, quatre ans d'attente

En 1934, Alfred Vidoudez, l'âme du concours depuis les débuts, prend la présidence du comité *ad interim*, Guillaume Favre étant en mission à Tokyo pour le Comité international

de la Croix-Rouge. Et, en 1938, le président est cette fois au Caire, pour des raisons de santé ; il est donc remplacé par le colonel Henri Poudret. Il a fallu patienter quatre ans avant de revoir l'élite mondiale à Genève : « *La reprise des concours de Genève, après une interruption due aux circonstances économiques, s'est faite dans les meilleures conditions. Durant la période d'abstention, en effet, de grands changements s'étaient produits qui devaient donner au concours ressuscité un caractère de nouveauté et un attrait supplémentaire* », écrira le président *ad interim*.

En attraction, le Cadre Noir de Saumur présente la « Reprise des dieux », qui fait chaque fois salle pleine. « *Personne n'aura été déçu car jamais spectacle plus beau n'a été offert à notre public.* » Sur le plan sportif, en revanche, la Suisse déçoit, comme en 1934, le colonel Dégallier étant le seul à conduire un tour d'honneur. « *Une seule explication suffit, en dehors de toute autre : le manque de dressage et de préparation* », peut-on à nouveau lire dans la *Revue militaire suisse* (mai 1938).

A la victoire des Belges dans le Prix des Etendards de 1934 succède celle de l'armada allemande, d'une insolente suprématie depuis les JO de 1936 à 1938. H. H. Brinkmann et ses pairs réussissent aussi un triplé dans le Grand Prix. Les Allemands ont envahi l'Autriche le matin du premier jour du concours, « *mais les officiers allemands répètent inlassablement 'wir wissen nichts'* (litt : « Nous n'en savons rien ») », révèle François-Achille Roch dans son ouvrage. L'Italie avait dû déclarer forfait et la seconde guerre mondiale inexorablement se prépare... Le concours subit forcément les contre-coups de l'histoire.

Les champions de l'entre-deux-guerres

1.

2.

3.

4.

5.

6.

1. Alphonse Gemuseus, jeune officier et juriste suisse de 26 ans, et sa bonne irlandaise Lucette furent sacrés champions olympiques en 1924 à Paris. Ils décrochaient aussi l'argent par équipe. Ensemble, ils ont brillé plusieurs fois à Genève, adjugeant notamment le Prix des Etendards en 1927. Ils firent de même à Lucerne ou à Dublin.
Photo coll. privée Poudret, Pully

2. Pierre Bertran de Balanda, vice-champion olympique en 1928 à Amsterdam avec Papillon et ici en piste à Rome, quatre ans plus tard, est le grand-père du double champion du monde par équipe Gilles Bertran de Balanda, le cavalier de Galoubet A. Tous deux ont souvent monté à Genève.
Photo coll. privée Poudret, Pully

3. L'officier irlandais John. G. O'Dwyer, victorieux du GP de Dublin en 1932 et 1934, du GP de Londres en 1936 et du GP d'Amsterdam en 1939 avec ce même Limerick Lace, que voici à Rome. O'Dwyer était aussi durant toute cette époque l'entraîneur de la valeureuse équipe d'Irlande.
Photo del Papa
Col. privée Poudret, Pully

4. L'officier allemand Kurt Hasse et Tora, les champions olympiques de Berlin 1936, sont ici à Lucerne, trois années plus tard. Lucerne organisait alors son concours sur la sublime Halde, située au bord du lac des Quatre-Cantons, avec cygnes et bateaux pour toile de fond !
Photo coll. privée Poudret, Pully

5. Le Rittmeister Hans Heinrich Brinkmann sur la butte de Lucerne. Membre de l'équipe germanique si souvent victorieuse dans les années 1930, vainqueur du GP d'Aix-la-Chapelle en 1937 et 1939, du GP de Rome 1937 et du GP de Genève 1938, Brinkmann sera l'un des chefs de piste les plus réputés au monde jusqu'à la fin des années 1970. Il marqua ainsi l'histoire d'Aix-la-Chapelle et construisit les très sélectifs JO de Munich 1972.
Photo coll. privée Poudret, Pully

6. Le colonel Louis Dégallier, ici sur la butte en terre glaise du DFCA, à Berne, fut un des plus grands cavaliers suisses de l'entre-deux-guerres. Il en deviendra ensuite le chef d'équipe, tout en officiant souvent comme chef de piste, président de jury et organisateur, à Genève comme ailleurs.
Photo coll. privée Poudret, Pully

Chapitre 3

Sur la plaine de Plainpalais
Les quinzaines de l'élégance

Durant la seconde guerre mondiale, la vie équestre tourne un peu au ralenti les premières années, mais reprend ensuite de façon plus normale, en Suisse tout au moins. Le concours quitte pour des raisons financières le Palais des Expositions pour s'organiser tout à côté, en plein air, sur la plaine de Plainpalais. Les éditions de 1942, 1943 et 1945 sont forcément nationales (et non comptabilisées dans les 50 éditions du CHI), mais néanmoins assez gaies et colorées, si on en juge par les tenues portées : on veut apparemment tourner le dos à la guerre ! Un défilé de mode est même au programme. Comme un avant-goût de renouveau ! L'envie d'oublier, comme un petit parfum d'insouciance assez troublant, mais naturel.

On a revu cela en découvrant les superbes images reprises par la Radio Télévision Suisse dans le beau film dédié à l'histoire du CHI-W qu'Alain Meury et Jean-Marc Chevillard ont réalisé pour le 50e anniversaire du CHI et que vous avez la chance de trouver dans ce livre, avec d'autres archives et trésors redécouverts par la TSR.

Il n'existe aucune archive du premier concours national de 1942, mais 1943 est bien le *« deuxième concours national inscrit dans le cadre d'une quinzaine de l'élégance, fin août à Genève ».* L'estimé président Alfred Vidoudez décède en 1943. Il n'a présidé que trois éditions, une internationale (1934) et les nationaux de 1942 et 1943, mais fut plus qu'un efficace second durant plus de dix ans et même l'âme du concours. Une épreuve

portera du reste son nom jusqu'au début des années 1960. A cette époque, la reconnaissance n'est pas un vain mot et la fidélité dure des décennies…

En 1945, le colonel Fernand Chenevière reprend la présidence du national. Et il déclare : *« Nous devrons étoffer notre matériel, à l'extérieur, il convient de meubler la piste d'obstacles plus épais, de mieux simuler l'obstacle naturel : c'est faisable. Le comité se rend parfaitement compte qu'on ne transporte pas impunément les meubles du salon au jardin : le satin et l'osier sont choses différentes. »*

1946 : alors, international ou pas ?

Disputée du 22 au 25 août (avec le 23 comme jour de repos…), l'édition de 1946, la dernière en plein air, n'est curieusement pas comptabilisée par la FEI, ni dans les archives, comme un CHI à part entière. Le livre-référence de Max E. Ammann *Geschichte des*

⇦ L'élégante Madelaine Röntgen avec son fidèle Liffey, en 1943 sur la Plaine de Plainpalais. La Suissesse d'origine américaine, qui fut l'une des premières cavalières de haut rang et deviendra la baronne Roncy, montera souvent à Genève, où elle se distinguera.
Photo *L'Année Hippique*, coll. Poudret, Pully

⇦ De 1942 à 1945, le national de Plainpalais s'inscrit dans la « Quinzaine de l'élégance ». *Idem* pour le CHI de 1946.
Photo coll. Poudret, Pully.

⇨ Arnold Mettler et Mainau lors du « national » de 1943 sur la plaine de Plainpalais. Ces deux-là s'adjugeront à la fois la chasse et la Puissance : imaginerait-on cela aujourd'hui ? Pas sûr !
Photo L'Année Hippique, coll. Poudret, Pully

⇧ Jean d'Orgeix, acteur de cinéma et de théâtre sous le nom de Jean Paqui, pilote acrobatique, chasseur de bêtes sauvages, navigateur, a tout fait... tout en étant un des plus grands cavaliers de l'après-guerre, médaillé olympique, vainqueur des GP de Rome (1948) ou Dublin (1957), avant de devenir chef de l'équipe de France championne olympique 1976. Il a remporté le GP de Genève 1946 avec Sucre de Pomme (6 ans !), devant Pierre Jonquères d'Oriola et le major Louis Servien, d'Yverdon.
Photo Oscar Cornaz / coll. privée Poudret

---

* Geschichte des Pferde Sports (litt. « L'histoire des sports équestres »), paru chez Prisma Verlag GMBH Gütersloh, en 1976 et en 1983 (édition complétée, chez C. J. Bucher Gmbch, Munich et Lucerne).
** Raoul Solar Editeur, 1968.

---

des obstacles de 170 cm, et il revient au fameux Jean d'Orgeix montant Sucre de Pomme, alors âgé de 6 ans (!) et futur médaillé de bronze des JO de Londres 1948. Jean Paqui est alors le nom d'artiste de d'Orgeix au théâtre et au cinéma. La légende (assez vraie au demeurant...) veut qu'il faillit manquer le rendez-vous des JO d'Helsinki parce qu'il tournait un film sur la Côte d'Azur avec Martine Carol... Un doublé des deux plus grands cavaliers français de l'après-guerre, d'Orgeix et d'Oriola, vous avouerez que ce n'est pas mal pour un semi-international.

Des noms bien poétiques

Face aux deux gentlemen français, au barrage on trouve un Suisse, le major Louis Servien, notaire à Yverdon, en selle sur son légendaire Darius. Le Fribourgeois Pierre Musy, médaillé olympique en bobsleigh et futur chef de l'équipe de saut d'obstacles, est 4e avec Seigneur. René Haeberli, futur organisateur des Championnats du monde de dressage 1982 à Lausanne avec Serge Pittet et le Cercle de la Cravache, se distingue aussi avec Silhouette, de même que le styliste Max Stauffer, de Lucens, et son bon Rinaldo, meilleur cheval de l'équipe cette année-là. Ou encore le jeune Victor Morf qui n'a pas 20 ans... et se classe 2e, 3e et 4e avec Lustucru.

Seigneur, Silhouette, Lustucru, les noms de chevaux sont sympathiques à cette époque-là et plus poétiques que ceux d'aujourd'hui, qui sont souvent affublés de noms de sponsors. On voit aussi que les Romands sont alors les leaders de l'équipe. C'est par ailleurs le premier CHI d'un Genevois qui sera un des acteurs principaux durant plus de vingt ans : le colonel Frank Lombard.

La nouvelle vague s'impose

Pierre Jonquères d'Oriola débute pour l'occasion avec L'Historiette. Très fidèle à Genève, le double champion olympique s'adjugera le Grand Prix en 1953 avec Voulette. Le Catalan aurait même pu doubler la mise si Voulette n'avait pas déclenché une cellule en foyant de la queue ! Ce Genève 1946 a une signification toute particulière pour d'Oriola, car c'est son premier concours international. Il y consacre du reste le premier chapitre de son livre *A cheval sur cinq olympiades**. «*Pourquoi commen-*

---

*PferdeSports** parle de participation internationale, mais n'inscrit pas son GP au registre et la FEI n'a pas non plus enregistré cette édition comme un véritable CHI. Quelques excellents cavaliers étrangers, français, belges et britanniques, sont pourtant en lice face à l'élite suisse et si l'on comptabilise cette édition « à part entière », c'est bien plutôt la 51e édition que l'on a célébré en décembre 2010. Cocasse, non ? Vous avez donc entre vos mains le livre des 51 premières éditions du CHI, mais pschttt, il ne faut pas le dire ! A moins que ce ne soit le (dernier) moment de rectifier l'erreur ?

Pour la vénérable *Année Hippique* de MM. Cornaz et Bridel, véritable bible du sport équestre, 1946 est un CHI à part entière et il s'agit bel et bien du premier concours international depuis la guerre. Berne suivra une semaine plus tard. «*Ce premier international de l'après-guerre était un essai modeste, limité dans le temps, adapté aux circonstances, mais qui fut – on a bien voulu le dire – réussi*», écrira justement Fernand Chenevière, le président, dans *L'Année Hippique*.

Le palmarès de ce concours 1946 a bien l'allure d'un véritable international. Le Grand Prix se conclut par un troisième barrage, sur cer par le commencement ? C'est vraiment trop simple ! Alors, autant parler sans plus attendre de mes débuts internationaux. C'était en août 1946 à Genève. Il faisait chaud, mais cette chaleur moite des bords du lac ne me contrariait pas. J'arrivais de Corneilla où le soleil tape si fort, au moment où mûrit le raisin, qu'il pousse tous les Catalans vers les zones d'ombre et vers la mer proche.

» 1946, c'était encore l'époque indécise de l'après-guerre. Certes, les Suisses n'étaient pas directement concernés par les grands problèmes internationaux du moment. N'empêche que leur concours s'adressait aux meilleurs cavaliers européens disponibles. Mais jusqu'où pouvait aller cette disponibilité ? Que restait-il, par exemple, de la formidable équipe allemande, victorieuse aux JO de Berlin, dix ans plus tôt ? Rien !

» Chez nous, la guerre avait prématurément vieilli les talents et provoqué de nombreux renoncements. C'est pourquoi Jean d'Orgeix et moi formions la relève. Nous étions la 'nouvelle vague', selon une expression qui allait faire fureur… vingt ans plus tard. D'Orgeix, le Paqui du Théâtre Daunou, bouillait de tout l'enthousiasme qu'on peut avoir à vingt-cinq ans. Et moi, son aîné d'un an, j'avais la fougue d'un pur-sang.

» 'Paqui' était, comme moi, fils de grand cavalier. Il avait hérité de Sucre de Pomme, un petit cheval au cœur gros comme ça, qu'il adorait. Et moi, j'avais L'Historiette que mon

⇦ Plainpalais est alors le rendez-vous de l'élégance. Tout le monde s'habille pour le concours hippique, que ce soit à Yverdon, à Morges ou à Genève. Et à Genève, les Haccius (Gérard Haccius est le 2ᵉ à dr.) reçoivent après les épreuves au nouveau Manège de Genève, à Grange-Falquet. Une autre époque !
Photo L'Année Hippique, coll. Poudret, Pully

⇦ En 1943 à Plainpalais, à gauche, le colonel Pierre de Muralt, grand champion et futur président du CHI de Genève (de 1951 à 1973). A droite, en civil, le colonel Ernest Haccius, commandant du Dépôt de Remonte à Berne, mentor du Manège de Granges-Falquet et grand organisateur du CHI (vice-président, chef de piste, etc.), en discussion avec les chefs d'équipe.
Photo L'Année Hippique, coll. Poudret, Pully

⇦ Le lieutenant Luc Luginbühl, bien classé dans le Prix d'Armée avec Büttel, en 1945. Le gentleman-farmer de Mies a transmis la passion du cheval à son fils Yves, fondateur et animateur du Polo Club de Veytay, société proche du CHI-W de Genève. L'histoire continue et les amitiés perdurent.
Photo coll. privée

⇦ La foule des grands jours en 1945 à Plainpalais pour applaudir les meilleurs cavaliers du pays. Ici le plt Jean-Philippe Aeschlimann passant le tombeau à un train de steeple avec Bagatelle, dans un style « de derrière les fagots » ! L'officier s'adjuge cette fois-ci le Prix d'Armée, avec Sorte.
Photo L'Année Hippique, coll. Poudret, Pully.

Le général Henri Guisan, commandant-en-chef de l'armée suisse durant la seconde guerre mondiale, rendant visite au concours hippique de Genève en 1943, à Plainpalais, accueilli par Alfred Vidoudez, alors président du concours après en avoir été le n° 2 et l'âme durant plus d'une décennie. Alfred Vidoudez décédera hélas peu après.
Photo coll. Pierre Vidoudez

père m'avait offerte avant de mourir. Cette anglo-arabe ravissante, toute noire et très chaude, il l'avait dénichée dans un lot hétéroclite de chevaux destinés à de vagues besognes, et même à la boucherie. Mon père avait un don pour découvrir de bons chevaux et il en avait ainsi trouvé bien d'autres.

»Qui donc, aujourd'hui, songerait à aller chercher un cheval de concours dans un lot pareil? Encore faudrait-il qu'il y fût, n'est-ce pas? Il me semble bien que L'Historiette avait coûté 16 000 F (ndlr: env. 4000 fr.), en 1943. Ma première victoire de l'après-guerre, à Bordeaux, devait d'ailleurs nous rembourser. Donc, me voilà à Genève, avec L'Historiette. (...) C'est d'Orgeix qui a gagné le Grand Prix. Et qui a fini deuxième? Jonquères d'Oriola! Mais un peu plus tard, après avoir remporté ma première épreuve internationale, dans le Prix de l'Aar, à Berne, j'ai battu d'Orgeix et le crack italien de l'époque, Bettoni, dans le barrage du Grand Prix de Zurich. Et c'est ainsi que j'ai eu droit à ma première 'Marseillaise'. Un fier 'Allons enfants de la Patrie', joué pour vous à l'étranger, ça fait drôlement plaisir! Mais ce qui m'émeut le plus, ce jour-là, ce fut sans doute l'accolade que me donna Eugène (ndlr, le groom). Eugène est resté quarante-cinq ans chez nous, et il y est mort. Peut-être est-ce sur ses genoux que j'ai commencé à caracoler. Et c'est lui qui avait bichonné L'Historiette pour en faire une digne gagnante de Grand Prix. La jument était un peu son œuvre et ma victoire fut sa récompense. »

Pierre Jonquères d'Oriola était un grand ami de la Suisse et de Genève, où il était encore là en décembre 2010 pour le 50e, et plus fringant que jamais à presque 91 ans, descendant les escaliers de la tribune des cavaliers quatre à quatre, comme un jeune homme. Toujours prêt à rendre un service, il officiera aussi comme chef d'équipe, pour le team Europe I dans le Prix des Etendards, et comme juge de style pour la cravache en or offerte par Gilbert Albert. Et il était toujours savoureux de l'écouter narrer des anecdotes. Ainsi celle de Guy Lefrant risquant de manquer la finale olympique – et une médaille – pour aller chercher le parapluie de sa belle-mère oublié à l'hôtel! On écouterait cela des heures…

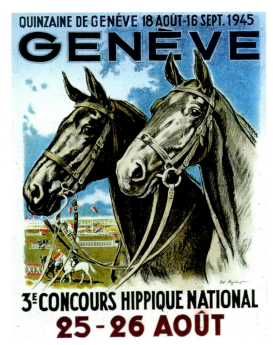

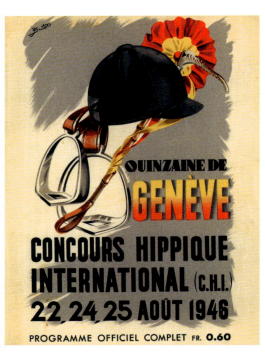

Ces champions qui ont marqué Genève

PIERRE JONQUÈRES D'ORIOLA, SEUL DOUBLE CHAMPION OLYMPIQUE

En saut d'obstacles, Pierre Jonquères d'Oriola est le seul et unique cavalier de l'histoire à avoir décroché le titre individuel olympique à deux reprises. Sur la plus haute marche du podium en 1952 à Helsinki, grâce à la complicité d'Ali Baba, le Catalan rééditera l'exploit douze ans plus tard à Tokyo, avec Lutteur B. Champion du monde en 1966 à Buenos Aires avec Pomone B, le cavalier de Corneilla-del-Vercol est alors le premier Français à remporter ce titre-là (Eric Navet l'imitera vingt-quatre ans plus tard). Un grand champion, assurément, plein de panache, et un fidèle ami de Genève !

⇧ Pierre Jonquères d'Oriola, pour une fois en « civil », devisant avec son grand ami Frank Lombard, alors grand vainqueur international et chef d'équipe. Nous sommes en 1965 et le double champion olympique s'était vu refuser une sélection… évidente. Furax, il se rendra tout de même à Genève, en spectateur, comme il le fera encore si souvent bien plus tard et encore lors des deux éditions de 2010, fringant, à 90 ans révolus.
Photo Jean Bridel – coll. privée Poudret, Pully.

Pierre Jonquères d'Oriola était d'abord catalan. Né le 1er février 1920 à Corneilla-del-Vercol, au sud de Perpignan, dans le Roussillon, à deux pas de la Méditerranée, il est resté toute sa vie dans sa bourgade natale et dans sa maison de famille, construite voici près de trois cents ans. Tout à côté, le château de Corneilla, forteresse de la fin du XIIe siècle en briques roses, construit par les Templiers et habité par ses cousins. Issu d'une famille de noblesse régionale, propriétaire terrien, Pierre Jonquères d'Oriola était attaché à ses racines (les d'Oriola sont établis là depuis 1485). Chez eux, on est viticulteurs et cavaliers de père en fils. « Pierrot » d'Oriola était aussi le cousin par alliance de l'escrimeur Christian d'Oriola, quadruple champion olympique (!), qui a triomphé comme lui en 1952 à Helsinki.

Amoureux de la Catalogne et du cheval, Pierre Jonquères d'Oriola jouait également fort bien au rugby (au poste de trois quarts aile). « *Je n'ai pas connu de plus grande fête que celle que motiva la victoire de l'USAP en finale du championnat de France. On a encore à la bouche le goût, à la pointe d'ail, de la 'cargolade' monstre qui suivit* »*, se souvenait-il.

On le met à cheval à l'âge de 3 ans. Et son premier poney se nomme Sans Souci.

A 12 ans, il dispute déjà ses premières compétitions. Et à 14 ans, près de Béziers, il franchit 2 m… avec un cheval borgne, Anachorète, un pur-sang sorti des courses. A Corneilla, il ne dispose que d'un paddock tout simple et n'a jamais eu de manège. Comme quoi, l'infrastructure ne fait pas tout ! Le travail sur le plat ennuyait du reste un peu ce battant !

Homme au franc parler, ses démêlés avec la Fédération française d'équitation furent fréquents et épiques. C'est d'ailleurs à cause de l'un d'eux qu'il manqua une (seule !) édition du CHI de Genève, en 1965 (il vint tout de même, en spectateur) et l'épisode lui resta en travers de la gorge. Cet homme racé, frondeur, indépendant, n'avait pas la langue dans sa poche !

Sa première victoire majeure, il l'obtient en Suisse, dans le Grand Prix de Zurich 1946. Quelques jours plus tôt, il était 3e du GP de Genève. Dans son livre *A Cheval sur cinq olympiades*, il consa-

⇦ Pierre Jonquères d'Oriola avec le champion olympique de complet Bernard Chevallier, à la fin des années 1950, entre ses deux sacres olympiques !
Photo Oscar Cornaz,
coll. Poudret, Pully

⇦⇦ Pierre Jonquères d'Oriola « en selle », chez lui, à Corneilla-del-Vercol.
Photo privée

* Tiré de *A cheval sur cinq olympiades*, Raoul Sola Editeur, 1968.

cre son premier chapitre à ses deux concours de Genève et de Zurich. Le titre du chapitre ?
« Août 1946, à Genève » ! Il y dessine le tableau de l'après-guerre : *« Sans doute faut-il situer
cette époque ? On parla alors du renouveau du concours hippique. A dire vrai, cette époque
marqua une nette évolution des coutumes, en ce sens que le vieux concours de papa devint un
sport populaire en s'évadant des enclos mondains pour s'installer au 'Vel d'Hiv' (le Vélodrome
d'Hiver de Paris). Le plus cocasse fut de voir des anciens et même des classiques anciens, tel le
colonel des Roches de Chassay et le regretté Comte Roland de Maillé, clamer leur joie dans les
mêmes termes que les spectateurs du 'poulailler'. On se rendait alors au 'Jumping' comme aux
Six Jours (cyclistes) et aux réunions de boxe. C'était la 'fiesta' et le public participait avec un tel
enthousiasme que nous y allions à culot que veux-tu, sans calcul, le mors aux dents. »*

Ecarté des JO de Londres 48 (où d'Orgeix montera sur le podium), d'Oriola ronge son frein
durant quatre ans. On connaît la suite ! *« Pourtant, quand vint l'année 1952, rien ne pouvait laisser prévoir que le coup fumant était à ma portée. Car l'affaire ne se présentait pas tellement bien.
Je disposais certes de bons chevaux, mais je n'avais pas LE grand cheval. Or, pour gagner aux
Jeux, il faut la grande pointure, le crack authentique, le cheval le plus doué et le plus résistant. »*

Au printemps 1952, lors du CHIO de Rome, d'Oriola fait la connaissance d'Ali Baba, déniché
au 2ᵉ Cuirassiers d'Angoulême par un colonel… et monté par un officier, Bertrand du Breuil.
Pourtant, en plein CSIO, à l'heure du petit déjeuner, le commandant Cavaillé, chef de l'équipe
de France, décide de faire un essai l'après-midi même avec d'Oriola : pari audacieux, mais
gagnant ! D'Oriola peut donc le garder mais Ali Baba appartenant à l'armée, il ne peut le monter qu'en concours : exclu de le prendre à la maison pour l'entraîner ! Qu'à cela ne tienne ! Et
aux JO de 1952, au terme d'un mémorable barrage à cinq, le Catalan est sacré champion
olympique : Helsinki se transforme en caverne d'Ali Baba !

Le Français a pourtant failli ne pas pouvoir monter le barrage, ayant été bloqué par le service
d'ordre. *« J'étais sorti pour prendre l'air et quand j'ai voulu rentrer dans le Grand Stade, des
policiers m'ont intercepté. Alors, j'ai foncé comme à l'époque où je jouais trois-quart aile. Deux
ou trois crochets, une barrière sautée en voltige et je me suis retrouvé à l'intérieur tandis que
les policiers vociféraient loin en arrière. »*

De l'or à nouveau douze ans plus tard à Tokyo. Le Français n'était pourtant plus le grand favori.
*« On commençait à me traiter avec une certaine condescendance. Les habituels flatteurs s'étaient
transformés en critiques comme on sort la 'trique' après avoir longtemps caressé l'encolure. Les
amis s'apitoyaient. Pour beaucoup, à 43 ans (ndlr : 44 même en 1964), j'avais l'avenir derrière moi.*

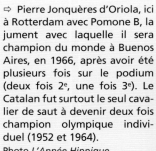

⇨ Pierre Jonquères d'Oriola, ici à Rotterdam avec Pomone B, la jument avec laquelle il sera champion du monde à Buenos Aires, en 1966, après avoir été plusieurs fois sur le podium (deux fois 2ᵉ, une fois 3ᵉ). Le Catalan fut surtout le seul cava-lier de saut à devenir deux fois champion olympique indivi-duel (1952 et 1964).
Photo *L'Année Hippique*,
coll. privée Poudret, Pully

Et je ne pouvais pas, comme certain roi traqué par ses ennemis, proposer un royaume contre un cheval… Et j'ai cherché, cherché… jusqu'au jour où j'ai repéré Lutteur B, ce fils de Furioso (ndlr: fameux étalon). Sans doute ai-je eu le coup de foudre ».

Le cheval, pourtant, n'est pas facile, et parfois, notamment lors des stages à Font-Romeu, Lutteur B, brillant mais têtu et violent, ne veut même pas franchir 80 cm. Mais à force de patience : *« Si Lutteur B était têtu, je l'étais plus encore »*, dira d'Oriola.

Comme à Helsinki, douze ans plus tôt, le Français hypothèque un peu ses chances au premier tour : deux fautes, et un point de temps. Et, comme là-bas, il est sans faute ensuite. Pas besoin de barrage, cette fois-ci ! Dans un grand stade rempli, sous le regard de l'empereur du Japon Hiro Hito, Pierre Jonquères d'Oriola triomphe.

Si Hans Günter Winkler, autre ami fidèle du CHI de Genève, a décroché le nombre record de cinq médailles d'or olympiques* en saut d'obstacles, Pierre Jonquères d'Oriola est le seul à avoir triomphé à deux reprises sur le plan individuel. Le Catalan a aussi décroché deux médailles d'argent par équipe, la première à Tokyo, avec Janou Tissot Lefèbvre et Guy Lefrant, la seconde en 1968 à Mexico, où il se battit comme un beau diable pour assurer l'argent à Janou encore et à Marcel Rozier, qui glanera pour sa part l'or huit ans plus tard à Montréal.

En 1966, d'Oriola sera encore champion du monde à Buenos Aires, dans le stade de River Plata (70 000 places), tout près des légendaires terrains de polo de Palermo où les chevaux pouvaient s'entraîner. Ce sera avec la merveilleuse Pomone B, demi-sœur de Lutteur B (par Furioso l'un comme l'autre), au terme d'une tournante mémorable. Et en 1971 à Aix-la-Chapelle, avec Moët-et-Chandon Tournebride, il est 4e de ses derniers Européens, juste derrière un certain Paul Weier.

En vingt-sept ans de carrière internationale (1946 à 1973), Pierre Jonquères d'Oriola remportera plus de… 500 épreuves ! Il a vécu toute sa vie à Corneilla-de-Vercol, entouré de son épouse, Renata, et des siens. Ses nombreux petits-enfants (il a eu deux filles avec Renata et un fils et une fille d'un premier mariage) venaient souvent séjourner à Corneilla. Notre héros, qui avait fêté ses 91 ans le 1er février 2011, n'hésitait pas à prendre le volant pour se rendre à Bordeaux, à Paris ou à Genève. Il était ainsi à Genève en 2010, aussi bien en avril qu'en décembre. *« J'ai mis six heures depuis Perpignan, je sais exactement où je peux appuyer sur le champignon et rouler à 160 km ! »*, nous lançait-il à son arrivée à Palexpo, plein de malice et de gourmandise dans le regard. Son énergie et son entrain en épataient plus d'un ! La vie lui a hélas tourné le dos le 19 juillet 2011, mais il aura pleinement vécu durant nonante et un ans.

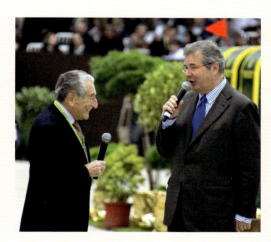

⇧ Comme cavalier, puis comme spectateur et ami, Pierre Jonquères d'Oriola manquait rarement une édition du CHI de Genève. Le voici en 2010 racontant des anecdotes à l'auteur de ce livre et au public de Palexpo. Photo Roland Keller

⇦ Pierre Jonquères d'Oriola en 1999 à Palexpo, lors de « l'hommage aux champions du siècle », aux côtés de sa compatriote Alexandra Ledermann, sacrée championne d'Europe cette année-là.
Photo Geneviève de Sépibus

* Ludger Beerbaum en a décroché quatre, dont le titre individuel en 1992, car il a dû rendre la cinquième, l'or par équipe des JO d'Athènes, pour médication interdite.

Chapitre 4

Retour au Palais
Une ère nouvelle

En 1947, on quitte définitivement l'herbe de Plainpalais, qui sera dès lors occasionnellement visitée par les chevaux des Cirques Knie et Nock ou plus épisodiquement par ceux de Zingaro ou les poneys de polo du tournoi organisé en 2002 par Yves Luginbühl. 1947, c'est le retour au Palais des Expositions et à des dates automnales.

Au sortir de la seconde guerre mondiale, un pays n'aura plus droit qu'à une Coupe des Nations par an. Genève et Lucerne, qui avaient jusque-là pu organiser une épreuve par équipe chacune, devront dès lors se partager le gâteau et offrir l'épreuve en alternance, à partir de 1947. En 1978, puis plus régulièrement dès la fin des années 1980, St-Gall viendra prendre le relais de Genève, qui opte alors pour la Coupe du monde.

Pour l'heure, l'alternance ou plutôt le partage va s'opérer entre Genève et Zurich…

« *Le Palais des Expositions avait retrouvé sa magnifique ambiance d'avant-guerre. Au début, certains cavaliers et chevaux parurent hésitants, mais dès qu'ils furent habitués à la nature du sol, à l'éclairage et à la… fumée, ils parurent aussi à leur aise que dans n'importe quel terrain en plein air* », écrit dans l'*Année Hippique* le colonel Jack de Charrière de Sévery, inamovible président du jury et fumeur invétéré de cigares ! A cet époque-là, on pouvait fumer très librement !

Les deux éditions à venir sont donc organisées en partenariat avec Zurich : on enchaîne le Hallenstadion (sans Coupe des Nations) et le Palais des Expositions (avec et… sans GP).

Un double concours ou deux concours en un ? Est-ce vraiment satisfaisant ? Chacun reprend en tout cas son indépendance en 1951 et le concours retrouve à la fois son rythme biennal et son assise financière.

En 1947, le général Guisan assiste à la victoire d'un Américain, le lieutenant-colonel Kaiser montant Dagmar, une bonne jument qui restera en Suisse pour consoler le major Mettler de la mort d'Exilé. Dans le Prix des Vainqueurs, doublé du fameux commandant Gudin de Vallerin. Michèle Cancre, épouse de Jean d'Orgeix, et Raimondo d'Inzeo, âgé de 22 ans et montant en habit rouge, font leur apparition. Le transalpin reviendra souvent, mais en uniforme de carabinier. Son frère aîné Piero est lui déjà en uniforme et tous

⇧ L'élégante Madelaine Röntgen avec son fidèle Liffey, en 1947 lors du retour au Vieux Palais, dont on voit bien les deux étages. La Suissesse d'origine américaine, seule femme de la sélection helvétique.
Photo coll. privée

⇦ En 1949, le rideau s'ouvre sur le tout frais émoulu champion olympique de complet Bernard Chevallier, meilleur Français dans le Prix des Etendards avec Tourbillon, sans faute.
Photo coll. privée Poudret, Pully

⇧ La belle arène de l'ancien Palais des Expositions, théâtre du CHI de Genève de 1926 à 1973, à l'exception de la parenthèse de 1946 (et de trois nationaux) sur la plaine de Plainpalais voisine. On voit la grosse butte, qui pouvait aussi servir de piano, des murs de toutes sortes et des obstacles assez «costauds». Vous apercevez aussi les promenoirs, d'où l'on pouvait suivre les épreuves assis ou debout, avec une vue plongeante sur la piste.
Photo coll. Le Cavalier Romand, Pully

⇨ Un président qui sut empoigner dès 1951 le CHIO de Genève avec son dynamisme de grand cavalier: le colonel divisionnaire Pierre de Muralt.
Photo: François-Achille Roch

deux participent efficacement à la victoire de l'Italie dans le Prix des Etendards, suivi par 8000 spectateurs.

En 1949, le commandant Bernard Chevallier et son génial anglo-arabe Tourbillon remportent le classement individuel de la Coupe des Nations (dominée par les Britanniques), mais de véritable Grand Prix il n'y a pas: Zurich et Genève se partageant le gâteau! En attraction, l'Ecole espagnole de Vienne, qui compte dans ses rangs un maître écuyer qui fera plus tard la réussite de Christine Stückelberger et de l'équipe suisse de dressage: Georg Wahl.

1951: une ère nouvelle

Pour l'édition de 1951, le colonel Pierre de Muralt, qui on l'a dit avait fait partie de l'équipe gagnante du Prix des Etendards de Genève en 1927, reprend la présidence du concours. Il succède à MM. Chenevière et Pinget et gardera les rênes durant vingt-deux

ans. «Une ère nouvelle s'ouvrait, qui vit la grande manifestation briller de feux éclatants», écrit François-Achille Roch. Emile Pinget prend pour sa part la tête du Comité permanent, jusqu'en 1955, année de son décès. «Le CHIO de Genève tient, parmi les grandes rencontres internationales européennes, une place de tout premier plan, tant par la grande qualité technique de son organisation que par le niveau traditionnellement et effectivement très relevé des compétitions qui s'y déroulent», peut-on lire dans L'Année Hippique 1953-54.

François-Achille Roch partage alors le micro avec Pierre Vidoudez. Et, en 1955, ils pourront s'adjoindre les services du maître en la matière, Jean de Faucon, rompu au Parc des Princes et aux grands concours français. «Pour 1955 seulement, avant que l'on retombât dans une routine plus classique», écrira François-Achille Roch. Des efforts d'animation seront repris, mais bien plus tard…

En 1951, le budget s'élève à 166 000 fr. (soit nettement moins qu'en 1930), «Les recettes ascendèrent à 184 869 fr. et 10 centimes (...) mais les dépenses furent finalement de 221 333 fr. Une fois de plus, et ce fut l'éternel problème à Plainpalais, le déficit correspondit au coût de la construction des tribunes…», souligne F.-A. Roch. Comme quoi, si les chiffres ont décuplé (et même plus…), les problèmes ne changent guère! Le nouveau président avait décidé d'abaisser le prix des places, échelonné de 1 à 15 fr., et 20 fr. pour la Coupe des Nations.

Personnalité des plus attachantes, le colonel Louis Dégallier officie alors comme chef de piste. Il sera relayé par le Dr Robert Carbonnier dès 1957, mais œuvrera alors au

jury (président dès 1971) et à la vice-présidence du concours (dès 1975).

Parcourir la liste des grands vainqueurs de Genève, c'est replonger dans l'histoire du saut d'obstacles et feuilleter un véritable… livre d'or, tant de champions olympiques, mondiaux et européens ayant souvent triomphé entre Rhône et Arve. Les années 1950 verront ainsi notamment s'imposer Pierre Jonquères d'Oriola avec Voulette en 1953, le champion du monde espagnol Paco Goyoaga en 1955 et 1957, le commandant de Fombelle avec Buffalo B en 1959 ou encore les frères d'Inzeo. Les Français sont particulièrement brillants durant ces années-là… Et les chevaux français font aussi le bonheur des cavaliers de nombreuses équipes : Bricole avec le Neuchâtelois Victor Morf, Vol au Vent avec le lieutenant Alexandre Stoffel, champion de Suisse 1953, Aristo avec Mario Mylius, Brise-Brise avec l'Espagnol Alonso Martin, Cyrano et Voltigeur avec Mme Perrone… Que de jolis noms, là encore !

« I carissimi fratelli d'Italia »

Quant aux frères d'Inzeo, les « fratelli d'Italia », qui faisaient déjà tous deux partie de l'équipe victorieuse du Prix des Etendards en 1947, ils gagneront souvent à Genève. Piero, l'aîné, avec son uniforme beige, s'impose dans le Prix des Vainqueurs en 1951 avec Urugay ; Raimondo, le cadet, avec l'uniforme bleu marine des Carabinieri, cinq fois dans de grosses épreuves dont trois dans le Grand Prix. Ils seront adulés à Genève comme ailleurs et ce durant près de trente ans. Et Piero reviendra effectuer un ultime parcours en 1997 à Palexpo. A 74 ans.

En 1953, c'est la première apparition des champions mondiaux Halla et Merano, « les deux géants des années 1950 », comme le

rappelle François-Achille Roch dans son livre. Halla, c'est Winkler ; Merano, Raimondo d'Inzeo. Mais c'est la France de Voulette, Ali-Baba, Azur et Camelia IV qui remporte le Prix des Etendards. Il faut un… cinquième barrage pour départager les candidats au Championnat de Genève et sacrer Fritz Thiedmann et son fameux Meteor. Comme ce championnat était alors d'abord une épreuve de Puissance, nous ne l'avons pas fait figurer dans les tableaux de fin de livre, mais on trouvait souvent des couples prestigieux au palmarès.

⇦ En 1950, Jean d'Orgeix et Michèle Cancre, deux des plus brillants cavaliers français de l'époque, qui avaient annoncé leurs fiançailles un an plus tôt au CHI, sont désormais mariés. Pour son émission *Bon Voyage, Maurice Druon!*, le Prix Goncourt 1948 vient à Genève rencontrer les deux champions, « le chevalier et Madame d'Orgeix ».
Photo LDD

⇦ Un franc pour être au promenoir, 2 fr. pour une place assise à la galerie, 4 fr. pour une belle place au « parterre », on est au début des années 1950 !

⇩ Dans *La Suisse* de novembre 1947, les caricatures des principaux acteurs du CHI de Genève.

Les champions de 1945 à 1965

1.

2.

3.

4.

5.

6.

1. Les trois médaillés des JO d'Helsinki 1952, Pierre Jonquères d'Oriola (or), le Chilien Oscar Cristi (argent) et l'Allemand Fritz Thiedemann (bronze) juste après le barrage qui venait de les départager.
Photo Jean Bridel, coll. Poudret, Pully

2. Le gentleman britannique Harry Llewellyn, ex-jockey de steeple-chases (2e du Grand National et victorieux de grandes courses), médaillé aux JO de Londres 1948 et champion olympique par équipe en 1952 à Helsinki avec le génial Foxhunter, vainqueur des GP de Lucerne 1950 et 1952 et de Nice 1949.
Photo Jean Bridel, coll. Poudret, Pully

3. Hans Günter Winkler et Halla, doubles champions olympiques en 1956 à Stockholm (pour des raisons sanitaires, les chevaux n'avaient pu se rendre à Melbourne). Winkler a décroché cinq médailles d'or olympiques: un record absolu! L'Allemand fut aussi double champion du monde (1954 et 1955) et champion d'Europe (1957), triple vainqueur du GP d'Aix-la-Chapelle. A Genève, il a gagné le Prix des Etendards à plusieurs reprises.
Photo Oscar Cornaz, coll. Poudret, Pully

4. Fritz Thiedemann et Meteor se sont adjugé le GP d'Aix-la-Chapelle à trois reprises. Les voici en 1955, sous une fine pluie. Champions olympiques par équipe en 1956 et 1960, médaillés de bronze individuels en 1952 déjà, champions d'Europe en 1958 devant leur public d'Aix, ils ont marqué ensemble les années 1950 et même au-delà. En 1952 à Helsinki, Fritz Thiedemann fut aussi médaillé de bronze olympique par équipe en dressage!
Photo Oscar Cornaz, coll. Poudret, Pully

5. Deux frères sur un podium olympique en 1960 à Rome, sur la sublime place de Sienne: Raimondo d'Inzeo, en or, son frère aîné Piero, en argent (à Stockholm, quatre ans plus tôt, ils étaient 2e et 3e!), et le jeune Britannique David Broome, en bronze. A droite, Avery Brundage, alors président du CIO.
Photo L'Année Hippique, coll. Poudret, Pully

7.

6. William C. Steinkraus ici à Aix-la-Chapelle avec Sinjon. L'Américain sera champion olympique en 1968 à Mexico et président de la Commission Coupe du monde lors de la finale de 1996 à Genève (où il est le seul géant présenté ici à n'avoir jamais monté). Ce gentleman était aussi un brillant violoniste et il se déplaçait dans les concours avec son instrument.
Photo Oscar Cornaz, coll. Poudret, Pully

7. Nelson Pessoa et Gran Geste s'adjugent le Derby de Hickstead 1963. Ils récidiveront deux ans plus tard et le fin sorcier brésilien, Neco pour les intimes, le remportera encore plusieurs fois, tout comme les derbies de Hambourg (à sept reprises!) et de La Baule. Sacré champion… d'Europe 1966 à Lucerne (l'année où Paul Weier, 4e, était le premier vrai continental!), Neco fut deux fois 2e de la Coupe du monde (1984 et 1991).
Photo Jean Bridel, coll. Poudret, Pully

8. Deux immenses champions très complices, Nelson Pessoa et Piero d'Inzeo.
Photo Oscar Cornaz, coll. Poudret, Pully.

9. L'Espagnol Francisco Goyoaga, premier champion du monde de l'histoire, en 1953 à Paris. L'Espagnol a surtout remporté nombre de Grands Prix, notamment Genève et Paris à deux reprises (1955 et 1957), Nice, Madrid et Aix-la-Chapelle (photo).
Photo Oscar Cornaz, coll. Poudret, Pully

8.

9.

10. Paul Weier s'adjuge le Grand Prix de Rome 1966 avec Junker, qu'il quitte pour monter dans la Fiat 500 du vainqueur! Le Suisse s'adjugera aussi le Grand Prix de Suisse à Lucerne en 1970 avec Wildfeuer ou celui d'Aix-la-Chapelle en 1973 avec Fink. Son épouse, Monica, fut médaillée européenne. Grand homme de cheval, champion de Suisse dans les trois disciplines olympiques, Paul Weier officia aussi comme chef de piste à Genève durant plus de quinze ans.
Photo Oscar Cornaz, coll. Poudret, Pully

10.

⇨ Une troupe de spahis invitée comme attraction en 1951 s'entraînant sur la plaine de Plainpalais. L'ancien Palais était à quelques mètres.
Photo *L'Année Hippique*, coll. privée Poudret, Pully

⇨ Premier champion de couleur, Bambi Santerre avait disputé son premier Genève à 19 ans, en 1938. Ce compagnon de travail de Jean d'Orgeix reviendra plusieurs fois à Genève à cheval sur les années quarante et cinquante.
Photo Oscar Cornaz, coll Poudret, Pully

De 1955 à 1961, entre Gardes républicaine et de Barcelone…

En 1955, Paco Goyoaga s'adjuge le GP avec Toscanella et il récidive en 1957 avec Fahnenkönig (ça ne fait pas très ibérique !). Mieux, cette année-là, l'Espagnol est sacré meilleur cavalier du concours. Il reçoit la fameuse écharpe d'or et sa future épouse, Paula Elisalde, l'écharpe rose de la meilleure cavalière. Le triomphe d'un couple ! Par équipe, l'Espagne ne cède le Prix des Etendards à l'Allemagne que pour un malheureux quart de point. L'inventif Dr Carbonnier

⇩ La fameuse Ecole espagnole de Vienne se produit à Genève en 1949, sous les ordres de l'inégalé colonel Aloïs Podhajski. Georg Wahl, le futur entraîneur et partenaire de Christine Stückelberger, est du spectacle.
Photo privée

est pour la première fois chef de piste et il a déjà disposé cette… banquette amovible qui fera sa réputation (bonne ou mauvaise, c'est selon !).

Des buttes ou talus, il y en avait eu dès les débuts du Palais des Expositions, mais celle-ci est amovible et il y a deux formats, qui permettent aussi un piano. Le Dr Carbonnier restera vingt ans à son poste. Le Neuchâtelois est réputé créatif, mais il n'est pas facile de composer avec lui et certains cavaliers s'en plaindront, ici comme à Tramelan ou ailleurs. A l'époque, les chefs de piste étaient plus « dictatoriaux » qu'aujourd'hui… Le sol est un mélange de sable et de tourbe (50 %-50 %).

En ce qui concerne les attractions, après le Cadre Noir, qui avait présenté à la fois sa « Reprise des dieux » et ses sauteurs en 1955, c'est la Garde montée de Barcelone qui se produit pour la première fois en 1957. Comme un clin d'œil aux triomphes ibériques du (futur) couple Goyoaga. En 1959 défile devant Paul Chaudet, alors président de la Confédération, la Garde républicaine de Paris, au son des trompettes d'*Aïda*. Dans les années 1960, les attractions seront plus modestes, mais on accueillera tout de même le maître Nuno Oliveira. Des moments de magie pure….

Nouveauté sportive en 1959, le Grand Prix de Suisse, sorte de Prix des Vainqueurs réservé aux meilleurs, conclut le concours, tandis que le Grand Prix est rebaptisé à partir de 1963 Trophée de la Ville de Genève. Le premier vainqueur en est le Français Bernard de Fombelle en selle sur Buffalo B. Raimondo d'Inzeo s'adjuge le Trophée avec Posilippo, mais Pierre Jonquères d'Oriola met 9 secondes de moins que lui au barrage et comme Virtuoso n'a fait que déplacer une barre posée à terre, le public ne comprend pas qu'il écope de 4 pts et perde…

En 1961, l'édition se déroule du 11 au 19 novembre. Frank Lombard a repris l'équipe de Suisse des mains du colonel Dégallier, ce qui ne l'empêche pas de monter. L'Allemagne s'impose dans le Prix des Etendards. Le nouveau champion olympique Raimondo d'Inzeo et Posilippo triomphent dans le Grand Prix de Suisse. C'est la première apparition de Nelson Pessoa, venu du Brésil cinq ans plus tôt pour les JO de 1956 – à 20 ans. Il s'établit en Europe à partir de 1961, habitera sept ans la Cité de Calvin et sera un fidèle de la manifestation durant près de quarante ans à cheval. Le génial Brésilien monte alors pour Mme

Arline Givaudan qui effectue aussi ses débuts au CHI de Genève et a les honneurs de la couverture de *L'Illustré* (voir p. 60). La Genevoise, née à Paris, monte pour le Brésil. *« C'est au CHIO de Genève que ces deux cavaliers ont pris 'le tournant' qui les a fait accéder au tout premier plan international »*, écrira plus tard François-Achille Roch.

⇦⇗ L'entrée de l'ancien Palais des Expositions. Le cadre n'était pas grandiose, l'emballage tout au moins, mais l'intérieur si et il nous a fait rêver pendant deux ans… jusqu'au prochain concours! Photo coll. CHI de Genève.

Le beau souvenir de Hans Möhr

En 1963, la Suisse s'impose par équipe, avec le colonel EMG Frank Lombard, Max Hauri (Millview), alors jeune lieutenant, Hans Möhr (Troll) et Arthur Blickenstorfer (Posilippo, pas celui de d'Inzeo!), un grand cavalier bernois, encore vainqueur du GP de Rome en 1979 et décédé au début des années 2000. La France est à moins d'une barre: suspens et délivrance! Onze équipes sont en lice, *« Jamais un CHIO de notre pays n'avait connu un engagement aussi important »*. Portugal et Yougoslavie alignent pour la première fois une équipe en Suisse.

Hans Möhr se souvient de cela comme du plus beau souvenir de sa carrière. Et Dieu sait pourtant si le Grison, né en 1916 à Maienfeld, a connu de sacrées émotions à cheval. N'a-t-il pas défendu les couleurs de la Suisse aux JO de Rome 1960 et de Tokyo 1964? N'a-t-il pas monté et brillé à Aix-la-Chapelle, à Londres, où il s'adjugea la Puissance de White City en 1965? Hans Möhr a disputé une vingtaine de Prix des Nations entre 1958 et 1966 et il en a rem-

porté deux, en 1963 à Genève et l'année suivante à Lucerne, avec la même équipe, à l'exception de Frank Lombard, remplacé alors par Paul Weier.

« La victoire de Genève reste mon plus beau succès. J'aimais beaucoup ce concours et, cette année-là, les meilleures équipes étaient en lice. L'ambiance était magnifique », nous confia-t-il trente ans plus tard. Parmi les dix nations en lice, la France de Janou Lefèbvre et de Guy Lefrant, 2e, l'Espagne des Goyoaga, Bohorques, Queipo de Llano et Martinez de Vallejo, 3e et 1re deux ans plus tard avec un quatuor rigoureusement identique, la

⇧ Le grand Jean de Faucon vient animer le CHI de Genève en 1955, à la demande de François-Achille Roch. Il faudra attendre les années 1990 pour entendre à nouveau quelques speakers français à Genève. Photo Oscar Cornaz, coll. Poudret, Pully

⇦ L'équipe de Suisse dans le Prix des Etendards 1955, de g. à dr.: Victor Morf (Duroc), Frank Lombard (Fürst), William de Rham (Va-Vite) et Marc Büchler (Duroc). Le quatuor se classe 5e (sur 8) et ce dernier prendra la 4e place du Prix des Vainqueurs avec Norentin. Photo coll. Poudret, Pully

⇨ Pierre Jonquères d'Oriola et Voulette, victorieux du Grand Prix en 1953. Le double champion olympique porte en outre l'écharpe d'or de meilleur cavalier du concours.
Photo coll. privée

⇨ Premier champion du monde de l'histoire, en 1953 à Paris, Francisco Goyoaga fut encore 3e l'année suivante et 2e en 1956. L'Espagnol a surtout remporté nombre de Grands Prix, notamment Genève et Paris à deux reprises (1955 et 1957), Nice, Madrid et Aix-la-Chapelle. «Paco» fut un fidèle de Genève, où son épouse, Paula Elisalde, brilla souvent aussi.
Photo coll. Le Cavalier Romand

⇨ Le Cadre Noir de Saumur se produit en 1955, sous les ordres du colonel Margot.
Photo George

Grande-Bretagne, l'Allemagne, etc. Hans Möhr, sans faute en première manche avec Troll, prend une part prépondérante au succès, lui qui avait déjà enlevé le Prix de la Société de Cavalerie.

«L'imperturbable et rude cavalier (...) a obtenu de ce Troll sur lequel tout un chacun, même parmi les meilleurs, ne se «grefferait» pas de gaîté de cœur, d'aussi admirables et victorieuses performances en Puissance qu'en maniabilité! Qu'ajouter? Bravo Hans Möhr! Votre 1963 aura été de première», peut-on lire dans la merveilleuse Année Hippique de MM. Cornaz et Bridel cette année-là. Hans Möhr, on le voit encore disputer des derbies comme Aarau ou Ecublens dans les années 1970 et au début des 1980, ou des S à plus de 70 ans! En 1992, il est 5e du GP vétérans de Berne, à 76 ans! Et en juin 2011, il s'est déplacé à Berne pour les obsèques d'Henri Chammartin. A 95 ans.

En 1963, la Suisse s'impose aussi en individuel, grâce à la victoire surprise de l'amateur zurichois Werner Weber, qui est tout sauf un styliste, mais un battant, tout comme son brave Lansquenet. Montant le sublime Gran Geste, un certain Nelson Pessoa s'impose pour sa part dans la Puissance, qui est alors le deuxième volet qualificatif menant au Grand Prix! Le Trophée de la Ville de Genève revient à nouveau à Raimondo d'Inzeo et à Posilippo.

Champion olympique et du monde, Raimondo d'Inzeo multiplie alors les succès. Il s'impose dans le Grand Prix de Suisse en 1961, 1969 et 1971 (avec Bellevue les deux premières fois, avec Fiorello II ensuite) comme dans le Trophée (à deux reprises).

En 1965, le colonel de Muralt et son comité investissent dans un nouveau sol : du sable de l'Arve mélangé avec de la sciure de bois. Un type de mélange que l'on n'abandonnera définitivement qu'après la finale de la Coupe du monde de 1996, même si la proportion de sable deviendra de plus en plus importante. Le Dr Robert Carbonnier est maître des parcours depuis 1957 et il s'en acquitte fort bien, tout en suscitant quelques tensions. «*Il n'avait pas forcément envie d'écouter les cavaliers, il ne mettait pas les formes voulues avec le jury, composé de militaires et de patriciens, et les hommes de piste, des dragons de la Société de Cavalerie, croyaient aussi que ce vétérinaire les prenait un peu de haut*», explique aujourd'hui Guy von der Weid, en souriant. Dans les années 1960, le Fribourgeois est donc chargé de l'assister sur la piste, plus pour arrondir les angles avec ces messieurs que pour construire à sa place ! «*J'avais un peu un rôle de médiateur. Le grand John Pradervand, qui était un grand bonhomme, au propre comme au figuré, était un bon copain et il a convaincu ses*

En 1957, le colonel divisionnaire Pierre de Muralt, président du CHI de 1951 à 1973, remet la Coupe des Nations au chef de l'équipe allemande, Harald Momm.
Photo coll. Le Cavalier Romand

En 1955, Pat Smythe fête à la fois sa victoire et son anniversaire ! La grande dame anglaise était une habituée de Genève et des honneurs.
Photo coll. privée Poudret, Pully

En 1959, la Garde républicaine est l'hôte d'honneur du 15e CHI de Genève et on la voit défiler sur la piste comme en ville (ici place du Molard ⇩), musique en tête.
Photos CHI

Ces champions qui ont marqué Genève

LES « FRATELLI D'INZEO », FRÈRES DE PODIUM !

Ensemble, ils ont fait de l'Italie une nation dominante du saut d'obstacles durant trente ans, de 1947 à 1976. Ensemble, ils ont décroché douze médailles olympiques, montant chaque fois sur le podium côte à côte. Les frères d'Inzeo ont aussi conquis l'or européen ou mondial, remporté les Grands Prix les plus prestigieux séparément (Piero a triomphé quatre fois dans le GP d'Aix-la-Chapelle, Raimondo trois fois dans une épreuve majeure à Genève), mais l'histoire les associe à jamais. Pour leur classe, leur élégance et leurs succès.

Aux JO de 1956 déjà, ils montent ensemble sur le podium individuel, mais Hans Günter Winkler, qui grimpe sur la première marche, les sépare sur la photo. Quatre ans plus tard, à Rome, sur la sublime place de Sienne, devant un public en transe, les deux Romains sont cette fois côte à côte, seuls rois de l'univers équestre, Raimondo, le cadet, sur la première marche et Piero sur la deuxième. Ils récolteront encore du bronze par équipe, quatre jours plus tard, devant les 100 000 spectateurs du stade olympique, et décrocheront six médailles olympiques chacun, entre 1948 et 1976. Chaque fois ensemble. Vous avez dit unique ?

Piero, né le 4 mars 1923, et Raimondo, né le 8 février 1925, ont moins de deux ans de différence et ils ne se quittent pas d'une semelle. Que ce soit à Rome, où ils vivent dans le quartier des Parioli, ou à Bologne, où leur père, instructeur de cavalerie, est détaché durant quelques années, à partir de 1932, puis à Rome, à nouveau. Ils partagent la même chambre et montent des parcours à l'aide de chaises et de canapés, dans une des cinq pièces de l'appartement. « *Nous sautions des heures et des heures, jusqu'à ce que nos jambes soient trop fatiguées, la passion était là.* »

A cheval, les performances des deux frères ne sont pas tout de suite les mêmes. Tandis que Piero, favorisé par son statut d'aîné, progresse rapidement, Raimondo parle de sa première expérience à cheval, comme de « *La pire journée de sa jeunesse. C'était à la caserne de Castro Pretorio, près de la gare, et mon père avait sellé un farouche étalon du nom de Diavolo. Il me grondait sans cesse et me disait 'les mains aux rênes, pas aux yeux', tandis que je pleurais de plus bel !* ». Et le père d'en rajouter : « *Et tu veux être mon fils ! Je crois que tu as peur des chevaux !* ».

⇧ Piero d'Inzeo, l'aîné
Photo Oscar Cornaz, coll. privée Poudret, Pully

Des cross et des courses...

On est en 1934. Le père, champion d'Italie 1925-26, prend alors la direction d'un centre équestre d'Etat, la Farnesina, à deux pas du futur stade olympique où ses fils seront médaillés en 1960. Raimondo commence à faire ses preuves à 11 ans et, l'année suivante, il gagne sa première épreuve pour juniors : un... cross-country à Tor di Quinto ! Avec Scoiattolo (litt : l'écureuil), un cheval dont Piero lui-même ne faisait pas façon. Les deux frères gagnent alors des épreuves « inter-villes », des cross et ils monteront bientôt aussi en courses, sur l'hippodrome de la Capanelle et ailleurs. Mais c'est la guerre et la famille est souvent séparée.

Piero passe son baccalauréat en 1942 et entre à l'Académie militaire de Modène, puis à celle de Lecce. Raimondo empoche son bac l'été suivant et rêve d'imiter l'aîné, mais son père l'oblige à faire une école d'ingénieurs. L'université n'est pas sa tasse de thé et, malgré deux essais, à Rome et à Milan, la passion du cheval sera trop forte, ce d'autant qu'en 1947 les deux frères sont présélectionnés pour les JO de Londres.

Piero a disputé ses premiers CSIO en 1946, Raimondo l'année suivante. Leur première Coupe des Nations ensemble se déroule en 1947 à Genève. Et ils triomphent ! Furore, le cheval de Piero, se défend violemment en seconde manche et Raimondo a le réflexe de bondir sur le terrain. Il est heureusement retenu par Sandro Perrone : son geste aurait entraîné la disqualification de l'équipe ! Les frères d'Inzeo reviendront durant près de trente ans à Genève et y brilleront souvent. Piero s'adjugera le championnat, Raimondo le Grand Prix, deux Trophées de la Ville et plusieurs écharpes d'or.

Entre JO et mariages...

Aux JO de Londres 1948, Raimondo, qui effectue là son deuxième voyage à l'étranger seulement, après Genève 1947, est curieusement sélectionné pour le complet et se classe 30e. Piero joue de malchance en saut d'obstacles. *Idem* aux JO d'Helsinki 1952, où les deux frères visent le podium par équipe. Las, un fonctionnaire élimine Piero, à qui il manque 200 g de plomb dans sa selle : cruel ! Piero dispute en prime le complet, se classant 6e.

Entre-temps, Piero s'est marié fin 1950 avec la belle Maria Angela. De son côté, Raimondo a été muté chez les carabiniers, dans sa bonne ville de Rome. Il épousera Giuliana en 1953. A l'époque, il est déprimé et veut tout arrêter, car on lui a préféré son frère aîné, 5e, alors qu'il était 2e avant la finale des Mondiaux, la tournante, à l'époque ouverte à un seul cavalier par nation (!). Il en veut à la terre entière et vend même son crack adoré, Merano, dit « Nano », un fils du pur-sang Ugolino da Siena (comme trois autres de ses futurs cracks, dont l'olympique Posilippo). La Fédération le rachètera ensuite (pour se racheter elle-même ?) et Raimondo repartira de plus belle.

Le comte Sandro Bettoni lui confie aussi des chevaux et lorsque le patriarche, premier vainqueur du GP de Genève, en 1926, décède d'une crise cardiaque en plein CSIO de Rome, Raimondo héritera de ses deux cracks, Litargirio et Serena. Le comte Bettoni était un peu son second père et quand son vrai père décédera d'un accident d'auto, en 1957, il se sentira doublement orphelin.

Piero d'Inzeo remporte alors les Grands Prix les plus prestigieux, s'adjugeant à quatre reprises le GP d'Aix-la-Chapelle (en 1952, 1959, 1961 et 1965). Et remportera quatre fois aussi la Coupe des Nations d'Aix, avec son frère (en 1964, 1965, 1966 et 1976).

Faits empereurs à Rome

En 1955, avec Merano, Raimondo manque de peu le titre mondial à Aix-la-Chapelle, ne s'inclinant qu'après la tournante et un ultime barrage face à Hans Günter Winkler. L'année suivante, il retrouve Winkler sur la route du titre olympique, mais décroche à nouveau l'argent et son frère aîné le bronze, ainsi que la médaille d'argent par équipe. Raimondo prend une brillante revanche lors des Mondiaux, à Aix, avec Merano.

Piero est à son tour sacré champion d'Europe en 1959 à Paris, avec The Rock. Les « Fratelli d'Italia » sont donc les grands favoris des JO de Rome 1960 et tout un peuple croit en eux. La pression est grande ce 7 septembre 1960, mais l'épreuve individuelle a lieu sur leur coutumière place de Sienne et les deux frères rentrent même chez eux pour déjeuner et faire une courte sieste, la seconde manche ne débutant qu'à 15h30. « Ma femme devra me secouer, car j'étais dans un profond sommeil. Notre fille Alessandra, qui avait entendu à la radio que j'étais en tête, nous avait suppliés de nous accompagner », se rappelle Raimondo dans son livre*.

* Mein Leben mit Pferden, Raimondo d'Inzeo, Copress-Verlag, Munich, 1960

⇧ Deux frères sur un podium olympique, en 1960 à Rome, sur la place de Sienne : Raimondo d'Inzeo, en or, son frère aîné Piero, en argent – à Stockholm, quatre ans plus tôt, ils étaient 2e et 3e : inséparables ! – et le jeune Britannique David Broome, en bronze. A droite, Avery Brundage, alors président du CIO.
Photo Privée, coll. Poudret, Pully

Avec Posilippo, il a signé le seul sans-faute du matin et compte deux barres d'avance sur ses poursuivants.

Raimondo fera 12 pts sur ce tracé des plus compliqués l'après-midi, mais personne ne pourra contester son sacre. Son frère aîné est 2e avec 16 pts, le jeune David Broome 3e avec 23 pts ! Toute la famille fêtera cela dans un bistrot romain et les deux frères décrocheront encore le bronze le dimanche devant 100 000 spectateurs massés dans le stade olympique. Raimondo et Posilippo signent à nouveau la meilleure performance absolue, mais on court à trois et Salvatore Oppes plombe un peu l'équipe. Un bonheur ne venant jamais seul, Fabio, le second fils de Piero, naît ce jour-là !

Raimondo couronne cette marche triomphale quinze jours plus tard en obtenant un nouveau titre mondial, à Venise, avec Gowran Girl. En Italie, il est élevé au rang de dieu !

L'incarnation d'une époque

Tokyo, Mexico, Munich, Montréal, il y aura encore quatre JO et deux médailles pour chacun des fratelli. Seul le Canadien Ian Millar (9 JO) battra leur record, en 2008. Les frères d'Inzeo seront les derniers grands champions à représenter la cavalerie, avec quelques officiers irlandais.

« Ils étaient les derniers tenants de la tradition militaire à dominer, ils incarnent la fin d'une époque. Les d'Inzeo, c'était à la fois la discrétion,

⇧ Raimondo d'Inzeo, le cadet.
Photo Oscar Cornaz, coll. privée Poudret, Pully

⇧ Raimondo d'Inzeo et le fabuleux irlandais Bellevue, ici à Hickstead et qui brillera jusqu'à 22 ans, gagnant aussi bien des Grands Prix que des chasses ou des Puissances. L'officier transalpin a participé à huit JO (comme son frère !) et décroché les titres olympique et mondial en individuel.

la distinction, mais aussi un vrai complexe de supériorité, avec l'uniforme et les manières», nous les dépeint Xavier Libbrecht, l'éditeur de *L'Eperon*.

Raimondo brillera jusqu'à la fin des années 1970, gagnant chasses, Puissances et Grands Prix avec avec l'incroyable hongre irlandais Bellevue.

Deux familles unies et semblables

Agé de 86 ans en 2011, Raimondo d'Inzeo continue à monter de temps à autre. Piero, lui, a rangé ses bottes depuis un certain temps, mais chacun se souvient de son come-back incroyable, en 1997 à Genève. Parfait à cheval, à 74 ans. En 2011, Piero était comme invité d'honneur au CHIO d'Aix-la-Chapelle et son frère a assisté au CSI***** de San Patrignano. Tous deux gardent la forme, entouré de leurs épouses respectives (119 ans de mariage au total pour eux en 2011 !).

Les deux couples avaient chacun eu le malheur de perdre une fille adolescente. Giancarlo, le fils aîné de Piero, est né en 1951. Instructeur, il est le seul à vivre de l'équitation, mais tous les autres montent à cheval. Fabio (51 ans) accompagnait son père en 2011 à Aix-la-Chapelle et Cristina, la cadette, a travaillé pour la Fédération italienne (FISE). Susanna, la fille aînée de Raimondo, tient un hôtel à Rome, Guido travaille au ministère de la Défense, et les deux familles sont très unies.

⇧ Piero d'Inzeo et Rockette dans le fameux lac de la Soers, à Aix-la-Chapelle. Piero d'Inzeo a remporté un titre européen et un nombre incalculable de médailles.
Photos Oscar Cornaz, coll. Poudret, Pully

⇦ Michèle Cancre d'Orgeix et Océane, une anglo borgne mais brillante – et bien dressée –, sur une rivière barrée, au milieu des années 1950.
Photo Jean Bridel, coll. Poudret, Pully

⇧ Le président de la Confédération helvétique, le Vaudois Paul Chaudet, remettant la Coupe des Nations 1959 au brigadier A. Oppes, chef de l'équipe italienne, dans laquelle les « fratelli » d'Inzeo et Adriano Capuzzo ont tenu leur rôle.
Photopress, coll. Poudret, Pully

Geneve

CONCOURS HIPPIQUE
INTERNATIONAL OFFICIEL
14-22 novembre

SPÉCIALISTE DE L'ÉLÉGANCE
FÉMININE, MASCULINE ET ENFANTINE

Bon Génie
HABILLE JEUNE

« Ma Rolex est devenue une compagne inséparable »

ROLEX
Une étape dans l'histoire de la mesure du Temps
CHRONOMÉTRIE PHILIPPE BÉGUIN

⇦ Le programme officiel du 15e CHI de Genève, en 1959. Avec une publicité des montres Rolex associant la légendaire cavalière britannique Pat Smythe à la marque. Tout ça près d'un demi-siècle avant Meredith Michaels Beerbaum, 1re femme n° 1 mondiale et témoin Rolex. Et avec une publicité du Bongénie, toujours sponsor du CHI-W de nos jours.

⇨ Deux champions olympiques et deux fidèles de Genève, Hans Günter Winkler (à g.) et Pierre Jonquères d'Oriola (à dr.), à l'issue d'un Prix du Mandement.
Photo coll. Le Cavalier Romand

⇨ Hans Möhr et Troll, grands artisans de la victoire helvétique dans le Prix des Etendards 1963 et victorieux un peu partout dans le monde. Le Suisse montera encore de gros parcours à 70 ans. Et, en juin 2011, à 95 ans, il s'est déplacé à Berne pour assister aux obsèques d'Henri Chammartin. Quelle énergie !
Photo coll. Poudret, Pully

⇨⇨ En 1965, c'est – enfin – au tour de l'Espagne de triompher dans le Prix des Etendards. Avec un quart de point (!) d'avance sur l'Italie… De g. à dr., le col. Gavilan y Ponce de Leon, chef d'équipe, le cap. Martinez de Vallejo (Opium), Alvarez de Bohorquez (Quizas), qui officiera plus tard au jury, notamment lors de la finale 1996, le cap. Queipo de Llano (Infernal) et Francisco Goyoaga (Kif Kif B).
Photo coll. Poudret, Pully

⇨ En 1963, trente-six ans après la première victoire de la Suisse à Genève (1927), de g. à dr. Hans Möhr (Troll), Arthur Blickenstorfer (Posilippo), Max Hauri (Millview) et Frank Lombard (Japonais), qui officie aussi comme chef d'équipe, triomphent dans le Prix des Etendards, devant 8000 personnes enthousiastes.
Photo Murat, Genève, coll. Poudret, Pully

⇦ Raimondo d'Inzeo remporte le Grand Prix de Suisse 1961 avec Posilippo, devant Hans Möhr. L'officier des carabiniers fait le baise-main à Mme Chamay : une autre époque !
Photo privée

⇦ Raimondo d'Inzeo repartira plusieurs fois au volant de l'Austin promise au meilleur cavalier du CHI de Genève.
Photo coll. Poudret, Pully

⇦⇦ Médaillé olympique par équipe en saut (argent par équipe en 1964) comme en complet (argent individuel en 1952, bronze par équipe en 1960) et pilier de l'équipe de France de saut, Guy Lefrant monte ici le fameux Mr. de Littry, double sans-faute dans la Coupe des Nations et 3e du Trophée de la Ville de Genève en 1963.
Photo coll. privée Poudret, Pully

⇦⇧ Bal à l'Hôtel des Bergues en 1961, Hans Günter Winkler danse, tandis que Pierre Jonquères d'Oriola (debout à dr., photo ci-dessus) est en charmante compagnie.
Photos coll. privée

⇧ Le capitaine espagnol Queipo de Llano, ici en 1961, remportera un Prix des Etendards (1965) et de grosses épreuves à Genève.
Photo coll. Poudret

⇨ En 1963, le jeune lieutenant et amateur zurichois Werner Weber gagne à la surprise générale le Grand Prix de Suisse avec Lansquenet. L'Espagnol Queipo de Llano (à dr.) se console avec l'écharpe d'or décernée au meilleur sur l'ensemble du concours, qui s'étale encore sur dix jours.
Photo coll. Le Cavalier Romand

⇨ David Barker, pilier de l'équipe britannique des années 1960, en selle sur Franco.
Photo coll. Poudret

troupes de reprendre le boulot avec entrain », plaisante encore Guy von der Weid, fils du chef d'équipe de dressage d'alors, Henri von der Weid, ancien médaillé olympique (1924) et ancien commandant du DFCA.

« A nous les grandes Anglaises ! »

C'est ainsi que titrait François-Achille Roch l'avènement d'Anneli Drummond-Hay et d'Alison Westwood, qui allaient devenir les deux stars de Genève : les *sixties* sont les années des Beatles, mais aussi de ces deux p'tites Anglaises « succédant » à la grande Pat Smythe, et épaulées par David Broome, David Barker, Peter Robeson, Andrew Fielder, vainqueur du Grand Prix de Suisse 1965 avec son Vibart « *qui saluait les étoiles de ses postérieurs* ».

Alison Westwood est sacrée « meilleure cavalière » de l'édition 1965 et son écharpe d'or lui vaut une jolie Mini (avec conduite à gauche, *sorry !*). Les deux Anglaises réussiront un doublé deux ans plus tard dans le Grand Prix de Suisse 1967. La victoire sera alors pour Anneli Drummond-Hay et Merely-a-Monarch, qui avaient gagné ensemble les deux complets (4 étoiles) les plus difficiles du monde, Burghley en 1961 et Badminton l'année suivante, avant de devenir champions d'Europe de CSO en 1968 ! Un parcours unique au monde.

En 1969, Anneli Drummond-Hay – que l'on applaudira aussi dans les années 1990 à Palexpo, sous le nom de Wucherpfennig et pour les couleurs de l'Afrique du Sud, nous y reviendrons – ne remporte pas moins de six épreuves, dont le Trophée de la Ville de Genève (avec le seul sans-faute de l'épreuve !) et l'épreuve des combinaisons testée cette année-là – une épreuve que l'on reprendra en 1996 et régulièrement à partir de 2004. Ces deux grosses épreuves, elle les enlève avec Merely-a-Monarch et son total de six victoires est assurément un record à Genève !

Record de nations pour cette édition 1969, avec douze pays, mais huit équipes dans le Prix des Etendards, remporté par l'Allemagne, comme souvent par la suite (la Grande-Bretagne alignera tout de même trois victoires à la fin des *seventies*). Fabio Cazzaniga, classé avec Agon, ne se doute pas encore qu'il officiera souvent à Genève comme chef de l'équipe de Suisse, puis comme membre du jury d'Appel.

⇐ Relincho, Espartaco, Huipil, Miss Moët, Special Envoy, Vivaldi, Nelson Pessoa a brillé à Genève et partout dans le monde durant plus de quarante ans avec des dizaines de chevaux, mais Gran Geste a une place à part. En 1965, cet élégant gris, un vrai chat, ne s'adjuge pas moins de quatre épreuves à Genève… Et l'année suivante, il aidera son cavalier à devenir champion d'Europe à Lucerne. La FEI interdira par la suite aux non-continentaux de jouer le titre, l'Américaine Kathy Kusner triomphant aussi chez les femmes en 1967 !
Photo Oscar Cornaz, coll. Poudret, Pully

⇐ En 1967, Anneli Drummond-Hay s'adjuge six épreuves – un record ! La voici félicitée après sa belle victoire dans le Prix de L'Etrier par Anne Hirsch-Bonhôte, journaliste hippique bien connue, future rédactrice en chef de *Panache*.
Photo coll. privée

⇐⇐ L'équipe de Suisse, 2e du Prix des Etendards 1967 derrière le Brésil : de g. à dr., Paul Weier, futur chef de piste du CHI-W, sa future épouse Monica Bachmann, Arthur Blickenstorfer et Bruno Candrian, l'ex-groom de Hans Möhr, qui brillera souvent à Genève avec l'adorable pur-sang Nosostros (ce n'est pas lui ici !).
Photo coll. Le Cavalier Romand

⇐ En 1967, les Brésiliens triomphent dans le Prix des Etendards… et à trois cavaliers seulement, un exploit unique dans les annales ! Fabuleux, ces trois Brésiliens tous un peu genevois. De g. à dr. : Jose Fernandez, également victorieux du Trophée de la Ville de Genève avec Cantal, Nelson Pessoa et Gran Geste, couple mythique, et Antonio Alegria Simoes, le futur époux d'Anne Laubscher et père de Benoît, montant Necochea, propriété du regretté Philippe de Meuron et futur cheval de Marie-Claire Veuillet.
Photo coll. Poudret

avant le CHI, le 4 novembre, le Régiment de dragons 1 avait défilé dans le silence, lors d'une cérémonie inoubliable à Avenches.

La cavalerie est morte, mais pas son souvenir. Berne n'est plus le « conservatoire des sports équestres », mais des initiatives privées ont permis de maintenir haut le niveau. Et l'équitation suisse, dont on doutait qu'elle se relèverait d'un coup aussi rude, a prouvé depuis sa force. Ici comme dans beaucoup de pays, le monde équestre dans son ensemble s'est du reste transformé, démocratisé, féminisé et rajeuni.

Pour revenir au sport et finir cette grande aventure à Plainpalais, c'est l'Allemand Hendrik Snoek qui s'impose dans le GP avec le gris Rasputin. Fidèle de l'événement, Snoek, un richissime propriétaire d'une chaîne de grands magasins, sera l'objet d'un terrible enlèvement, contre forte rançon, trois ans plus tard, mais s'en sortira sain et sauf. On le retrouvera du reste aux Vernets, notre prochain... épisode. Car c'est bien le transfert à la Patinoire qui se dessine. Le monde bouge, décidément !

⇦ Le regretté chevalier Graziano Mancinelli, champion d'Europe en 1963 avec The Rock (que voici quelques années plus tard à Genève), champion olympique en 1972 et encore victorieux du GP de Rome en 1979, a eu une très longue et belle carrière. A Genève, il s'adjuge en 1971 le Trophée de la Ville de Genève avec le bel irlandais Ambassador, futur champion olympique avec lui (Munich 1972).
Photo archives
Le Cavalier Romand

⇦⇦ « Saute Yasmine ! », titre *L'Echo Illustré* dans son édition du 25 novembre 1967. Yasmine III et Marianka V, les deux bonnes juments grises du Bernois Arthur Blickenstorfer ont remporté deux épreuves cette fois-là. Et *L'Echo* d'ajouter : « *Contrairement à certains bruits partis de Suisse alémanique, ce concours hippique international aura lieu dans deux ans, comme prévu, à Genève !* ».

⇦ Triple champion d'Europe (1961, 1967 et 1969) et champion du monde (1970), David Broome s'est souvent illustré à Genève, où le voici en 1971 avec Manhattan, victorieux du Prix du Rallye Genève. Dans le Trophée de la Ville de Genève, un curieux refus leur coûtera cher, personne ne réussissant le sans-faute.
Photo Interpresse Genève, archives Le Cavalier Romand

⇨ Le prince Philip, duc d'Edimbourg (à dr.), alors président de la Fédération équestre internationale, fidèle de Genève, et le conseiller fédéral Rudolf Gnägi, chef du Département militaire fédéral, ici en 1969, se retrouvent à nouveau en 1973. Le Bernois, que certains accusaient d'être le fossoyeur de la cavalerie passera un mauvais quart d'heure : dragons à cheval et sur la piste portant des brassards noirs en signe de deuil, nœuds noirs aux queues des chevaux, bronca du public, à tel point qu'il ne pourra effectuer la remise des prix jusqu'au bout !
Photo coll. privée Poudret, Pully

⇨ Lors de la remise des prix du Prix des Etendards 1973, le conseiller fédéral Rudolf Gnägi, tenu pour responsable de la suppression de la cavalerie et contrarié par un concert de sifflets, entouré (de g. à dr.) d'Egon Kiss-Borlase, responsable de la Commission des prix et toujours membre du comité aujourd'hui, de Mmes Gnägi et de Muralt, épouse du président d'alors, et de diverses personnalités politiques dont le président du Conseil d'Etat genevois François Picot.
Photo coll. privée

⇨ La ravissante Carol Maus, née Mischler, ici avec Havana Royal, encore à l'ancien Palais. Elle montera aussi aux Vernets et œuvre à la réussite du concours depuis plus de quinze ans à Palexpo, comme responsable des accréditations.
Photo privée

⇧ Charly Grandjean en 1969, en selle sur Grandios. Le Fribourgeois, qui venait de quitter les juniors, se distinguera ensuite avec Romanze. Dix ans plus tard, c'est son frère cadet Beat, plusieurs fois victorieux de la Coupe Suisse, 7e de la finale de la Coupe du monde Volvo 1994 à den Bosch et champion de Suisse 2003, qui prendra le relais.
Photo Glatz

C.S.I.O. 1973

EPREUVE No 17

GRAND PRIX DE SUISSE - DIMANCHE 18 NOVEMBRE 1973 - SOIREE
===

LISTE DES OBSTACLES

No	Description	Dist. Comb.	Haut.dev.	Haut.derr.	Larg.
1	Talus breton		110	140	140
2	Oxer de murs		140	150	200
3	Stationata derrière grenouillière			145	200
4	Mur oblique			150	
5	Rivière				400
6	Grande Palissade "chalet"			148	
7	Double-saut :				
	a) OXER		140	145	220
		780			
	b) Oxer s/ talus breton		140	145	210
8	Stationata naturelle			150	
9	Triple barre s/mur de vigne		80	150	200
10	Triple saut :				
	a) Oxer		140	145	200
		980			
	b) Triple barre		70	145	190
		780			
	c) Mur droit			145	

C.S.I.O. 1973.

Dimanche 18 nov. Soirée

GENEVE

17.

GRAND PRIX DE SUISSE

Barème: A **en 2 manches sans chrono** (238/1.c)

Longueur du parcours: **490 m**

temps accordé: **83 sec**

un Barrage **au chrono**

sur obstacles **1, 2, 5, 6, 9, 10.**

longueur: **350 m**

temps accordé: **60 sec**

⇐⇙ Le plan du parcours conçu par le Dr Robert Carbonnier pour le Grand Prix de Suisse 1973, le dernier à l'ancien Palais. Le dimanche soir, après dix (!) jours de concours, on avait encore deux manches et un barrage ! On constatera que les cotes des obstacles sont assez impressionnantes, les oxers plus larges même qu'aujourd'hui. Au début des années 1970, aux JO de Munich 1972 notamment, les cotes étaient au maximum et c'est alors qu'on a commencé à privilégier la technique sur une inflation forcément dommageable des hauteurs et des largeurs. Et les barres sont devenues de plus en plus légères, tombant au moindre frôlement. Trop ?

⇧ Invitation à la « soirée des bénévoles » de 1970. Avec une caricature du colonel Pierre de Muralt.

Chapitre 6

Les Vernets et l'ère moderne
Coupe du monde, Puissance et show

1974, l'année des transitions. Après un long règne de vingt-quatre ans (12 éditions), le colonel Pierre de Muralt passe le témoin à Mᵉ Robert Turrettini, avocat et cavalier amateur entouré de passionnés. Le colonel de Muralt décédera vingt ans plus tard, en avril 1985. Le comité est alors profondément rajeuni. Il est vrai que beaucoup de ses piliers, comme Pierre de Muralt ou Marcel Nicole, directeur de l'Association des intérêts de Genève et secrétaire général du concours de 1947 à 1973, étaient en place depuis plus de vingt ans.

Autour de Robert Turrettini et du colonel Louis Dégallier (dont la fille, Catherine, assume alors le secrétariat), on trouve désormais Yves G. Piaget, *«ingénieur, cavalier amateur et propriétaire de chevaux, dont le dynamisme agissant était en train de faire de l'entreprise horlogère familiale une firme de renommée mondiale»*, écrit François-Achille Roch. Edouard Pictet, Jean Auvergne, Jean-Jacques Rivoire, François Brunschwig et Michel d'Arcis, déjà, composent ce comité «new look». C'est bien une «minirévolution» qui s'est faite au Cercle de la Terrasse, Yves G. Piaget l'avoue aujourd'hui en riant. Seul lien avec l'ancien comité, le Dʳ Robert Carbonnier, qui reste maître de la piste. Tout au moins jusqu'en 1979, date à laquelle le tandem Daniel Aeschlimann-Louis Meyer prendra les rênes et rajeunira le parc d'obstacles.

L'autre grand changement concerne le lieu, le théâtre des exploits: *«Rompant avec quelques-unes des plus grandes traditions du*

passé sans nul doute, mais par là même en plus proche accord avec l'époque», écrira François-Achille Roch.

Pour toutes sortes de raison, la vétusté de certaines infrastructures (des écuries en sous-sol, avec des chevaux en stalles, avec bas-flancs), la concurrence de dates avec le Salon des arts ménagers (automne) et le Salon de l'auto (mars, devenu le moment le plus propice pour la FEI), le CHI-W de Genève déménage donc au Centre sportif des Vernets, plus communément appelé «la Patinoire», toute proche. La fin de la cavalerie et le début d'une aire dite moderne coïncident avec ce transfert dans un lieu plus approprié, mais peu poétique, il faut bien le dire. L'ancien Palais abritera encore le Salon de l'auto et les Arts ménagers une dizaine d'années, jusqu'au transfert à Palexpo, inauguré en décembre 1981. Ce bâtiment sera alors remplacé par une partie d'Uni Mail, des bâtiments locatifs et un petit parc public.

Avantages non négligeables, les Vernets, distants de 500 m à peine, offrent des installations

⇦ Les Puissances offrent parmi les moments les plus électriques et magiques à la Patinoire des Vernets. Nous voici en 1977, où le champion d'Europe et du monde David Broome a moins de réussite qu'Eric Wauters. «A Genève, il a deux façons de faire le mur», légendera François-Achille Roch, avec son humour habituel. Tout ça un samedi… 1ᵉʳ avril 1977 !
Photo François-Achille Roch

⇦ Voici le bond victorieux d'Eric Wauters et Pomme d'Api sur ce mur de 218 cm, assez étroit de front, en avril 1975 : le CHI nouveau est bien lancé ! Le cavalier belge, en apesanteur, se fait le plus léger possible pour faciliter l'envol du cheval. Ces deux-là seront encore victorieux du GP de Suisse le lendemain : quelle santé ! Les Vernets ce sera aussi Beethoven II et Fanando avalant 2 m 30 en 1985.
Photo François-Achille Roch

⇨ La grande équipe d'Allemagne des années 1970 défilant aux Vernets; de g. à dr., le regretté champion du monde Hartwig Steenken, Paul Schockemöhle, Hendrik Snoek et un autre champion du monde trop tôt disparu, Gerd Wiltfang. Avec leurs quatre chevaux gris, on les croirait prêts pour un numéro de haute école... ou de cirque! Avec huit victoires, l'Allemagne détient le record de succès en Coupe des Nations à Genève et, cette année-là (1975) s'impose du reste aussi.
Photo Press,
coll. Pierre E. Genecand

⇨ Le Dʳ Robert Carbonnier, de Wavre (NE), chef de piste à Genève de 1957 à 1977 (onze concours comme n° 1) et le Zurichois Paul Weier, d'Elgg, qui lui succédera et dirigera la manœuvre de 1985 à 1997 (dix concours). Seul Rolf Lüdi a œuvré autant, sinon plus, avec treize concours (dont onze comme n° 1)...
Photo Geneviève de Sépibus

⇨ Mᵉ Robert Turrettini, président du CHI de Genève de 1975 à 1979, président du comité permanent jusqu'en 1986, entouré de son épouse, Nicole, petite-fille du colonel Henri Poudret, président du concours en 1938 et membre du jury durant plus de trente ans, et de son fils aîné Gérard, futur président de l'Association du concours (de 1994 à nos jours et ce n'est pas fini!).
Photo Geneviève de Sépibus

permanentes, comme cette gigantesque tribune sud, impressionnante lorsqu'elle est remplie. Et une piste de 40 x 70 m (contre 40 x 78 m à l'ancien Palais) assez compacte, sans pilier ou colonne vous coupant la vue. Le public voit bien de partout. En contrepartie, le manque de charme, du béton, des écuries assez petites.

Et hélas plus de grande rivière ni de butte, «*la FEI et les représentants des cavaliers réunis peu auparavant à Paris ayant exigé cette suppression*». Signe des temps, là aussi?

Cette Patinoire des Vernets, que les dirigeants actuels du Genève Servette Hockey Club espèrent tant voir remplacée par un nouveau stade plus confortable et adapté, apparaît alors

encore presque futuriste! Les Vernets symbolisent également l'entrée du saut d'obstacles dans l'ère moderne et dans le «tout sports». Au milieu des années 1970, le concours hippique ne se veut plus un sport «à part» et des gens comme le journaliste Max E. Ammann, futur directeur de la Coupe du monde, s'y emploient. La considération médiatique et l'intérêt des sponsors sont à ce prix.

A Genève, tout le monde n'est pas favorable à ce virage, surtout dans un premier temps, mais les organisateurs ont le mérite de comprendre qu'une page se tourne, que ce sport longtemps militaire, artistocratique et campagnard, se professionnalise tout en se démocratisant, en se féminisant et en s'urbanisant. Et, aujourd'hui, avec du recul, on se dit que grâce à eux Genève a pris le bon wagon dans un train en marche assez rapide. «*Genève était du reste alors déjà le dernier CSIO indoor d'Europe*», rappelle Yves G. Piaget.

Le 23ᵉ CHI s'ouvre le 15 avril 1975. Le concours ne s'étale plus sur dix jours, mais sur six. On se dirige vers le sport spectacle, mais progressivement, puisque, le premier soir de l'édition de 1975, on ne dénombre pas moins de 112 partants dans la grosse épreuve, gagnée par le Britannique Lionel Dunning. On peut encore monter deux, voire trois chevaux dans la même épreuve! Mais les Vernets, c'est aussi d'emblée du spectacle, avec Pomme d'Api franchissant 218 cm sous la selle d'Eric Wauters, avant de gagner le lendemain le GP de Suisse: une fantastique façon de fêter ce baptême à la Patinoire!

Plus tard, il y aura Ecaussevillais, qui franchira 224 cm en 1979 avec le styliste portugais Manuel Malta da Costa, Va Petit Mousse, Crocodile, tant de chevaux qui enflammeront Genève sur des hauteurs vertigineuses.

Les Vernets, ce sera aussi les premières Coupes du monde, les parcours des mythiques Jappeloup, Milton et Apache. Et, en fin de soirée, cette cohue autour du bar, d'où l'on peut guigner en direction du paddock d'entraînement – le public n'assiste alors pas à l'échauffement, ne l'oublions pas! – et de l'entrée des artistes. Les écuries sont construites sous tentes, comme le paddock.

1977, une bise d'enfer

En 1977, une bise d'enfer arrache les toiles recouvrant les écuries et le paddock d'entraînement, juste avant le début du concours. «*On avait peur que tout s'effondre, on*

LA COUPE DU MONDE DE SAUT EST NÉE EN SUISSE

Lancée en 1978, la Coupe du monde de saut d'obstacles a plus de trente-trois ans et elle se porte bien. Elle est même resplendissante. Ce circuit englobant les plus grandes compétitions indoor (et quelques autres en extérieur, dans certains continents) fut créé en 1978, sous l'impulsion du journaliste équestre suisse Max E. Ammann, alors âgé de 48 ans, qui allait en être le directeur durant un quart de siècle.

⇧ Max E. Ammann a créé la Coupe du monde de saut en 1978, avec l'aide et l'appui des cavaliers. Ici le génial Brésilien Nelson Pessoa (à dr.), 2e de la finale à deux reprises et «vengé» par son fils Rodrigo quelques années plus tard...
Photo Team Reporters

Max E. Ammann ne fut pas seulement un visionnaire, qui avait compris que les concours hippiques s'étaient beaucoup professionnalisés et qu'il s'agissait désormais pour les meilleurs de concourir toute l'année, mais aussi un dirigeant habile, qui sut tenir compte de l'avis et des intérêts à la fois des cavaliers, des organisateurs et des médias. Il sut écouter. Et aussi trancher quand il le fallait.

En 1979 à Göteborg, la première finale est remportée par l'Autrichien Hugo Simon sur Gladstone, après un barrage épique face à l'Américaine Katie Monahan Prudent. Simon s'imposera encore à deux reprises, vingt ans plus tard, à Genève (1996), après un fascinant duel entre son petit E. T. et le géant Calvaro V de Willi Melliger, puis à Göteborg (1997). La ville suédoise fut le plus souvent hôte de la finale (douze fois, la treizième est prévue en 2013).

Hormis Simon, trois cavaliers ont triomphé à trois reprises : le Brésilien Rodrigo Pessoa, indissociable de son phénoménal étalon selle Français Baloubet du Rouet, victorieux de manière consécutive (1998 à 2000), Meredith Michaels Beerbaum, avec Shutterfly chaque fois, et Marcus Ehning, avec des montures différentes. En 2010 à Genève, Ehning sera même le premier cavalier de l'histoire à s'imposer avec deux chevaux, Noltes Küchengirl dans la chasse, Plot Blue ensuite.

Ce circuit va progressivement prendre de l'ampleur, notamment en Europe et en Amérique du Nord. Et il y a aujourd'hui quinze ligues différentes, la Chine venant encore se greffer en 2011-12. Dans les années 1980, on assiste à de spectaculaires matches entre cavaliers du Nouveau et de l'Ancien Monde, puis à de beaux duels entre le génial Milton et le minuscule Jappeloup ou encore le géant Big Ben. Les Nord-Américains, bien coachés par Frank Chapot et George Morris, s'adjugent la plupart des finales des années 1980, les Européens prenant le relais par la suite. Les autres continents ont du mal à bien figurer en finale, mais leurs ligues ont le mérite d'animer la vie équestre de leurs régions. L'Arabie saoudite aurait-elle décroché des médailles aux JO 2000 ou aux Mondiaux 2010 sans l'apport de la Coupe du monde ?

Après le départ de Volvo, sponsor principal de la finale et du circuit européen durant vingt ans, la Coupe du monde connaîtra quelques difficultés. Le fait d'avoir un temps confié les droits TV à la chaîne allemande DSF et non plus à l'EBU (European Broadcasting Union) complique aussi un peu la donne médiatique. Tout revient progressivement dans l'ordre. Las Vegas mettra sur pied cinq finales entre 2000 et 2009 et Kuala Lumpur, en 2006, œuvre aussi à l'universalisation du sport.

L'arrivée de Rolex comme sponsor principal de la finale 2007 et du circuit européen (dès 2007-08) ainsi que l'augmentation des dotations ont donné encore plus d'attrait à cette grande compétition individuelle. Rolex, qui parraine de nombreuses manifestations et disciplines équestres et notamment les jeux mondiaux (Aix-la-Chapelle 2006, Kentucky 2010), a signé pour trois années supplémentaires et la Rolex FEI World Cup a sans doute de belles années devant elle encore. Retour dans le passé avec le créateur de ce circuit.

– Max E. Ammann, les années 1970, c'est le début du professionnalisme en concours hippique (les Britanniques et les Irlandais avaient décidé d'exclure leurs «pros» des JO de '76 !), est-ce pour cela que vous avez créé la Coupe du monde de saut ? Pour donner du travail aux cavaliers toute l'année ?

– Non, mon but n'était pas de professionnaliser les sports équestres, mais comme journaliste, je voulais regagner l'espace que le concours hippique avait perdu dans les médias. Dans les années 1950, lorsque je lisais le Sport, *il y avait souvent une pleine page sur un concours, et le* military *de Bâle figurait en première page. Or, vingt ans plus tard, cela ne*

⇧ Le Suisse Max E. Ammann, créateur et directeur de la Coupe du monde de saut durant vingt-cinq ans. Le journaliste sera aussi à l'origine de la Coupe du monde d'attelage, en 2001 (date de cette photo).
Photo Image, B. Sandoz

faisait plus la une. Beaucoup de sports, comme le tennis ou le golf, s'étaient professionnalisés et d'autres commençaient à se faire une place ; il était temps de réagir. L'équitation était perçue comme un sport élitaire et je redoutais que l'intérêt ne faiblisse ; nous devions nous moderniser et devenir « média-compatibles ».

– Alors pourquoi un circuit d'hiver ?

– En revenant des Etats-Unis, en 1973, j'avais trouvé certains concours en plein air bien démodés, et sans impact médiatique, et avais rapidement constaté que les indoors, comme Vienne, Amsterdam ou den Bosch, étaient plus populaires et médiatiques, avec de grands cavaliers, du spectacle et de l'ambiance. Manquait la presse. Il fallait donc donner un sens à ce circuit. L'été avait déjà ses Prix des Nations, l'hiver pouvait offrir autre chose.

– Tout a commencé à Genève…

– Oui, le Club international des cavaliers (IJRC) a été créé à Genève, durant le CSIO des Vernets, en avril 1977. J'avais alors écrit les statuts et établi une liste de membres. On était une trentaine et Harvey Smith avait interrompu la séance pour que chacun puisse suivre le Grand National de Liverpool à la télévision ! J'étais secrétaire de ce club et on a vite imaginé une Coupe du monde. On se réunissait un peu partout, à Dortmund, à Aix, à Montilier (ndlr : un grand centre équestre construit à côté de Morat, qui a accueilli de beaux CSI dans les années 1970, avant de devenir, désolation, un centre commercial puis une piste de karting !), à Téhéran… et on a construit cela petit à petit. J'ai présenté l'idée en mars 1978 à la Commission de saut de la FEI, puis en mai au prince Philip, à Windsor. Le prince m'a simplement dit : « Je vais le faire traduire de l'américain en anglais ! ». Et j'ai alors insisté pour en être le directeur et non pas le manager.

– Etre journaliste, un atout ou un handicap ?

– Un avantage, car on a aussi le souci du public, on pense à tous les acteurs en établissant un concept. Cela dit, j'ai aussi subi la jalousie de certains de mes collègues, notamment allemands, qui ne se sont déclarés opposants au projet que parce que j'en étais l'initiateur.

Attendre la chute du mur !

– Le concept a peu changé en trente ans, il s'est développé, mais sans changer ?

– C'est vrai. Le nombre de ligues est passé de 2 à 14, mais le principe est le même et cela reste d'abord un match entre Européens et nord-Américains. Cela dit, la multiplication des ligues a aidé à l'universalisation du sport, comme aucune autre compétition. Je voulais dès le départ englober l'Australie et l'Amérique du Sud. L'Europe de l'Est ne voulait alors pas entendre parler d'un sponsor commercial comme Volvo.

– Il a fallu attendre la chute du mur ?

– Non, l'intérêt a commencé vers 1986 déjà, même en DDR (ex-Allemagne de l'Est) et en Union soviétique. Et la première réunion officielle a eu lieu en mars 1989 à Budapest, quelques mois avant la chute du mur.

– L'universalisation va-t-elle se poursuivre ?

– Oui, les pays arabes se sont récemment ouverts à notre sport. Sans la Coupe du monde, je ne pense pas que le Canada aurait décroché l'or (Lamaze) et l'argent (équipe) aux JO 2008. Ce circuit a beaucoup développé notre sport, jusqu'en Afrique du Sud ou en Nouvelle-Zélande.

– Volvo a quitté le circuit en 1998 et vous avez été directeur jusqu'en 2003, ces dernières années sans sponsor ont-elles été beaucoup plus dures ?

– Oui, très dures. Surtout la première année, chacun voulait régenter et modifier la direction de la Coupe. Certains auraient voulu prendre ma place et on contestait jusqu'à mon salaire et mes déplacements ; on ne voulait plus payer le « media guide ». Mais cela s'est calmé et, dès 2000, on est revenu à la normale, les finales de Las Vegas donnant une nouvelle impulsion à l'ensemble.

– Vous êtes parti en 2003 et la Coupe du monde a retrouvé un sponsor avec Rolex, et cette compétition, dont John Roche est aujourd'hui le directeur, reste fidèle à elle-même. Vous en êtes satisfait ?

– Oui, tout à fait, il y a eu de petits changements, de légères adaptations, mais pour l'essentiel elle reste elle-même.

Chapitre 7

Jappeloup et Milton dans l'arène

Des chevaux d'exception aux Vernets

Le sport devient très professionnel, trop même au goût de certains, mais durant la fin des années 1980 le rêve est entretenu par des chevaux de légende, qui viendront tous à Genève : Jappeloup, Milton, Apache, Flambeau C, Beethoven II, des cracks, des vrais. Ils marqueront la fin des années 1980 et la transition avec Palexpo.

En mars 1985, c'est la victoire dans le Grand Prix, qualificatif pour la seconde fois après 1979 pour la Coupe du monde Volvo, de Franke Sloothaak avec Warkant, devant Frédéric Cottier sur le fameux Flambeau C, 2ᵉ. Très remarqués aussi les jeunes Français Patrice Delaveau (21 ans), victorieux du Trophée de la Ville de Genève avec l'étalon noir des Haras nationaux Laeken, et Philippe Rozier (22 ans), qui fait sensation avec l'appaloosa Crocodile : la nouvelle vague est prête à prendre le large ! Et, on l'a déjà dit mais l'exploit est de taille, dans la Puissance, Beethoven II et Fanando franchissent 230 cm sans faute.

En mars 1987, victoire en Coupe du monde du triple champion d'Europe Paul Schockemöhle avec Next Orchidee, déjà 5ᵉ du Trophée de la Ville de Genève, derrière le petit Lichen d'Hubert Bourdy, 1ᵉʳ, l'Intermezzo de Stanny van Paesschen, 2ᵉ, l'agile Apache de l'Australienne Vicki Roycroft et le solide Lanciano V de Philippe Guerdat. Nelson Pessoa s'adjuge deux épreuves.

Vicki Roycroft, 3ᵉ des deux épreuves majeures, n'est pas la première Australienne aux Vernets, il y avait déjà eu une équipe dans les

années 1950 ou encore le merveilleux Kevin Bacon, qui reviendra en 1999 ! En revanche, Lisa Tarnopol, qui monte le bel Adam, est sauf erreur la première Américaine présente sur la piste des Vernets. Et la première à Genève depuis plus de vingt ans et la visite de Hugh Graham à l'ancien Palais ! Les voyages par-dessus l'Atlantique sont alors moins fréquents que de nos jours ! Le Brésilien Victor Teixeira, 2ᵉ de l'épreuve Coupe du monde, la fougue latine lancée à la poursuite de la « machine à gagner allemande », est ovationné par le public.

En attraction, les Milices vaudoises sont conduites par Raymond Clavel, qui avait monté le CSI à l'ancien Palais.

Un mauvais quart d'heure !

1989 voit un couple d'exception figurer au palmarès de la dernière édition aux Vernets : John Whitaker et Milton, souverains et aériens au

⇦ Patrice Delaveau et Laeken HN, jeunes médaillés de bronze par équipe aux Mondiaux 1986, dans le GP Coupe du monde 1987. Les obstacles avec des barres en bouleau étaient alors encore courants et on les remettra au goût du jour dans les années 2000.
Photo Geneviève de Sépibus

⇦ Les champions olympiques Pierre Durand et Jappeloup viendront aux Vernets en 1987, année où ils sont sacrés champions d'Europe à St-Gall, et en 1989. Et Pierre Durand, qui a participé au Masters en 1997, est resté un fidèle spectateur de Genève. Photo de Jappeloup prise à Puidoux lors de la grande fête de 1988 en leur honneur.
Photo Alban Poudret

⇨ L'Australienne Vicki Roycroft et son génial petit Apache, si bondissant qu'il fut la sensation de l'édition 1987. Pas vainqueur, mais chaque fois bien placé et le plus applaudi, ce vrai kangourou !
Photo Geneviève de Sépibus

⇨ Philippe Guerdat et Lanciano V, 4es du Trophée de la Ville de Genève 1987, après un triple sans-faute. Le Jurassien gagnera plusieurs épreuves aux Vernets et à Palexpo, avant de prendre une retraite prématurée pour aider son fils Steve, puis plusieurs grandes équipes, dont l'Espagne et la Belgique. Et de contribuer à la réussite du CHI-W dans les coulisses !
Photo Alban Poudret

⇨ Le triple champion d'Europe Paul Schockemöhle a remporté le GP Coupe du monde Volvo 1987 à Genève avec Next Orchidee (ici) et il a aussi épinglé le Prix des Etendards dans les années 1970.
Photo Alban Poudret

deuxième barrage du Grand Prix Coupe du monde. Pierre Durand et Jappeloup sont là pour leur donner la réplique. Les duels entre l'ange blanc et le diablotin noir illumineront toute cette période à cheval sur les années 1980 et 1990, mais, cette fois-ci, Jappeloup inflige un refus à Pierre Durand ! On notera aussi la victoire de Philippe Putallaz dans la chasse, sur Okase Platière : bien avant les chasses sans selle, la chasse !

1989, c'est aussi la fête du 30e CHI de Genève et un grand gâteau soufflé par les cavaliers. Après Michel d'Arcis (87), Claude Stoffel prend momentanément les rênes du concours. Pierre E. Genecand fait son entrée au comité. Catherine de Coulon assure la transition comme secrétaire générale du concours, elle qui officiera ensuite avec compétence comme présidente du jury durant les années Palexpo, après le départ pour raison d'âge de Rolf Münger.

En 1989, c'est Hans W. Britschgi qui préside encore le jury et il passe hélas un mauvais quart d'heure le samedi soir. Fidèle à son habitude, il a raccourci in extremis le parcours de 20 m, ce qui modifie le temps accordé de trois secondes. La modification est annoncée au micro et le plan du parcours annoté, mais trop tard pour qu'Hendrik Snoek et quelques autres placés en début d'épreuve en prennent connaissance. Pénalisé d'un quart de point, l'Allemand, furax, bondit au jury, avec l'appui de ses « collègues » lésés et de Daniel Aeschlimann, auquel Paul Weier venait tout juste d'annoncer la rectification. S'ensuivent

⇨ En 1989, John Whitaker et son légendaire Milton remportent le dernier GP Coupe du monde disputé aux Vernets.
Photo Alban Poudret

de longs palabres. Le jury renonce tout d'abord à revenir en arrière – on n'est pas militaire pour rien ! –, mais devant l'insistance de Hendrik Snoek, qui exigeait une réponse par écrit, et de l'Espagnol Juan G. Trevijano, consulte le jury d'appel.

Il faudra interrompre le premier barrage un bon quart d'heure. Les explications assez tortueuses des speakers ne contribuent pas à détendre l'atmosphère, tout au contraire. On nous parle d'enjeux importants, de Volvo à gagner et de jackpot à 50 000 fr., ce qui n'a rien à voir avec le règlement et le problème posé, mais accrédite encore davantage l'idée – vraie ou fausse – que les cavaliers montent d'abord pour l'argent. Or, en l'occurrence, Hendrik Snoek, richissime propriétaire de centres commerciaux, lutte pour son bon droit et ne rêve que d'une chose : se qualifier pour la finale Coupe du monde de Tampa. *Idem* pour Trevijano, l'autre « repêché », finalement 3e.

L'écran géant « vidéo » (une nouveauté !) permet heureusement au public de voir un film de chutes hilarant, qui détend un peu l'atmosphère. La TSR retransmet aussi l'épreuve en direct et du côté de la tour voisine, siège de « notre télévision », on n'est pas ravi de ce qui se passe aux Vernets. Vous auriez dû entendre Roger Félix, alors commentateur attitré de la chaîne, qui n'avait plus rien à offrir aux téléspectateurs… Et il est largement passé minuit pour le verdict final !

Depuis 1986, on songe de plus en plus au transfert à Palexpo, inauguré en 1981. Et, en 1987, la Commission Coupe du monde a déjà lancé un ultimatum : une étape chaque année va devenir obligatoire ! Genève est le seul concours visé par cette mesure, il y a péril en la demeure. Max E. Ammann donne toutefois un délai aux Genevois et l'édition de 1989 n'est pas menacée, mais il faudra songer à adopter ce nouveau rythme annuel. Le comité acceptera-t-il de se « professionnaliser » davantage ? Et les bénévoles, alors au nombre de 250, suivront-ils ?

⇦ Dans la tribune d'honneur des Vernets, on reconnaît (de g. à dr.) au premier rang le si regretté colonel Jean-Jacques Rivoire, président d'honneur de la Société de cavalerie de Genève, qui officiait avec sa gentillesse coutumière au jury ; Rolf Münger, ex-chef de l'équipe de Suisse (jusqu'en 1983) ; Mme Emile Blanchet, dont le mari était le fils de l'un des fondateurs du CHI ; au 2e rang, Mme Pierre Mange, François-Achille Roch, auteur du livre *Genève saute*, journaliste équestre, aux côtés de son épouse Anne ; et au-dessus, des personnalités politiques et des sponsors, ainsi qu'Anne Siegrist (alors de Coulon), qui fut longtemps membre du comité (debout, à g.).
Photo Alban Poudret

⇦ Claude Stoffel, président de l'édition 1989, félicitant le Français Philippe Rozier, qui sera le premier vainqueur du GP Coupe du monde à Palexpo. Un passage de témoin… Derrière lui, le Dr H.-U. Sutter, alors président de la FSSE, Olivier Tschanz, alors membre du comité, et Philippe Malignon (à dr.), speaker. Photo Alban Poudret

Ces champions qui ont marqué Genève

JAPPELOUP ET MILTON, DEUX CHEVAUX DE LÉGENDE

Deux chevaux d'exception, comme le concours hippique en a peu compté, ont marqué les années 1980 et le début des années 1990, et leurs fameux duels à répétition ont embelli cette période. De leur vivant déjà, ils furent élevés au rang de mythe. L'un était noir comme l'ébène, l'autre blanc comme l'ivoire. Et, si tous deux venaient du ciel, l'un, petite frappe pleine de malice et de vie, incarnait plutôt le diablotin, dans ce qu'il a de plus subjuguant, l'autre la douceur et la candeur, tel un ange blanc, qui parfois se muait en ours en peluche, pour le plus grand bonheur des enfants.

Né du croisement d'une jument pur-sang et d'un trotteur, Jappeloup a des origines modestes et pour le moins surprenantes et une taille (157 cm) assez petite. Mais le destin a voulu que Pierre Durand le remarque – pas au premier coup d'œil ! – et que ce couple improbable obtienne ensemble un palmarès inoubliable : champion de France et d'Europe et médaillé d'or olympique ! Sans parler des victoires dans les épreuves les plus relevées. A Séoul, pour le remercier, l'honorer, Pierre Durand aura la délicatesse de passer sa médaille d'or au cou de Jappeloup.

Milton est lui le fils d'un champion de saut, Marius, et c'est la même championne qui le monte et triomphe avec lui. Caroline Bradley sera hélas bientôt foudroyée par une crise cardiaque et ses parents confieront leur merveille à John Whitaker, après un essai peu fructueux avec Steven Hadley. On connaît la suite : les Grands Prix les plus prestigieux, des médailles européennes et mondiales à la chaîne, un titre continental et deux Coupes du monde.

De 1985 à 1991, beaucoup de grandes épreuves voient l'un qui devance l'autre ou vice versa : un duel quasi unique dans les annales de l'équitation ! A Genève, leurs duels tournent hélas court. Comme aux JO de Los Angeles, aux Vernets Jappeloup inflige un refus à son cavalier. Milton, lui, triomphe lors de ce qui sera sa seule apparition aux Vernets, dans le GP Coupe du monde 1989, au terme d'un barrage sublime.

Voilà ce que nous écrivions dans *Le Cavalier Romand* sur leur confrontation genevoise : *« Chacun attendait avec impatience le duel entre Jappeloup et Milton, les deux chéris du public. Le hasard du tirage au sort les avaient placés l'un derrière l'autre au départ du tour initial et, si Milton survola celui-ci sans aucune difficulté, Jappeloup montra qu'il avait encore son tempérament en s'arrêtant tout net sur le deuxième élément du triple saut, à tel point que Pierre Durand faillit mordre la poussière. Il parvint à rester en selle et termina son parcours avec cette seule pénalité. Jappeloup avait été fiévreux quelques jours auparavant, mais il n'était sans doute pas facile non plus pour Pierre Durand de retrouver une motivation après tous ses succès. (...). Milton, lui, fut impérial jusqu'au bout, faisant*

⇧ Jappeloup

étalage de sa classe, de sa souplesse et de sa rapidité. Il souffla les bougies du 30e avec grâce, triomphant aisément et offrant quelques sauts de cabri à la remise des prix».

Jappeloup et Milton, deux chevaux nés à deux ans d'intervalle (1975 et 1977) que tout séparait mais que le sport et leurs deux cavaliers respectifs allaient rapprocher, jusqu'à en faire des acteurs indissociables, des vedettes au charisme inégalé. Quelle amplitude et quelle légèreté dans le geste de Milton. On aurait dit qu'il sautait au ralenti: *«En action, il est l'expression maximale de la grâce et de l'agilité»*, dit de lui Pierre Durand. Lorsque Milton s'envole, le temps suspend son vol. Jappeloup, lui, avait plutôt le don d'électriser les foules, de les déchaîner, comme le feu, la fougue et la passion qui l'animaient. Chez lui, le style était plus panache, c'est Jappeloup le Conquérant, le regard perçant et la bouche volontaire. Milton a de grandes foulées mais Jappeloup sait tourner court, leurs duels sont souvent très serrés et, là encore, Jappeloup le Malin piège souvent l'ange blanc. Et comme il était particulièrement difficile de les départager sur l'obstacle, entre eux, la différence s'est souvent faite au chronomètre, lors de la chasse pour un championnat, au barrage pour un Grand Prix. Sur le fil!

Deux paires bien différentes

Tous les deux tenaient leur rôle de vedette avec bonheur. Jappeloup n'aimait pas trop les tours d'honneur mais les grands évènements le galvanisaient. *«Milton souriait aux photographes plus souvent que moi»*, avouera John Whitaker, avec cet humour discret et cette humilité qui le caractérisent. L'Anglais, comme soulagé de pouvoir passer ainsi au second plan, saura même apprendre à son cheval-savant la cabriole, réservée aux grandes victoires. Pour le reste, *«John Milton»*, comme les qualifiait un cavalier, se confond(ent): même décontraction, même fluidité, même harmonie, ce côté débonnaire et naturel aussi, touchant même. Jusqu'à cette tendance à prendre quelques kilos superflus, qu'ils partagent! Pierre Durand, lui, est au contraire sec et athlétique, comme son bout de zain – ou de Zan (comme la réglisse) –, plutôt sobre et tout voué à son objectif. Le parallèle ne s'arrête pas là; même panache, même rage de vaincre, même intelligence chez l'homme et chez le cheval. Non, décidément, Milton n'aurait pas pu appartenir au Français, ni Jappeloup à l'Anglais. Pourtant ces deux cavaliers ont dû faire preuve de qualités identiques, de persévérance, de tact, de finesse et de sentiment pour obtenir de leurs moitiés la quintessence. Le style de leurs montures respectives n'était pas académique du tout, pas simple, pas coutumier. Milton et Jappeloup, des exceptions là encore. Tous deux frappent, enfin, par la longévité de leur carrière, une dizaine d'années de succès pour l'un comme pour l'autre. Une période en or pour le saut d'obstacles. Ils nous ont fait rêver, tous les deux ensemble; ils nous manquent déjà. Beaucoup.

⇧ **Milton.** Photos Alban Poudret

Note: extraits tirés du livre *Jappeloup, Milton, Deux chevaux de légende»*, écrit par Alban Poudret, avec Pierre Durand et John Whitaker, aux Editions Robert Laffont SA, Paris, 1996.

⇧ Né du croisement d'une jument pur-sang et d'un trotteur, Jappeloup avait des origines surprenantes et une taille (157 cm) assez inédite. Mais le destin a voulu que Pierre Durand le remarque et que ce couple improbable obtienne ensemble un palmarès inoubliable: champion de France et d'Europe et médaillé d'or olympique à Séoul, quatre ans après la terrible désillusion de Los Angeles! Les voici à Genève, à Göteborg, à Séoul et à Thoune. Photos Alban Poudret (3) et Geneviève de Sépibus (1)

⇧ Milton est le fils du champion Marius de la regrettée Caroline Bradley. Avec John Whitaker, l'ange blanc remportera les Grands Prix les plus prestigieux, des médailles européennes et mondiales, un titre continental et deux Coupes du monde. De 1985 à 1991, beaucoup de grands duel aussi avec Jappeloup : un match quasiment unique dans les annales de l'équitation ! Les voici à Stockholm, à Bercy, à Tampa et à Göteborg. Photos Alban Poudret

Chapitre 8

Le transfert à Palexpo
Un beau défi et un rythme annuel

Le transfert à Palexpo – nouveau Palais des Expositions, construit entre 1978 et 1981 (on l'inaugure le 18 décembre 1981), mais véritablement prêt à accueillir un CHI de grande envergure à partir de 1987, avec la construction de la halle 5 (celle des pistes d'entraînement et d'attractions aujourd'hui) – intervient en décembre 1991.

Pierre E. Genecand, adoubé par Yves G. Piaget, relève alors le défi de déménager le concours à Palexpo, tout en lui donnant le rythme annuel exigé par la Coupe du monde. Ce transfert est une idée un peu folle et ambitieuse, mais juste! La nouvelle halle, sa gigantesque piste (107 m x 52 m la première année!) et ses interminables tribunes – qu'il faut à nouveau monter et démonter, comme au bon vieux temps – seront d'abord un peu trop grandes, mais le succès venant et le spectacle s'étoffant, elles se remplissent et vibrent: 18 000 spectateurs en 1991, 19 000 en 1992, 23 000 en 1993.

«Palexpo est un outil formidable et d'un accès très facile, à côté de l'aéroport, le long de l'autoroute, avec de grands parkings, une gare CFF, à portée de main de toute la Suisse romande. Le public devrait encore grandir; si nous réussissons notre prochaine édition (1992), nous postulerons pour la finale!», lance déjà Pierre E. Genecand au soir de la première édition, en décembre 1991.

Yves G. Piaget, président de l'Association, est là le jeudi pour le couper du ruban – confié à la benjamine du concours, une jolie Américaine répondant au nom de Meredith

⇦ Pierre E. Genecand reprend les rênes du CHI-W de Genève pour l'édition 1991 et se lance, à 40 ans à peine, un beau défi.
Photo Aldag-LDD

Michaels! –, mais il doit ensuite faire un aller-retour en avion au Japon, ne revenant que pour la clôture, le dimanche soir. Il peut alors féliciter Pierre E. Genecand d'avoir gagné son pari un peu fou; 400 bénévoles sont déjà à la manœuvre, la taille de Palexpo demandant plus de main-d'œuvre que les Vernets, où ils n'étaient «que» 250. Des bénévoles qui se révéleront de plus en plus l'âme du concours et une des principales raisons de son succès.

Sur la piste, un peu longue on l'a dit, et encore un peu froide malgré le lac, du beau sport et d'astucieux parcours signés Paul Weier, qui joue un peu trop avec le chrono dans la première qualificative pour le Grand Prix, où plus de la moitié des chevaux dépassent le temps accordé. Daniel Aeschlimann assiste loyalement le «Maître Paul»: échanges de bons procédés, l'officier zurichois ayant lui-même commencé par aider l'écuyer bernois aux Vernets!

Malgré la concurrence de la finale du Renault Jump, qui prive les Genevois des meilleurs Français et de Milton, le héros de 1989, le

⇦ Meredith Michaels Beerbaum sur la piste de Palexpo, en 1991, avec son merveilleux étalon Quick Star, qui a tiré sa révérence en août 2011. La future n° 1 mondiale a l'honneur de couper le ruban du tout premier Palexpo! Treize ans plus tard, la jolie Américaine, devenue allemande et... Beerbaum par mariage, sera sur cette même piste la première femme à triompher dans le Top 10 mondial Rolex IJRC. Elle rééditera l'exploit en 2006 avec son fameux Shutterfly, triple lauréat de la Rolex FEI World Cup.
Photo Alban Poudret

⇧ Installation de la piste pour la première édition à Palexpo, en décembre 1991 : 52 x 107 m alors pour la plus grande piste couverte du monde de saut d'obstacles, 34 x 50 m pour le paddock d'entraînement, 26 x 40 m pour le paddock d'attraction, 5 500 m³ de sable, de tourbe et de terre (auj. du sable avec fibre synthétique), 300 (auj. 384) boxes prêts à accueillir les chevaux, 45 t de paille et de copeaux, 7 000 kg de foin, etc.
Photo Geneviève de Sépibus

⇧ Le regretté Jürg Friedli, ici avec Gyssmo au tout début de Palexpo. Le Bâlois n'a jamais triomphé à Genève, mais il n'y a laissé que de bons souvenirs.
Photo Geneviève de Sépibus

plateau est magnifique. Et la FEI promet d'empêcher cette collision de dates l'année suivante *(sic !)*. On a droit au retour de la butte – comme à l'ancien Palais – et à la création d'un lac, sauf erreur une première en indoor. Et, pour la chasse, un berger est placé avec six moutons tout près du lac, ce qui augmente encore un peu l'angoisse de certains chevaux (et de leur cavalier !). Un bel exercice de soumission ! Rompu à tous les exercices, Ludger Beerbaum s'adjuge cette chasse avec Almox Rasman et les Six Barres avec Almox Stroke of Luck, à égalité avec Walter Gabathuler (Athlet).

Thomas Fuchs s'impose dans les deux préqualificatives pour le Grand Prix avec la sublime Dollar Girl, mais commet une faute dans l'épreuve Coupe du monde : le stress dû à la surprime de 50 000 fr. alors promise au couple sans faute lors des « trois glorieuses » ? C'est Markus Fuchs, l'aîné mais à l'époque encore le n° 2 du tandem, qui défie alors au barrage Philippe Rozier, mais s'incline pour un souffle : son génial petit Shandor cède face à la belle foulée d'Oscar, le crack du Français.

Un des frères Fuchs au palmarès du premier Grand Prix à Palexpo, médiatiquement parlant, c'eût été l'idéal, mais le concours est bien lancé avec les succès de deux Philippe francophones, Rozier (1991) et Le Jeune (1992). Et en 1993 avec l'avènement du jeune Rodrigo Pessoa, qui deviendra une icône du public genevois, de Rolex et du monde entier.

La motivation de Pierre Genecand

La nouvelle équipe est donc animée par Pierre E. Genecand, cavalier amateur qui a toujours été impliqué dans le CHI. A 9 ans déjà, comme junior de L'Etrier, il était chargé du rideau et parfois de monter les couleurs. *« Je m'étais fait gifler par Jean d'Orgeix, car j'avais mis le drapeau hollandais à la place du français. Les trois couleurs étaient à l'horizontale et non pas à la verticale, mais, à cet âge-là, on ne voit pas la différence ! »* Ses parents reçoivent aussi des équipes à la maison. *« Il y avait des cocktails ou des dîners, chez les de Muralt, les Bordier, et le lendemain du bal aux Bergues, c'était jour de relâche ! Je me sou-*

viens aussi des Français, qui assistaient tous à la messe le dimanche à St-Joseph. Ils étaient en uniforme, mais mettaient leurs éperons dans un sac en plastic !»

A 20 ans, Pierre E. Genecand part deux ans en Allemagne, à Mannheim, puis six mois en Angleterre, chez Marion Coakes, et ces voyages le confortent dans sa passion pour le cheval. Il monte en saut et même en dressage. Il est fan des cavaliers allemands – «les meilleurs du moment». En 1987, il est l'adjoint du trésorier Jean Auvergne, puis entre de plein droit au comité en 1989. Il dirige alors Gesrep SA, une société de gestion de portefeuilles d'assurances, créée par son père, décédé en 1982.

Comment s'est fait le transfert à Palexpo? «Après l'édition 1989, Yves G. Piaget, alors président de l'association, avait convoqué tout le comité à 7 h dans son bureau de la rue du Rhône et il nous avait demandé si quelqu'un était prêt à relever le défi, sachant que nous devions désormais organiser le CSI tous les ans et si possible ailleurs qu'aux Vernets. J'ai levé la main et demandé quarante-huit heures. J'ai alors immédiatement pris contact avec mon cousin Didier Genecand et Daniel Perroud, qui organisaient le Supercross moto, pour voir si nous pouvions aller à Palexpo et partager les frais de tribunes. Et, la première année, nous avons mis notre mélange de tourbe par-dessus la terre du Supercross ! La piste était plus grande qu'aux Vernets et on avait encore perdu de la tourbe en route, on a donc dû en rajouter un bon tiers. Le Sportoto nous a heureusement aidés.»

Pierre E. Genecand est hypermotivé, dynamique et il sait s'entourer. Il a déjà à ses côtés Christian Colquhoun, nommé secrétaire général, qui travaille alors pour l'agence Trimedia et est donc rompu à la communication et à la pub, ainsi que Karen Stevenson, secrétaire et femme de cheval de qualité. Bernard Bühler s'occupe des constructions et dans ce Palexpo tout vide, où tout est à faire, ce n'est pas une mince affaire. De l'ancien comité des Vernets, Pierre E. Genecand n'a gardé que deux spécialistes, Jean-Marc «Marco» Pradervand pour les écuries (il passera ensuite le relais à Ernest Scherz) et Pierre-Alain Rattaz pour la presse, qui sera remplacé dès 1996 par sa collaboratrice d'alors, Corinne Druey.

La société McCormac, qui deviendra IMG puis MBD-IMG, puis à nouveau IMG Suisse, s'occupe du sponsoring. Elle a proposé une

garantie de déficit et a dû le regretter lors des premiers exercices, déficitaires, mais pas par la suite. Philippe Arnold (recherche de sponsors) et Christine Jacot (catering et accueil au restaurant-terrasse) représenteront la société à partir de 1993 et cette collaboration-là sera harmonieuse. Il y aura ensuite des périodes plus ou moins positives et, mi-2011, c'est la société lausannoise GPS Performance qui a repris le flambeau, pleine d'entrain. Volvo avait parrainé la Coupe du monde de saut durant vingt ans, est-ce aussi un cap, un cycle maximal, pour une société de marketing comme celle-ci ?

En 1992, un Belge et les Suisses!

En 1992, la piste est encore plus grande (107 x 57 m); elle a encore 5 m de plus en largeur. Il s'agit d'un record et c'est sans doute trop pour le public, souvent loin de l'action: ce qui est bien pour le Supercross ne l'est pas forcément pour le concours hippique. Philippe Le Jeune, qui attendra encore dix-huit ans pour obtenir la consécration suprême – le titre mondial en 2010 à

⇧ Robert Turrettini, président du CHI de Genève entre 1975 et 1979, président de l'association par la suite, son fils aîné Gérard (au premier plan), actuel président de l'association, son épouse et toute la famille (on devine Henri, qui disputera la course de trot des Masters), passionnée et impliquée d'une façon ou d'une autre dans la manifestation.
Photo Geneviève de Sépibus

↘ Transition encore lors de cette 1re édition à Palexpo avec des membres des équipes des Vernets très concernés par la suite : Pierre E. Genecand, membre du comité en 1989 devenu président; Jean-Marc Pradervand, qui gardera provisoirement la responsabilité des écuries avant de la céder à Ernest Scherz; et le regretté Jean Auvergne, longtemps trésorier et même vice-président (de g. à dr.).
Photo Alban Poudret

⇧ 1991 et le triomphe de Philippe Rozier dans le premier GP Coupe du monde Volvo disputé à Palexpo. Le Français signera un barrage de folie pour déloger Markus Fuchs et Shandor de la première place. Et dire que son bon Waïti Oscar avait été éliminé sur refus une semaine plus tôt à Bordeaux !
Photo Geneviève de Sépibus

Lexington –, fête à Genève sa plus belle victoire du moment. Le sympathique cavalier et homme de cheval belge s'impose avec Shogoun. En ce puissant étalon selle français (par Night and Day), Le Jeune semble alors avoir enfin trouvé un successeur à sa bonne Nistria. Le Belge est d'autant plus heureux qu'il avait été désigné et invité in extremis par les organisateurs et non par sa propre fédération. Homme reconnaissant, il ne l'oubliera jamais et viendra avec plaisir – et bénévolement – à la conférence de presse du 50e CHI-W, suivant de peu son sacre mondial. Une expédition qui lui prendra plus de quarante-huit heures, des montagnes de neige s'étant abattues sur l'Europe.

⇨ La Genevoise Pascale Dusseiller Wolff, souvent lauréate d'une *wild card* quand elle ne fera pas partie de la sélection officielle. La voici avec la jolie Espère. Ces *wild cards* ont beaucoup profité aux cavaliers romands, très en retrait dans les années 1980, hormis l'incontournable Philippe Guerdat, parfois accompagné de Jean-Pierre Panetti, de Grégoire Oberson ou d'un autre.
Photo Image – B. Sandoz

On trouve deux Suisses à la suite du Belge cette année-là, Stefan Lauber (on peut parler d'échange de bons procédés, mais sans calculs, entre Le Jeune et lui le vendredi et le dimanche !) et Lesley McNaught, 3e. Les Helvètes, emmenés par Thomas Fuchs, Stefan Lauber, Willi Melliger et Philippe Guerdat (les deux derniers vainqueurs exaequo des Six Barres), ne remportent pas moins de sept épreuves. Et dans la chasse, intelligemment tracée par Paul Weier, on a quasiment deux vainqueurs, avec Hansueli Sprunger, 1er sur Lion's Son, et Michel Pollien, 3e avec Quirielle de Baugy. Comme pour remercier Fabio Cazzaniga de l'avoir retenu dans sa sélection officielle, le Vaudois, porté par son fan's club, fait un morceau de bravoure. Et, dès l'introduction des *wild cards*, l'année suivante, il deviendra un habitué de la maison ! Sa fille Mireille perpétue aujourd'hui la tradition !

Le micro, puis des responsabilités

Au lendemain de cette 2e édition à Palexpo, lors de la séance dite de debriefing, je rejoins mes amis du comité… pour ne plus les quitter ! Un an plus tôt, je m'étais permis de leur suggérer quelques idées, comme les Six-Barres, que j'avais eu du coup la joie de commenter. Pouvoir s'adresser au public de son concours préféré est un sentiment extraordinaire. J'ai eu le bonheur de pouvoir officier comme speaker dans de grands concours à l'étranger, à Paris-Bercy ou à Cannes durant dix ans ou plus, aux Jeux mondiaux de Rome ou aux Européens de San Patrignano avec mon collègue et ami Umberto Martuscelli, mais pouvoir partager enthousiasme et émotion à Genève, le concours de son enfance, de sa vie, c'est encore plus intense et plus naturel à la fois. Et l'on porte probablement mieux un spectacle que l'on a soi-même en partie préparé. Michel Sorg, mon cadet de 28 ans, avec lequel je partage désormais micro, stylo, soucis et enthousiasme, ne dira pas le contraire.

Le speaker français Claude Mennel est alors déjà de l'aventure et il mettra celle-ci bien en valeur durant vingt ans. L'avisé organisateur normand Xavier Mayaud fera aussi partie de ce team durant quelques années et, depuis cinq ans, Umberto Martuscelli apporte un vrai plus anglo-transalpin avec sa belle voix. Le reste de la troupe est helvétique, avec Sandra Viscardi, la voix de RSR La Première,

Françoise Marchesse, Alexandra Claude, Pascal Mathieu, si actif sur Léman Bleu également, François Besençon, déjà sur la brèche aux Vernets et qui nous revient en 2011 l'enthousiasme intact, ainsi que le savoureux Francis Menoud, spécialiste de l'élevage.

J'accueille mon admission au sein du comité comme une grande chance. Celle de pouvoir concrétiser un rêve, des idées, et aussi de pouvoir travailler en équipe. Mettre sur pied un concours comme celui-ci est une sacrée aventure, tant sur le plan humain que sur le plan professionnel. Tout n'est certes pas simple, les rapports personnels comme les tâches à accomplir demandant un soin très particulier, mais l'essentiel est d'être en accord avec ses principes, sa conscience, son éthique. Or la ligne tracée par Pierre E. Genecand était claire, fidèle à nos idéaux de jeunesse. L'indépendance, l'intransigeance par rapport au pouvoir et à l'argent, est essentielle. Durant vingt ans, que ce soit avec Pierre E. Genecand ou avec Sophie Mottu, nous garderons la même ligne : ne pas payer les cavaliers internationaux pour venir à Genève, ni en faire payer d'autres pour monter. Le système « une table – une place », en vigueur dans beaucoup de CSI, n'est jamais de mise à Palexpo : le sport d'abord ! Pour participer au CSI, certains seraient prêts à payer des dizaines de milliers de francs, mais notre réponse est « niet » ! Et il y a une barrière nette entre le CSI et le Jockey Club.

Pas de sport à deux vitesses !

Les *wild cards* offertes aux cavaliers romands les plus valeureux de la saison illustrent bien l'état d'esprit du comité. Là où d'autres CSI vendraient dix ou douze places pour des sommes astronomiques, Genève, depuis dix-huit ans, offre au contraire à une poignée de Romands la chance de pouvoir se frotter à l'élite mondiale. Une occasion rare, qui ne peut que motiver et faire progresser les cavaliers de ce coin de pays, qui se sont longtemps sentis prétérités, encourager aussi leur entourage, leurs éventuels mécènes ou sponsors, bref dynamiser le monde hippique de toute une région.

⇧ En 1993, c'est la Neuchâteloise Laurence Schneider-Leuba, benjamine du concours, qui a l'honneur de couper le ruban, entourée du conseiller d'Etat Olivier Vodoz et du président du CHI-W, Pierre E. Genecand. Photo Geneviève de Sépibus

⇦ Philippe Guerdat avec le bon Cornado FIER, victorieux des Six-Barres en 1992 et souvent placé. Le Jurassien, double médaillé européen, a gagné quelquefois à Genève, avant de prendre une retraite à 43 ans pour aider son fils Steve puis plusieurs grandes équipe. Et d'aider à l'organisation du CHI derrière le rideau. Photo Geneviève de Sépibus

⇧ Lors des Six Barres de 1992, Grégoire Oberson monte le lion Z Lamborhini, que lui avait alors prêté Pascale Dusseiller. Le Genevois brillera souvent dans sa ville, notamment en 2006. Et il dispute la finale 1996.
Photo Geneviève de Sépibus

⇧ Fabio Cazzaniga, qui avait monté pour la Suisse à l'ancien Palais déjà, dirige l'équipe de Suisse de fin 1983 à 1992 et, en décembre de cette année-là, Philippe Guerdat prend le micro pour le remercier et lui offrir, au nom de tous « ses » cavaliers un jeune cheval. Aujourd'hui, le Tessinois officie au jury d'appel.
Photo Jean-Louis Perrier

⇨ Le Belge Philippe Le Jeune, vainqueur du GP Coupe du monde de Genève en 1992 avec l'étalon Shogoun, est un grand habitué et ami du concours. Il sera sacré champion du monde… dix-huit ans plus tard à Lexington.
Photo Geneviève de Sépibus

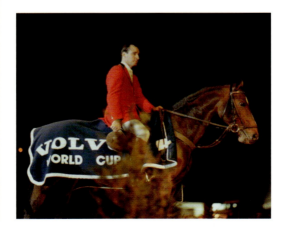

Beaucoup de gens ont de la peine à comprendre ou à prononcer ce nom anglais de *wild card* (litt. carte sauvage et, par extension, invitation sauvage), qui comporte une notion de passe-droit. A Genève, pourtant, cette faveur, cette fleur, se mérite et se gagne à la sueur de son front et de celle de son cheval, un cavalier devant se distinguer dans une grosse épreuve bien précise pour pouvoir l'obtenir. Et si quelques-uns, des jeunes souvent, ont parfois été ajoutés à la liste des lauréats, c'est pour des mérites bien précis (champion de Suisse jeunes cavaliers ou vient-ensuite dans un GP, etc.).

En concours hippique et, comme on le soulignait plus haut, beaucoup de CSI vendent une partie de leurs places contre une table VIP, voire le parrainage d'une épreuve. On parle alors indifféremment de *wild cards* ou de *pay cards*. Une pratique que l'on peut comprendre si l'on est organisateur – beaucoup de CSI ont du mal à boucler leur budget, et cela malgré un très large bénévolat –, mais contestable sur le plan sportif. Cela accentue en effet le phénomène de sport à deux vitesses.

Or ce système dit « payant » s'est passablement développé et la FEI, longtemps laxiste sur le sujet, a dit vouloir mettre un peu d'ordre. Elle a exigé des CSI 3 et 4 étoiles qu'ils acceptent les cavaliers sélectionnés par leur fédération nationale, limitant le nombre de *wild cards*.

En 2006, la FEI a aussi prononcé l'interdiction de toute *wild card* payante pour un CSI-W, mettant en garde tous les organisateurs de CSI Coupe du monde, et les avertissant qu'ils perdraient à l'avenir leur label *« dans le cas où ils vendraient des places aux cavaliers, que ce soit en proposant une table VIP ou en demandant du cash »*. Une reprise en main rendue semble-t-il nécessaire, mais pas toujours suivie d'effets… Cinq ans plus tard, en effet, on ne peut pas dire que le problème ait été réglé. De nombreux concours ont gardé leurs petites habitudes et les *pay cards* fleurissent aussi dans d'autres CSI. Le Global Champions Tour fait la part belle aux cavaliers payant de grosses sommes pour participer à son circuit, mais, grâce à l'IJRC, les 30 meilleurs des Rolex Rankings sont invités à participer sans frais.

Il ne s'agit pas de décourager les organisateurs, qui font souvent face à de réelles difficultés financières. On peut imaginer que certains concours puissent continuer à demander une « participation financière » aux cavaliers, comme c'est le cas dans les circuits internationaux amateurs ou dans des épreuves nationales comme le Jockey-Club du CHI-W. Là, on offre une prestation particulière, un décor, un service (traiteur etc.), or cela a un prix. Et l'enjeu sportif n'est pas considérable. Le problème, c'est le flou et le système à plusieurs vitesses, surtout pour des épreuves de haut niveau où l'accès à tel ou tel peut avoir de vraies incidences sportives, au niveau du classement mondial ou d'une finale, et cela est gênant.

Les cavaliers doivent de leur côté comprendre qu'il est difficile d'augmenter sans cesse la dotation (à Genève aussi, celle-ci a doublé en quinze ans), tout en offrant l'hôtel, voire les engagements. Les organisateurs doivent également pouvoir inviter quelques cavaliers-amis, les chouchous du public, ceux qui font l'atmosphère d'un concours, son âme. Les organisateurs préparent une fête, n'est-il pas normal que quelques invités soient de leur choix ? Pas simple, le « métier » d'organisateur, surtout si l'on veut être intègre et le plus juste possible.

Ces champions qui ont marqué Genève
LE JEUNE, LE TRIOMPHE DE LA PERSÉVÉRANCE

Vingt-deux ans après son premier podium en finale de Coupe du monde à Göteborg, dix-huit ans après sa belle victoire dans le Grand Prix de Genève, au bout d'une trentaine d'années faites de hauts et de bas, où il aura traîné ses guêtres sur tous les terrains de concours et sur ses carrières de Lennik, à l'ouest de Bruxelles – où il monte huit à dix chevaux par jour –, Philippe Le Jeune a obtenu la récompense suprême à Lexington : le titre mondial 2010 ! Ce bosseur, cet homme de cheval, éleveur à ses heures, fin pilote qui a savouré le privilège de monter quatre grands chevaux dans la tournante et le leur a bien (dé)montré, a obtenu à 50 ans une consécration méritée. Pour l'ensemble de son œuvre. Homme ouvert, simple, parti de rien, Le Jeune est aussi un fidèle de Genève.

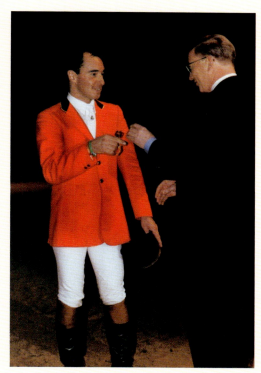

⇧ Genève, 1992, Philippe Le Jeune recevant les deuxièmes clés d'une Volvo de sa carrière après son triomphe dans le GP Coupe du monde
Photo Alban Poudret

Ce titre mondial lui va comme un gant. A Lexington, il a été le seul à boucler neuf tours sans faute, six avec son propre cheval, l'étalon Vigo d'Arsouilles, et trois avec les chevaux de ses adversaires dans la finale tournante. Le Belge a maîtrisé son sujet de A à Z et c'est avec lui sans doute que les chevaux finalistes ont le mieux sauté. «*Philippe est un cavalier d'instinct, qui ne doute pas de lui et fait preuve de beaucoup d'observation et de persévérance*», résume le Jurassien Philippe Guerdat, entraîneur national des Belges depuis fin 2009 et à ses côtés durant cette finale.

⇧ Genève, 1999, en selle sur Valiska for ever, sans faute sur 201 cm, Philippe Le Jeune s'adjuge les Six-Barres, à égalité avec Christophe Barbeau. Le Belge, qui a longtemps habité la Suisse, s'est distingué plusieurs fois à Genève ; 3e de la finale de la Coupe du monde 1988, avec Nistria, il attendra vingt-deux ans avant d'obtenir une distinction mondiale.
Photo Geneviève de Sépibus

Né le 15 juin 1960 à Uccle, Philippe Le Jeune commence à monter un poney, Poly, à l'âge de 7 ans. Cinq ans plus tard, il reçoit son premier cheval. A 15 ans, il est 10e de la finale de la Botte d'Or, lors du Jumping de Bruxelles, sur Gentleman Jim, avec lequel il ira jusqu'en CSIO. Junior encore, il est écuyer chez le regretté Eric Wauters et dispute les Européens. Il passera aussi plusieurs années chez l'éleveur Maurice Olivier. Il vit souvent dans une petite chambre, sans eau ni chauffage. La vie est dure, mais elle est belle quand elle est remplie de chevaux. Il montera également pour François Mathy sen.

Deux escapades en Suisse

Philippe Le Jeune s'exilera aussi plusieurs fois au Tessin, tout d'abord à La Pauzella, chez Giorgio Robbiani, à la fin des années 1980 (l'époque, glorieuse, de Nistria), puis non loin de là, chez Heidi Hauri, amie de longue date, et Pedro Kamata (de 1996 à 1998). Markus Fuchs fit aussi appel à ses services dans les années 1980, après une fracture du bras.

En 1986 naît Philippe Jr, aujourd'hui speaker dans les concours. Thibault, le cadet, est écuyer et c'est lui qui avait remis Vigo en forme après sa blessure au suspenseur, début 2010. « *Thibault a fait un travail fantastique; par tous les temps, il a pris le camion pour emmener Vigo à la plage et tout ce travail a payé.* » Et de confier encore à Julien Counet, de Studforlife: « *C'était très stressant, car mon gamin n'a que 19 ans et partir seul avec un étalon d'une telle valeur n'est pas évident; il a fait ça d'une façon extraordinaire* ». Au soir de son triomphe, il confiera à la presse: «*A part ma famille, j'aime mieux les chevaux que les hommes, c'est avec eux que je veux être* ».

En 2000, il peut enfin acheter une propriété à Lennik, où il a une bonne quinzaine de chevaux à l'entraînement et quelques poulains et poulinières. Il vit sur place avec ses deux fils et jongle entre l'entraînement des chevaux et la gestion des étalons.

Après Nabab, son fils !

Philippe Lejeune a aussi été le cavalier d'Ulysse et de Carlina (à 6 et 7 ans), les cracks de Pius Schwizer, mais le mécène belge François Leiser et lui se séparèrent par la suite. Le Jeune

⇧ Aux Mondiaux de Lexington, fin 2010, Philippe Le Jeune domine ses adversaires dans la finale tournante, laissant éclater son talent, son sentiment et sa joie de monter les autres chevaux. Le voici avec «son» bon Vigo d'Arsouilles. Une couronne méritée, pour l'ensemble de son œuvre !
Photo Kit Houghton-FEI, LDD

⇧ Balade sur la plage près de Knokke-le-Zoute.

redouta alors d'effectuer une nouvelle traversée du désert, mais Vigo d'Arsouilles lui a permis de rester au top. Vigo n'est autre qu'un fils de Nabab de Rêve, étalon BWP (par Quidam de Revel et par Artichault), avec lequel il avait obtenu du bronze par équipe (déjà!), aux Mondiaux 2002 de Jerez.

L'histoire continue donc, elle se nourrit de chevaux. « *Vigo est un étalon admis à la monte au studbook SBS et ses poulains montrent beaucoup de qualité. C'est un grand et beau cheval. Il est très actif, très respectueux et possède d'énormes moyens* », dit son cavalier.

Durant toute sa carrière, Philippe Le Jeune a eu des hauts et des bas. « *Mon travail était toujours de préparer des chevaux… avant qu'ils ne soient vendus ou qu'ils ne me soient retirés.* » Ce fut le cas pour Nistria (par Dynamique), 3e de la finale de la Coupe du monde 1988 à Göteborg, qui partira chez Lars Nieberg, Shogoun (par Night and Day), victorieux du GP de Genève 1992 et du Masters de Paris en 1993 avant d'être monté par Eric Navet, ou encore Maïke, une KWPN (par Libero H), gagnante des GP de Malines et de Zurich avant d'être vendue à Jessica Kürten. « *Maïke est le cheval le plus doué et fantastique que j'ai monté jusqu'à ce jour* », dit-il. Le hanovrien gris Governor (par Grannus), victorieux des Masters de Stuttgart et de Zurich dans les années 1990, sera lui blessé et retiré du sport. En revanche, l'irlandais Double O Seven (par Clover Hill) restera toute sa carrière chez Philippe et « *fera partie de la famille* ».

L'hommage au propriétaire

« *C'est aussi une grande fierté pour moi, car tous ces chevaux ont eu une grande carrière grâce au travail que j'ai effectué.* » Et le nouveau champion du monde d'ajouter : « *Mais, si je suis là aujourd'hui, c'est grâce à une personne, Joris de Brabander, le propriétaire de Vigo. En 2009, il avait eu une grosse offre pour Vigo. Or, pour la toute première fois, un propriétaire m'a demandé mon avis et a accepté de garder le cheval pour moi* ». Vigo était arrivé à 7 ans chez lui. « *A l'époque, il m'avait demandé de choisir entre l'argent de la commission ou le garder. Je lui avais dit que je préférerais continuer à m'asseoir dessus !* »

Vigo participera aux Européens 2007 déjà, sera champion de Belgique en 2008, fera d'excellents Européens 2009 à Windsor, avant de se blesser. « *Cela a été une course contre la montre, on savait qu'il allait guérir, mais il fallait prendre son temps, tout en ayant ces Jeux en tête. Au CSIO de Gijon, il était sans faute dans la Coupe des Nations. Suite à cela, Philippe Guerdat a décidé que Vigo n'avait plus à sauter, cela afin de le garder dans la même condition.* »

Fin 2010, début 2011, c'est Philippe Le Jeune qui a eu quelques pépins de santé (épaule, adducteurs, etc.), mais il est revenu plus fort que jamais pour aider la Belgique à être 2e des Coupes des Nations de La Baule (3e du GP) et de Rome. De bon augure, l'objectif suprême étant les JO de Londres 2012.

A la presse, Philippe Le Jeune avait confié le soir de son sacre que son père lui avait appris à aimer les animaux. Et d'ajouter : « *Un jour, on m'a demandé ce que j'avais comme souhait comme cavalier et j'ai répondu que, si les chevaux pouvaient parler, je souhaiterais qu'ils disent aimer être chez moi* ».

⇧ Le joli fief de Philippe Le Jeune, près de Bruxelles.
Photos Dirk Caremans

Note : certains passages sont tirés d'articles de l'auteur pour *L'Eperon* et le *Le Matin*.

Chapitre 9

Les débuts d'une icône

L'envol très spécial de Rodrigo

1993, trente ans après l'apparition lumineuse de son père, c'est l'avènement à Genève d'un jeune héros: Rodrigo Pessoa. Le Brésilien a alors tout juste 21 ans. Il est déjà très connu puisque, à 17 ans et demi, il avait disputé les Jeux mondiaux aux côtés de son illustre père, qui lui avait confié Special Envoy, aidant efficacement le Brésil à prendre la 8e place par équipe (23e indiv.). Nelson Pessoa reprendra ensuite quelquefois Special Envoy, obtenant une magnifique 2e place à la finale de la Coupe du monde Volvo de Göteborg 1991, à moins d'une barre de John Whitaker et Milton. Un an plus tard, Rodrigo sera 9e des JO de Barcelone avec lui. Ce fougueux, solide et généreux alezan irlandais appartient à la Suissesse Heidi Hauri Robbiani, médaillée aux JO de Los Angeles 1984 avec la merveilleuse Jessica V.

Special Envoy (par King of Diamonds) est l'un des chevaux les plus en vue du début des années 1990. En 1993, c'est le GP d'Europe à Aix et sa première grande victoire en Coupe du monde avec Rodrigo, à Genève, et, en 1994, le prestigieux Grand Prix d'Aix-la-Chapelle, les Pessoa père et fils manquant d'un souffle – un centième de retard sur Thomas Fuchs – le doublé!

Revenons à Genève! En deux ans, Rodrigo a déjà su gagner le cœur de toutes les midinettes, tout en conquérant aussi celui des admirateurs de la belle équitation de son père, également du barrage en 1993 (décidément!). En 1992, sa faute sur l'ultime obstacle du barrage lui avait coûté la victoire, mais cette fois-ci sa main ne tremble pas.

⇧ Dessin de Françoise Joho.

Dix victoires majeures, un record!

A Genève, Rodrigo Pessoa a remporté dix épreuves majeures entre 1993 et 2010: quatre Grands Prix Coupe du monde le dimanche (contre trois GP finaux pour Raimondo d'Inzeo), quatre autres Grands Prix aujourd'hui parrainés par le Credit Suisse et deux finales du Top 10. Steve Guerdat en est lui à six (1 GP Coupe du monde, 2 GP CS, le Défi des Champions, l'Acte II de la Coupe du monde Rolex FEI 2010 et, cerise sur le gâteau, la 10e finale du Top 10, en 2010). Et Ludger Beerbaum en est à cinq (deux GP Coupe du monde, un GP le vendredi et deux Top 10), tout comme le colonel Raimondo d'Inzeo, à la retraite depuis longtemps. Les deux premiers cités arriveront-ils un jour à grignoter leur retard?

⇦ En 1993, Rodrigo Pessoa, qui vient tout juste de fêter ses 21 ans, triomphe dans le GP Coupe du monde Rolex FEI avec Special Envoy.
Photo Geneviève de Sépibus

Ces champions qui ont marqué Genève

RODRIGO PESSOA, CE JEUNE HÉROS

L'élégant Brésilien Rodrigo Pessoa, champion olympique 2004, triple héros de la Coupe du monde et vainqueur des finales du Top 10 mondial Rolex 2003 et 2005 à Genève avec son phénoménal Baloubet du Rouet, avait déjà été sacré champion du monde à 25 ans (et demi), en 1998 à Rome. Fils de l'extraordinaire Nelson Pessoa, il a de qui tenir et a fait équipe avec son père lors de trois Jeux mondiaux et dans de nombreuses Coupes des Nations. Rodrigo Pessoa, c'est l'élégance faite cavalier, un véritable centaure. Et une tête bien faite, qui l'a porté à la présidence du Club des cavaliers (IJRC).

⇧ Nelson et Rodrigo Pessoa le grand jour de la victoire en GP Coupe du monde à Genève, en décembre 1993. Sous le regard concentré de Philippe Rozier (au centre), le sorcier brésilien donne ses derniers conseils au fils prodige… et la joie après la victoire !
Photos Team reporters

Rodrigo est né à Paris et les Pessoa étaient alors basés à Gouvieux, à côté de Chantilly. Il a ensuite passé sa jeunesse au sud de Bruxelles, où les Pessoa ont construit de superbes installations, le Haras de Ligny. Cet enfant prodige a tout fait et réussi avant les autres. Il a disputé les Jeux mondiaux, en 1990 à Stockholm, à l'âge de 17 ans et demi, ce que personne d'autre n'a fait à ce jour ; il a disputé ses premiers JO dans la foulée, à moins de 20 ans (son père, venu du Brésil pour disputer les JO de 1956, avait quelques mois de plus…) ; il a remporté le Grand Prix Coupe du monde de Genève quelques jours après son 21e anniversaire (il est du 29 novembre) et ainsi de suite !

Rodrigo, c'est d'abord le fils de Neco, icône avant lui de Genève et des terrains du monde entier. «*Il est né avec les chevaux comme d'autres avec une cuillière en argent dans la bouche*», écrivait Madeleine Brot dans le programme du CHI-W 1994. Qu'en pensait alors le fils unique du sorcier brésilien ? «*J'ai bien sûr eu plus de facilité que d'autres cavaliers de mon âge grâce à mon père et à son enseignement, ce qui m'a permis de venir tout de suite jouer dans la cour des grands. Mais il y a aussi des désavantages à porter un nom aussi célèbre, car on nous regarde d'un œil critique et nos erreurs sont moins facilement pardonnées*», confiait ainsi Rodrigo peu après ses premiers grands succès d'Aix et de Genève. Et d'avouer déjà son ambition de devenir n° 1 mondial !

Fait empereur à Rome

En 1998 à Rome, Rodrigo Pessoa est sacré champion du monde, au terme d'une tournante palpitante, dans une véritable arène de 20 000 personnes, le Stadio Flaminio, préféré à l'admirable place de Sienne pour sa taille justement (et pour son sable, qui n'apparaîtra sous les pins parasols du Pincio qu'en 2006). Cette foule était toute acquise à la cause du jeune phénomène. Mais l'émotion n'était pas seulement dans les gradins, où Vittorio Orlandi voyait aussi «son» Lianos triompher. Sur la piste, un homme, sans doute le plus bouleversé de tous, retenait difficilement ses larmes : Nelson Pessoa. Le temps de cette tournante, le père n'avait pas quitté son fils des yeux. C'est lui qui l'avait conseillé lorsqu'il faisait connaissance avec les chevaux de la tournante, notamment le géant Calvaro V, quatre fois sans faute.

C'est à Ayrton Senna que le Brésilien dédiera ses titres : *« Il était le meilleur dans son sport, j'aimerais faire aussi bien dans le mien »*. Normal pour Rodrigo, qui a toujours rêvé de devenir pilote de kart ou de Formule 1. N° 1 il le deviendra assez vite, en remportant trois finales de Coupe du monde consécutives (de 1998 à 2000), le titre mondial 1998, deux finales du Top 10 Rolex IJRC, le titre olympique 2004 à Athènes, n'en jetons plus ! Pour devenir champion olympique, il lui faudra encore attendre le déclassement pour dopage de Cian O'Connor avant de recevoir sa médaille d'or.

Pessoa Jr a remporté la finale du Top 10 en 2003 et en 2005, avec Baloubet du Rouet, déjà de la fête lors de ses trois sacres en Coupe du monde. Et, s'il a l'un des palmarès les plus fabuleux, le Brésilien a encore de belles années devant lui, même s'il parle de retraite après « ses » JO de 2016, à Rio de Janeiro. Après tout, dans ce sport d'expérience, on est davantage au sommet de son art à 40 ans qu'à 20.

A Genève, Rodrigo Pessoa remportera le GP Coupe du monde Rolex FEI à quatre reprises. Le fin brésilien a déjà été plusieurs fois n° 1 mondial, ce qui a fait de lui une vraie vedette dans son pays, au même titre que des footballeurs ou qu'un Gustavo Kuerten, vainqueur de Roland Garros et fidèle supporter de Rodrigo (on l'a vu venir le soutenir à Atlanta comme à Sydney). Seuls quelques footballeurs sont sur une autre planète que lui, mais n'est-ce pas le président du CIO Jacques Rogge lui-même qui lui a remis sa médaille d'or olympique de 2004, aux côtés du président du COB et organisateur des futurs JO de Rio Carlos A. Nuzman, dans la baie de Rio, avant que le président Lula le reçoive dans son bureau ?

⇧ Rodrigo Pessoa, grand animateur de Genève, au micro de la Télévision Suisse Romande. Bientôt vingt ans qu'il est fidèle au rendez-vous !
Photo Image-B. Sandoz

Soigner son style !

Rodrigo Pessoa a hérité le talent et l'élégance de son mythique père et professeur. Il a deux mots d'ordre : *« Légèreté et discipline »*. Voilà ce qu'il répondait à notre collègue et amie Sophie Kasser-Deller voici quelques années à la question : *« Cette élégance qui vous caractérise est-elle naturelle ou le fruit d'un entraînement particulier ? »*. *« Aujourd'hui (au début des années 2000), je n'y travaille plus. Mais plus jeune, dans les années 1984 et 1985, j'ai fait des compétitions de* hunters *(épreuves de style) aux Etats-Unis. C'est là que j'ai appris à monter comme cela, en conciliant bases techniques et esthétiques. J'estime que l'esthétique est un aspect important de l'équitation. »* Qu'on vante ses qualités de styliste, cela lui fait-il particulièrement plaisir ? *«Oui, c'est un compliment. Je regrette d'ailleurs qu'on n'ait pas l'obligation de passer par des épreuves de* hunters *pour obtenir une licence et je suis affligé de voir comment monte une majorité de cavaliers dans les concours, à un plus petit niveau. L'harmonie, la légèreté, la décontraction sont des vertus essentielles. Il faut être le plus naturel*

⇧ Avec Tomboy, Rodrigo Pessoa connaîtra une terrible désillusion lors de la finale de la Coupe du monde Volvo 1996, qui lui filera des doigts, mais il prendra sa revanche en 1998 et les deux années suivantes avec le génial étalon S. F. Baloubet du Rouet, champion olympique à Athènes (ci-contre)… ⇨
Photos Jacques Toffi

⇧ Toute la classe de Nelson Pessoa, ici en 1994 sur Champagner, qui marquera l'histoire du CHI-W de Genève et du sport durant plus de quarante ans. Son fils a pris le relais…
Photo Jacques Toffi

possible, fluide, tendre à la simplicité et à la facilité. Tout ce qui est artificie – et artificiel – nuit à la qualité du travail et de l'équitation.» Si simple à énoncer, mais si difficile à démontrer. Avec lui, tout paraît si décontracté, si naturel.

Notre champion a le verbe facile, il sait trouver la formule qui fait mouche et n'a pas sa langue dans sa poche. Une tête bien faite, très doué pour la communication, il est né leader et personne ne fut surpris quand il reprit la présidence de l'IJRC, des mains de son ami Cayetano Martinez de Irujo (qui a repris le flambeau en septembre 2011). Très volontaire et décidé, voire abrupt, il sait aussi être aimable et à l'écoute. Ainsi lors de la tournante des Mondiaux 2010, où il avait longuement conseillé Abdullah Al Sharbatly sur la façon d'aborder les difficultés du parcours avec son propre cheval, HH Rebozzo. Son geste l'avait desservi, puisque en aidant le Saoudien à conquérir l'argent, il avait lui-même terminé quatrième et dernier. Petite consolation, Rodrigo Pessoa a reçu un des six diplômes lors des World Fair Play Awards 2010… On notera que son père, présent comme coach sur la piste, était aussi très sollicité par le nouveau champion du monde Philippe Le Jeune, un autre cavalier qui doit beaucoup au maître Nelson Pessoa. *«C'est le plus bel exemple de transmission réussie dans le jumping. Une transmission… complétée, puisque, si Neco avait gagné beaucoup de Grands Prix, il lui manquait les couronnes olympique et mondiale que Rodrigo a offertes à la famille. A deux, ils auront tout pris et leur nom sera resté au firmament plus longtemps qu'aucun autre»*, dit avec justesse Xavier Libbrecht, le rédacteur en chef de *L'Eperon*.

Marié une première fois à la cavalière internationale américaine Keri Potter en 2003, Rodrigo Pessoa est le père d'une petite Cecilia, née au printemps 2004, et qui vit avec sa maman à San Diego, en Californie. Le Brésilien s'est remarié le 19 septembre 2009 dans le Connecticut avec une autre amazone américaine, Alexa Weeks, qui lui donnera aussi une fille, Sophia, en janvier 2011. Alexa monte en international, *«pour le plaisir, notamment de concourir ensemble, dans les mêmes concours»*, mais Rodrigo ne pense pas qu'elle ait de réelles ambitions: *«C'est plus un hobby, surtout maintenant qu'elle est maman»*. Rodrigo et Alexa passent généralement l'hiver aux Etats-Unis, notamment en Floride, et, entre deux concours, Rodrigo est ravi de jouer au golf, un de ses sports favoris. Il lui arrive aussi de taper la balle avec Eric Lamaze. Et, comme le champion olympique 2008, le médaillé d'or 2004 adore skier. L'été, il apprécie beaucoup les plages de Rio, d'Angra dos Reis et de São Paulo. Pour leur voyage de noces, Rodrigo et Alexa étaient partis pour les Maldives, *«un vrai paradis»*, mais n'allez pas croire que c'est les vacances toute l'année: la plupart des semaines sont prises par les concours et ses nombreuses responsabilités équestres. Et cela ne devrait en tout cas pas changer d'ici aux JO de Rio 2016. Le rendez-vous est pris!

⇧ Rodrigo Pessoa et son team, photographiés fin 2010 au Haras de Ligny, près de Bruxelles. Sans toute une équipe, un entraîneur, de bons grooms, vétérinaires, maréchaux, etc., un grand pro ne peut rien. Photo LDD

En 1993, Stefan Lauber est 2e de ce Grand Prix pour la seconde année consécutive avec sa géniale Lugana II. Et le champion du monde Franke Sloothaak 3e avec San Patrignano Weihaiwej, la belle blonde à l'œil vairon et un peu troublant. Le Grand Prix Credit Suisse du vendredi soir est remporté par un certain Hugo Simon montant Apricot D, devant Willi Melliger. Des avant-goûts de finale, tout ça !

Les cavaliers louent tout particulièrement les superbes parcours de Paul Weier, le champion multifacettes, qui cumule un grand nombre de fonctions cette semaine-là à Genève : chef de piste, conseiller en tous genres (notamment auprès des commissaires stewards), commentateur TV sur la chaîne suisse-alémanique et coanimateur, avec votre serviteur, d'un débat sur le dopage lors du congrès vétérinaire organisé en parallèle, conférencier sur le *stewarding* lors d'un colloque de la FEI qui suit le concours, etc. Déjà comme cavalier, Paul Weier avait été le seul à cumuler les titres nationaux en saut, en dressage et en complet, et il n'aura jamais cessé d'être très éclectique, polyvalent et multitalentueux.

L'incroyable succès du Jockey Club

Vingt-trois mille entrées en 1993, soit quatre à cinq mille de plus que les deux années précédentes : encourageant ! Et pour la première fois beaucoup de jeunes et de groupies, avec des banderoles. Avec l'avènement de « Rodrigooooo », le phénomène ne peut que s'amplifier ! Genève bénéficie aussi de « l'effet finale 1996 », attribuée huit mois plus tôt aux Genevois, nous y reviendrons.

Douze des vingt meilleurs mondiaux sont présents en décembre 1993 à Palexpo, contre cinq seulement à Paris, qui a hélas à nouveau lieu aux mêmes dates. Le décor est plus chaleureux, de nouveaux espaces VIP plus accueillants ont été conçus, avec le concours d'Hermès, de Manuel et de Moët (1993) puis de Pommery (1994), avec l'aide de Jean-Marie Dubois. Grand ami de Genève, ce Français se bat alors pour la réussite de ce Genève new look, lui l'initiateur des bouteilles de Moët sur les podiums de Formule 1 ou encore du parrainage du premier cheval de saut, Morning Light, rebaptisé Moët en 1970 pour être confié à Pierre J. d'Oriola. Dans les années 1980, JMD constitue une véritable écurie de champions, autour de Nelson Pessoa, puis de Willi Melliger et de Markus et Thomas Fuchs. Jean-Marie Dubois mettra ensuite sa bonne humeur et son entregent au service des cavaliers

et du Jockey Club, une des grandes idées de Pierre E. Genecand. Bien vite, ce club de supporters géré par Martine Renaud puis, après la finale de 1996, par Anne Siegrist, réunit plus de 100 membres, qui tous contribuent pour une somme qui variera entre 2000 et 3000 fr. On peut parler de succès phénoménal et aujourd'hui Anthony Schaub, l'excellent responsable du Jockey-Club, doit refuser du monde. Il y a une liste d'attente et il est impossible d'accueillir chacun (135 membres en 2010).

Le Jockey-Club regroupe des supporters, dans le style des « clubs des 100 » qui fleurissent en football ou en hockey sur glace, mais avec un brin de classe en plus et surtout cette possibilité de concourir soi-même dans des épreuves-amateurs ou d'offrir cette chance à la personne de son choix. En même temps, comme déjà dit, cela offre l'avantage de bien faire la séparation entre ces petites épreuves et la grande compétition.

« Nous avons d'abord créé un Jockey-Club sans épreuves, puis nous avons proposé des parcours et ça a été un succès phénoménal. Les manèges genevois nous en voulaient de ne plus organiser d'épreuves pour eux, ils se sentaient encore un peu propriétaires du concours, même si celui-ci s'en était démarqué aux Vernets. Ils m'ont menacé de boycotter le concours, mais tout est vite rentré dans l'ordre, car ils ont vu que leurs clients adhéraient au concept du Jockey-Club », avoue Pierre E. Genecand. Comment se fait-il que ce concept n'ait pas fait école ? « Il est parfaitement adapté à Genève et à cette région et il y a aussi la magie de notre grande piste, à nulle autre pareille », avance-t-il.

Plusieurs épreuves-attractions font alors leur apparition – le Ladies Classic, un knock-out, un relais puis la chasse sans selle, en 1994 – et c'est une des tâches que m'a confiées d'entrée de jeu Pierre E. Genecand. L'un comme l'autre, nous pensons que le concours hippique est ludique. Comme pour un train électrique, il faut sans cesse en changer le circuit et le décor, pour lui redonner de l'attrait ! Il faut aussi se remettre en question, écouter le public et se renouveler : « Pas de copier-coller ! ».

Comme attractions pures, l'édition 1993 offre les adieux de l'olympique Gauguin de Lully CH, davantage d'élevage, du polo avec des matches-exhibitions du Club de Veytay, récemment créé par Yves Lüginbühl et proche du CHI, ainsi qu'une parade de Noël réunissant 200 cavaliers et 100 chevaux sous la baguette magique de Nicole de Rham, avec la complicité d'Antonella Joannou.

⇧ Martine Renaud (à dr.), dynamique responsable du Jockey Club jusqu'à la finale 1996, aux côtés de la non moins énergique et souriante Karen Stevenson, secrétaire du concours et personne importante du comité lors des premières années à Palexpo. Photo Team Reporters

Chapitre 10

En marche vers la finale

Le pari gagné des « collégiens »

En juin 1994, Gérard Turrettini remplace Yves G. Piaget à la tête de l'Association du CHI, qui on l'a dit regroupe amis et supporters du concours. L'association délègue l'organisation à un comité. Plus qu'un organe de contrôle ou une amicale, l'association est d'abord un soutien pour les organisateurs. L'harmonie entre l'association et le comité est indispensable. La passation de pouvoirs se fait lors de l'assemblée générale 2004, le 22 juin. Yves. G. Piaget, mentor du concours depuis 1975, est alors nommé membre d'honneur, tout comme Michel d'Arcis, président de l'édition 1987 après avoir été vice-président – il reviendra au comité à la fin des années 1990 pour aider à l'introduction du dressage –, Jean Auvergne, vice-président et trésorier à l'époque des Vernets, et Guillaume Pictet, membre du comité durant de nombreuses années.

Homme de cheval, cavalier, éleveur passionné et spectateur assidu du CHI-W depuis son plus jeune âge, fils de l'ancien président Robert Turrettini, Gérard Turrettini est l'homme idéal pour reprendre le flambeau. Entouré de Carol Maus, de Pierre Brunschwig, de Jean-Marc Pradervand et de Pierre-Alain Rattaz, il est bien décidé à travailler en harmonie avec tout le comité et le triumvirat à sa tête, alors composé de Pierre E. Genecand, Pierre Mottu et moi. Gérard Turrettini déclare alors: «*Le CHI représente tous les fantasmes d'un cavalier amateur comme moi, car on y trouve tout ce que l'on rêve d'y voir. Je félicite Pierre E. Genecand et son équipe qui ont su transfor-*

mer le concours en spectacle, faisant preuve d'une grande capacité d'adaptation et d'innovation. Nous les aiderons donc de notre mieux». Dix-sept ans plus tard, Gérard Turrettini est toujours en place. La passion, là encore !

1994, année de transition ou de consolidation?

Le comité de 1994 compte 27 membres dont 5 sont encore à leur poste aujourd'hui: Thierry Eissler, Jean-Claude Jacquet, Christine Lucain, Christian Mathys et votre serviteur. 1994, c'est la dernière édition avant la finale.

⇧ En avril 1993 à Göteborg, Genève décroche la finale de la Coupe du monde de saut 1996. Toute la joie de Pierre E. Genecand (2e depuis la g.), Karen Stevenson, Christian Colquhoun et Alban Poudret, apparemment partagée par le président de la Commission Coupe du monde, le champion olympique William C. Steinkraus (à g.), et par le créateur et directeur de la Coupe du monde de saut, le Suisse Max E. Ammann (à dr.).
Photo Jan Gyllensten

⇦ Beat Mändli, 2e du GP Coupe du monde Volvo avec Joyride en 1994.
Photo Jacques Toffi

⇨ La piste de Palexpo au milieu des années 1990, avec le Jockey Club au premier plan et le restaurant-terrasse à l'opposé, sous les fameux « chapeaux » de l'époque.
Photo Team Reporters

Un concours de transition ? Peut-être ! Le vainqueur du Grand Prix, le Britannique James Fisher, est sans doute moins prestigieux que ses prédécesseurs, mais un cavalier élégant. Il faut préciser que la participation est *« la plus belle vue dans la Cité de Calvin depuis longtemps »* (Le Cavalier Romand). Malgré la concurrence de Paris (la FEI n'avait toujours rien pu faire…), 7 des 10 cavaliers du Top 10 (le classement mondial devient

alors petit à petit une référence) sont à Palexpo.

Beat Mändli est 2e du Grand Prix avec sa pétulante Joyride et les Suisses ne gagnent pas moins de 7 épreuves. C'est ainsi que Markus Fuchs s'adjuge le Grand Prix Credit Suisse avec Goldlights. 1994, c'est aussi la victoire de la Sud-Africaine Gonda Betrix dans le Ladies Classic et le come-back réussi de sa compatriote (ex-Britannique) Anneli Wucherpfennig (Drummond-Hay), vingt-quatre ans après sa dernière apparition et ses triomphes à l'ancien Palais.

Vingt-six mille personnes vivent cette fête : un record depuis longtemps ! La presse salue la réussite de cette édition. Ainsi Yves Hilaire dans *Le Figaro* : « *Le retour en masse des spectateurs témoigne du regain d'intérêt pour le CSI. Mais ce public, signe des temps, a des exigences neuves et l'un des bons réflexes de l'équipe genevoise a été de les percevoir (nouvelles épreuves, mise en scène, etc.). (…). L'avènement de Genève dans le 'gotha équestre' paraît inéluctable. Les comités équestres européens feraient bien de venir se ressourcer dans la Cité de Calvin. Pour s'inspirer d'une démarche bien pensée n'excluant nullement, autre nouveauté dans le monde équestre, une porte ouverte sur la fantaisie.* » Un bel hommage de notre regretté confrère envers l'équipe genevoise, en route vers la finale.

Jean-François Fournier renchérit dans *Le Nouveau Quotidien* : *Mention pour un public record, mention pour l'équipe, « qui a encore progressé », pour reprendre les mots de Max Ammann, le directeur de la Coupe du*

⇨ A Palexpo, au début des années 1990, Paul Weier (à g.) a pris la direction des opérations, mais Daniel Aeschlimann (à dr.), longtemps n° 1 aux Vernets, le seconde volontiers : c'est aussi ça, être un vrai chef de piste !
Photo Geneviève de Sépibus

monde, qui ajoutait : « Genève est désormais prête pour le grand rendez-vous d'avril 1996 et les cavaliers ne se sont pas trompés en l'élisant deuxième rendez-vous indoor de l'année. On saluera aussi leur généreuse politique des prix (...) et leurs innovations ».

La victoire des « collégiens » !

La préparation pour la grande finale de la Coupe du monde Volvo de saut 1996, la première jamais organisée à Genève et en Suisse, bat alors déjà son plein. Pierre E. Genecand avait pensé à la finale dès le transfert du concours à Palexpo, l'annonçant déjà au soir de l'édition 1991 et posant sa candidature l'année suivante. Et, en avril 1993, la petite délégation genevoise – Pierre E. Genecand, Christian Colquhoun, Karen Stevenson et moi – envoyée à Göteborg pour défendre la candidature genevoise obtient le précieux sésame, à la surprise générale.

Paris, qui avait déjà organisé une belle finale en 1987 et peut compter sur de sérieux appuis (Jacinte Giscard d'Estaing a une belle lettre de Jacques Chirac dans sa serviette), Millstreet, soutenu par un richissime mécène, et Canberra, largement supporté par le tourisme australien, semblent avoir une longueur d'avance, mais, avec leur fougue et leur insouciance de collégiens, les p'tits Suisses gagnent. Je revois encore Max E. Ammann sortant de la salle et s'avançant tout tranquillement, avec sa canne, vers

➭ Jean-Marie Dubois, pionnier du sponsoring (les bouteilles de Moët en Formule 1, c'est lui !), grand ami du concours hippique, des Pessoa et de Genève. Le voici avec les hôtesses du Jockey-Club, en 1994. Plusieurs de ces jeunes demoiselles sont devenues membres du comité (Fabienne Burrus (au centre) et Valérie Renggli, alors Jacquet, tout à dr.).
Photo Team Reporters

➭ Le tennisman genevois Marc Rosset, sacré champion olympique en 1992 à Barcelone, a assisté plusieurs fois aux épreuves de Palexpo, tout comme le feront plus tard Manuela Maleeva-Fragnières, alors dans le top 10, ou Martina Hingis, n° 1 mondiale, sans parler de Guy Forget ou d'Arnaud Boetsch, directeur du sponsoring chez Rolex.
Photo LDD

nous, en ménageant le suspense avant de nous tendre la main en lançant un « bravo ». Le simple fait qu'il se dirige vers nous et pas vers nos adversaires et amis aurait dû nous mettre la puce à l'oreille, mais ce « bravo » sonna comme une délivrance. La joie qui suivit n'en fut que plus belle.

Nous avions préparé cela en équipe et nous avions gagné. Max E. Ammann nous confiera

plus tard que, face aux autres candidats, tous défendus par une seule personne, notre team avait sans doute impressionné et fait la différence par son esprit d'équipe. Que de fous rires en répétant nos textes en anglais ! Avez-vous simplement essayé de dire : « Volvo World Cup » à l'anglaise ?

« Je n'avais jamais préparé un examen avec autant de soin et ce genre de concours semble mieux me convenir que les études ! », lancera, hilare, Pierre E. Genecand. Élève habitué au fond de la classe et au radiateur, je pourrais dire la même chose ! Nous fêtons cela avec un bon repas. Christian Colquhoun nous propose alors de faire un tour en montgolfière, le lendemain à l'aube. Je suis le seul à prendre le ballon au bond et n'oublierai jamais ce départ à 6 h du matin, au lever du soleil, sur un sol gelé, puis cette douce escapade de quelques heures sur de petits villages suédois et les îles longeant la côte, au nord de Göteborg. Sublime !

Durant les trois années nous séparant de la finale, Pierre E. Genecand s'éloignera de Christian Colquhoun et Karen Stevenson sera remplacée par Martine Fekete-Forrer, qui poursuivra ensuite sa route à la FEI et au Musée olympique (Vicki Baumann lui succédera après la finale et sera plus tard aussi embauchée à la FEI : un cursus logique ?).

De son côté, Christian Colquhoun continuera à gérer une partie du budget, sous le contrôle de Pierre Mottu, à qui Pierre E. Genecand et moi-même avaient demandé de venir renforcer l'équipe dirigeante. Avec son tact, son

➭ Les premières « hola » de Genève datent de 1994 : knock-out, Six-Barres, Masters, chasse sans selle, les épreuves-attractions ont toutes eu leurs moments de folie et de communion !
Photo Team Reporters

entregent et son efficacité, Pierre Mottu apportera beaucoup à la manifestation, développant des relations privilégiées avec la Ville de Genève, le canton et certains sponsors, Rolex notamment. Il l'avait bien dit en acceptant, « *ce sera un 'one shot', pour la Finale, après je tire ma révérence* », et le notaire genevois a hélas tenu promesse. Quatre ans plus tard, c'est sa fille cadette, Sophie, qui prendra le relais et apportera tout ce que l'on sait au CHI. Une belle histoire vous en amène une autre… Décidément, « *Rien ne se perd, tout se transforme* ».

Quand Genève communique

Une finale, ce n'est pas une mince affaire. Le budget de celle de 1996 s'élève à plus de trois millions de francs, dont 630 000 fr. et une Volvo comme dotation de la finale à proprement parler, et sans compter ce que le sponsor principal de l'événement, les montres Rolex, met pour la communication. De nombreuses publicités et de somptueuses plaquettes de 16 pages, en français, anglais et allemand, différentes selon les pays (les photos varient en conséquence) et conçues avec le talentueux graphiste Jérôme Bontron, sont encartées dans de grandes publications équestres du monde entier. Hormis pour les Jeux mondiaux de Rome 1998 peut-être, on n'a probablement plus jamais vu un tel effort promotionnel et Genève en a grandement bénéficié. Et, quand on dit Genève, on entend aussi la Ville et le canton, toute une région. Pierre E. Genecand tentera alors de prouver l'impact économique d'un tel événement, qui apporterait plus de trente millions à la région.

On décide en outre de professionnaliser la billetterie, en faisant appel à une société spécialisée, Ticket Corner. La souriante Dagmar Tschopp, rencontrée en faisant une randonnée à mulet à travers les Alpes, prendra la place du jovial Philippe Rappaz, qui a fait un travail incroyable, « *en assurant le tout sur la table de la cuisine et en répondant à toutes les petites demandes spéciales des dames d'un certain âge* ». Celui-ci reprendra plus tard le dicastère des fêtes et animations de fin de soirées, qui lui ressemble sans doute davantage. Le « Shérif » Jacques-Daniel Odier gère toujours la sécurité « maison » avec autorité, stetson et étoile de service !
Le dernier membre du comité qui provient de L'Etrier et garde un lien avec l'équipe de l'an-

cien Palais, où il était chargé du protocole et des prix, c'est le délicieux Egon Kiss-Borlase, trésorier du concours et toujours en charge de la partie comptable en 2011, à 74 ans. Ce livre ne prouve-t-il pas l'importance de garder des liens avec ses racines ?

L'organisation se professionnalise, tout en reposant encore et toujours sur le bénévolat. La perspective de cette finale et sa réussite tireront incontestablement la manifestation vers le haut, dépassant toutes les espérances, avec ce duel final entre E. T. et Calvaro et ce fantastique écho médiatique, incomparable avec celui d'une édition normale.

⇦ Une belle attraction présentée par Nicole de Rham et plus de 100 figurants en 1994 : un conte de Noël très coloré !
Photo Jacques Toffi

⇧ Gérard Turrettini est porté à la présidence de l'Association du CHI-W en 1994. Le voici aux côtés d'un grand ami auquel il confiera plusieurs chevaux de son élevage de Boisy, le champion de France Jacques Bonnet (à g.).
Photo Team Reporters

⇦ Le Britannique James Fisher, vainqueur surprise du GP Coupe du monde Volvo 1994, le dernier avant la grande finale de 1996. Il monte Bowriver Queen.
Photo Jacques Toffi

Chapitre 11

Une finale et un duel de rêve
1996 restera dans les annales

La finale de la Coupe du monde Volvo de saut d'obstacles 1996 se déroule du 17 au 21 avril : sonnez trompettes, roulez tambours des Vieux Grenadiers ! C'est l'Helvétie qui reçoit le monde, on entonne le Ranz des vaches et des groupes entiers sont venus d'Interlaken et du lac des Quatre-Cantons pour donner une note folklorique à la fête. Il y a même des vaches sur la piste, et elles reviendront quatorze ans plus tard, pour les finales 2010.

Les Américains et les cavaliers exotiques dits du « rest of the world » apprécient. Ils sont épatés par les « facilities », comme on dit outre-Atlantique : les écuries et les camions sous le même toit, l'hôtel tout à côté et l'aéroport aussi ! Comme l'écrira Roger Jaunin dans *Le Matin*, l'un d'eux lance : « *Vous avez même un aéroport dans votre parc d'attractions ?* ». Les Américains, c'est bien connu, sont de grands enfants. « *Et ceux qui, débarqués avec chevaux et palefreniers sur le tarmac de Cointrin, se sont réjouis des exceptionnelles conditions de confort qui leur sont offertes pour cette finale Coupe du monde de saut d'obstacles.* »

Et Roger Jaunin de poursuivre : « *C'est qu'à Palexpo, mieux que partout ailleurs, on mesure à quel point l'immensité du complexe, en même temps que sa proximité avec les pistes de Cointrin, a joué en faveur d'une organisation que les meilleurs cavaliers du monde, venus tout de même des quatre coins de la planète, jugent « unique », tout simplement. Australiens,*

Américains, Japonais, sujets de Sa Très Gracieuse Majesté, mais Européens aussi, jurent n'avoir jamais découvert pareil décor pour une épreuve indoor. Les compliments fusent et il ne se trouve que les chevaux – auxquels il ne manque décidément que la parole – pour ne pas couvrir de louanges les organisateurs genevois, par extension la Suisse entière (…) », lit-on encore dans *Le Matin*.

A pied, du tarmac aux écuries

Un énorme Jumbo-cargo de Lufthansa s'est posé sur la piste de Cointrin. A bord, pas moins de 23 chevaux américains et cana-

⇧ L'arrivée des chevaux nord-américains pour la finale de la Coupe du monde 1996, sur le tarmac de Cointrin, à 200 m des écuries : « *Vous avez un aéroport privé pour le concours hippique ?* », demandera un propriétaire américain !
Photo Alban Poudret

⇦ Doubles champions du monde, l'Allemand Franke Sloothaak et sa grande jument à l'œil vairon San Patrignano Weihaiwej, 5es au final, ne seront pas très chanceux. Une barre de moins sur le dernier tour et ils gagnaient cette finale 1996 ! A quoi ça tient !
Photo Jacques Toffi

⇨ Ernest Scherz, le responsable en chef des écuries durant toutes les années à Palexpo après avoir déjà secondé MM. Pradervand, Baumgartner, Veuillet, et cie aux Vernets, décharge lui-même les chevaux nord-américains sur le tarmac de l'aéroport. Presse et TV (le TJ, quasiment en direct !) sont présents : c'est l'événement !
Photo Alban Poudret

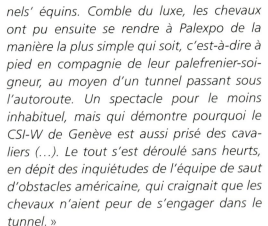

⇩ Le comité est fin prêt, la finale 1996 peut commencer ! Au 1er rang (de g. à dr.), Christian Colquhoun, Pierre-Alain Rattaz, Pierre Mottu, Pierre E. Genecand, Alban Poudret et Martine Renaud ; au 2e rang, Nicole Jaquerod, Alec Tournier, Martine Fekete-Forrer, Dagmar Tschopp, Gérard Turrettini et Olivier Tschanz, au 3e rang Ernest Scherz, Natalie Cornaz, Barbara Zwahlen Bichsel, Laurent Hirt et Christine Lucain, et plus au fond Jacques-Daniel Odier dit « le Shérif », Bernard Bühler, France Bussy, Jean-Claude Jacquet, Pierre Brunschwig, Roland de Siebenthal, Christine Jacot, le Dr Pierre-A. Chuit et Thierry Eissler.
Photo Aldag-LDD

diens, accueillis dans les meilleures conditions possibles : rien n'est trop bon pour les stars du saut d'obstacles mondial ! (…). Dans *Le Cavalier Romand* Madeleine Brot écrit : « *Placés par deux dans des sortes de caissons fermés dont l'intérieur ressemble à des stalles conventionnelles de transport en camion, ils sont apparus fringants sur le tarmac après avoir embarqué à Miami. A vrai dire, ils semblaient fort peu perturbés par le bruit assourdissant des réacteurs et leur nouvel environnement. De vrais 'profession-*

nels' équins. Comble du luxe, les chevaux ont pu ensuite se rendre à Palexpo de la manière la plus simple qui soit, c'est-à-dire à pied en compagnie de leur palefrenier-soigneur, au moyen d'un tunnel passant sous l'autoroute. Un spectacle pour le moins inhabituel, mais qui démontre pourquoi le CSI-W de Genève est aussi prisé des cavaliers (…). Le tout s'est déroulé sans heurts, en dépit des inquiétudes de l'équipe de saut d'obstacles américaine, qui craignait que les chevaux n'aient peur de s'engager dans le tunnel. »

« *Le transport et l'arrivée se sont passés à merveille et nous sommes impressionnés par l'accueil qui nous a été réservé à l'aéroport comme dans les écuries de Palexpo* », déclare Sally Ike, déjà directrice de l'équipe américaine (UEST) à l'époque à Madeleine Brot, notre ex-bras droit officiant cette fois-ci pour le quotidien de la finale (une nouveauté là aussi, reprise avec compétence par *L'Hebdo* à partir de 2008) et future journaliste de la TSR. En 2010, législations de toutes sortes obligent, il ne sera hélas plus possible de faire atterrir des chevaux à Genève.

Quand ils arrivent aux écuries, les Américains et autres extra-continentaux ne sont pas déçus non plus ! Ernest Scherz, qui était déjà de l'équipe aux Vernets, est aux commandes. Avec son équipe, il a préparé un hôtel 5 étoiles pour les chevaux. Et les grooms sont conquis par l'ambiance. Raclette, jambon à l'os et saucisse à rôtir « made in Ferrara » (Pascal dit « Mancinelli » et sa femme, Nelly, sont aux fourneaux). Tout, de l'accueil aux écuries, jusqu'aux repas, en passant par l'attention du staff, jour et nuit, satisfait les grooms, qui se sentent dorlotés. Et, quand les grooms sont heureux, cela rejaillit forcément sur le moral des cavaliers. Ernest Scherz œuvrera durant plus de vingt-cinq ans et dix-huit ans comme chef, avant de transmettre le relais à sa fille Anastasia, fin 2010. Et Ernest reste forcément toujours un peu là.

La piste est plus belle et fleurie que jamais. Paul Weier a prêté et même fabriqué du matériel de circonstance : des obstacles très suisses et folkloriques, et d'autres représentant les autres nations : tour Eiffel, cabines téléphoniques anglaises, devanture de bar western, mappemonde : c'est bien la Coupe du monde qui se joue à Geneva Palexpo ! Tout est donc en place pour que le sport soit grandiose et il le sera.

Une dramaturgie incroyable

Quelle chance de vivre une telle finale, notamment le dernier acte, digne d'une dramaturgie pleine de rebondissements. Pour les 10 400 personnes présentes dans la salle, comme pour les téléspectateurs du monde entier ! Ce dimanche 21 avril 1996 est encore bien présent dans nos mémoires. Notamment ce barrage, ce duel incroyable entre David E. T. et Goliath Calvaro. Le public qui, comme au théâtre, se lève comme un seul homme pour saluer l'audace, le talent et la victoire d'Hugo Simon, qui vient de couper devant le lac, avec son minuscule E. T. L'Autrichien vient pourtant de priver Willi Melliger et la Suisse tout entière d'un premier sacre en Coupe du monde. Pas chauvin pour un sou ce public, admiratif tout simplement ! Il avait du reste encouragé avec entrain et dans un même élan Suisses, Japonais ou Américains…

Et que de drames aussi, au sens théâtral du terme là encore, avec l'effondrement d'un jeune Brésilien de 23 ans plein de fougue, Rodrigo Pessoa, en tête avec 9,5 pts de

⇨ Willi Melliger avec son fils Kevin, membre de l'équipe suisse junior aux Européens 2011.
Photo Jacques Toffi

⇨ L'équipe du start, placée sous la direction de Jean-Marc Felix (à g.), fidèle au poste durant des décennies, à l'image de Roger Ryser (au centre), actif du Palais des Expositions jusqu'au 50e et au-delà.
Photo Team Reporters

marge et piégé par la dernière ligne compliquée (triple-oxer) placée par le diabolique – ou génial, c'est selon – Paul Weier ! Un Weier qui avait imaginé un tel scénario, parlant même d'un barrage la veille alors que Rodrigo avait une belle marge sur ses rivaux. Mais voilà Loro Piana Tomboy qui grimpe sur les sauts, soulève tout son corps loin au-dessus des barres mais sans trop replier ses antérieurs, comme un ascenseur. Au milieu du triple, il redescend tellement fort que Rodrigo

⇨ Deux (amiraux !) Nelson et deux Brésiliens de grande renommée réunis lors de la finale 1996, Nelson Pessoa et Nelson Piquet, trois fois champion du monde de Formule 1, alors propriétaire d'Aspen, le cheval médaillé olympique à Atlanta et à Sydney avec Doda de Miranda Neto.
Photo Team Reporters

est un peu éjecté de la selle et les deux incapables de s'en sortir sans encombre : fautes et volte à la sortie…

Rodrigo qui pleure tout son saoul devant les écuries, dans les bras de son père, non loin du pilote de Formule 1 Nelson Piquet, venu soutenir « son » cavalier, Doda de Miranda Neto, abattu également par ce coup du sort. Un Rodrigo qui fera preuve de beaucoup de sang-froid, de lucidité et de grandeur d'âme quelques minutes plus tard lors de la conférence de presse : « *C'est dur, bien sûr, de perdre de la sorte, mais j'ai encore beaucoup d'années devant moi et c'est à la fois bien pour Hugo Simon et pour les organisateurs, qui méritaient un aussi beau final* ».

De cette défaite Rodrigo Pessoa saura faire un tremplin, remportant ensuite coup sur coup les finales 1998, 1999 et 2000 avec Baloubet du Rouet. Un exploit qui fait de lui l'égal d'Hugo Simon, de Meredith Michaels Beerbaum et de Marcus Ehning, seuls autres cavaliers à avoir soulevé trois fois la Coupe.

Et si Willi Melliger ne pourra jamais prendre sa revanche en Coupe du monde, ses deux médailles d'argent olympiques glanées avec Calvaro V et ses quatre titres européens (un en individuel) en font aussi un géant. La Suisse remportera ensuite deux finales de Coupe du monde, grâce à Markus Fuchs sur Tinka's Boy en 2001 et à Beat Mändli sur Idéo du Thot en 2007.

Hugo Simon, l'éternel prétendant

On repense à la joie d'Hugo Simon… « *Joie de monter, joie de jouer et de gagner, détermination et punch hors normes, Hugo Simon a déjà 53 ans et des poussières (il est même le vétéran de cette finale) et encore… quinze ou vingt ans de carrière devant lui. Quel est le secret de cette éternelle jeunesse, de cette envie d'aller toujours plus loin ?* », écrit Sophie Kasser-Deller dans *Le Cavalier Romand*. Et son minuscule E. T. (160 cm), habité d'une telle vivacité et envie de bien faire, souple et crocheur, à l'image de son cavalier, si petit mais si volontaire… Pour acheter E. T., Hugo Simon avait du reste dû se montrer particulièrement persuasif « *J'avais dû dépenser une fortune, au point que j'avais l'impression d'avoir acheté toute l'écurie et les installations avec ! Et, en plus, j'avais dû convaincre une dame jusqu'à une heure du matin (!)… alors que j'avais trente personnes qui m'attendaient pour manger à la mai-*

son… », confiera-t-il. Hugo Simon, c'est la volonté, la soif de vaincre, qui se voit même sur sa robe de chambre où figurent ses initiales ! *Idem* sur les fers forgés de la villa ! « *Il aime vous accueillir, se raconter, il est très exubérant ; en fait, il a un vrai besoin que l'on parle de lui* », sourit Xavier Libbrecht, l'éditeur-rédacteur en chef de *L'Eperon*.

1996, c'est loin. Quand on pense à tout le chemin parcouru par un Rodrigo Pessoa ou même par un Markus Fuchs, alors encore loin d'imaginer devenir un jour n° 1 mondial (à cette époque-là, il était d'abord « le frère de » et souvent le réserviste de service) et qui a pris sa retraite de cavalier pour coacher les Italiens, de 2009 à 2011, on se dit que beaucoup d'eau a coulé depuis dans le lac de Palexpo. Même si Hugo court toujours, à 69 ans. Tout s'est accéléré, le monde est devenu beaucoup plus professionnel, exigeant et compliqué, l'argent y a encore plus d'importance.

Jamais, semble-t-il, on n'avait encore assisté à une finale de Coupe du monde avec autant de rebondissements et de drames, le tout sans conséquences néfastes pour les chevaux ou les cavaliers. Metteur en scène de génie, véritable chef d'orchestre de cette finale 1996, Paul Weier traînait encore comme une casserole sa dernière ligne de la finale 1986 de Göteborg, mais il fit cette fois-ci l'unanimité à son profit, tant à Genève, que huit mois plus tôt à St-Gall, lors des Européens 1995. Totalement réhabilité, le sorcier-magicien !

⇦ Paul Weier, chef de piste et artisan décisif de la grande réussite de cette finale 1996. Le multiple champion de Suisse de saut, dressage et complet, a beaucoup de cordes à son arc.
Photo Team Reporters

⇦ Thierry Eissler, le très sympathique et dynamique responsable de l'équipe de piste, et « son » obstacle de l'aéroport.
Photo Team Reporters

⇦ La joyeuse équipe de la piste se ménage aussi quelques plages de récupération et d'amitié. Parfois au petit matin !
Photo Geneviève de Sépibus

⇦ Toute la fougue – et toute la joie – d'Hugo Simon et de son vaillant petit E. T. dans ce tour d'honneur endiablé. Malgré la défaite de « leurs » Melliger et Calvaro V, les spectateurs, debout, sont conquis par l'audace des vainqueurs, qui remettront ça l'année suivante à Göteborg.
Photo Jacques Toffi

Ces champions qui ont marqué Genève

CALVARO V, UN MONUMENT

Incroyable colosse blanc aux pieds d'argile, Calvaro V a fait rêver la planète cheval durant sept ans. Deuxième de la finale de la Coupe du monde 1996, 2e des JO 1996 à Atlanta, 2e encore, mais par équipe aux JO de Sydney 2000, champion d'Europe par équipe et 3e en individuel en 1995, victorieux de Grands Prix très prestigieux, il n'a pas souvent décroché l'or, mais le n° 1, pour beaucoup, c'était lui, ce géant si fascinant, puissant et fragile à la fois. Ce Pégase blanc, dieu des stades équestres, est mort à 17 ans et demi.

La fin des années 1980 avait été marquée par les fabuleux duels entre Jappeloup et Milton ; les années 1990 ont eu droit à des matchs de toute beauté entre Calvaro V et E-T. Des duels tout aussi contrastés et poignants, même si d'autres s'en sont mêlés. Après le blanc et le noir, le géant et le lilliputien ! Deux chevaux avec des morphologies et des styles si différents, des poids allant du simple au double, des tailles si incomparables que l'on ne verrait pas cela dans beaucoup d'autres sports.

Calvaro V, hongre holsteiner gris fils de Cantus, était arrivé à 8 ans à Neuendorf. Acheté – sur vidéo ! – en septembre 1994 au marchand allemand Axel Wöckener, Calvaro V a fait le bonheur de Willi Melliger durant sept ans. Il a décroché de l'or (équipe) et du bronze aux Championnats d'Europe de St-Gall en 1995, de l'argent à la finale de la Coupe du monde 1996 à Genève, de l'argent encore aux JO d'Atlanta (individuel), du bronze aux Européens 1997 (individuel), la 4e place finale mais la 1re place de la « tournante » aux Jeux mondiaux de Rome 1998, de l'argent aux Européens de Hickstead 1999, de l'argent encore aux JO de Sydney 2000 (par équipe), grâce à un double sans-faute déterminant, la 4e place à la finale de la Coupe du monde 2001, sa dernière épreuve.

Grâce à ses exploits, Willi Melliger fut le premier Suisse à devenir n° 1 mondial, en 1999. Calvaro V a remporté tant d'épreuves, dont les Grands Prix de Zurich, de Brême et de Paris, le Derby de Vienne, etc. Gêné par sa grande stature, il n'était pas forcément le plus rapide au barrage, mais souvent double sans faute. Willi Melliger avait déjà été

Calvaro V, le géant gris de Willi Melliger, aura fasciné le monde entier, pas seulement par ses victoires et ses médailles, mais par sa taille, son aisance et sa prestance. Photo Geneviève de Sépibus

Dessin de Françoise Joho.

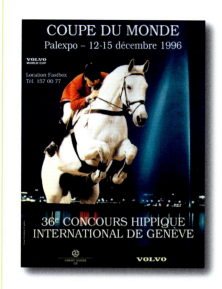

sacré champion d'Europe individuel en 1993 avec Quinta C et il aura brillé avec des dizaines de chevaux, mais ce sont les exploits réussis avec Calvaro V, les deux médailles olympiques et les parcours impressionnants d'aisance réussis avec lui, qui ont fait de Willi Melliger un champion. Qualifié pour la 1re finale du Top 10 Rolex Gandini en 2001 en partie grâce à Calvaro V, forfait à cause de douleurs dorsales, Willi Melliger n'a plus eu ensuite l'occasion de disputer cette finale et de faire partie de ce club très fermé.

Ce cheval si magnétique a permis au Soleurois d'être adulé et récompensé un peu partout durant sept ans. « *Il volait et j'avais l'impression que rien ne pouvait lui arriver* », dira Willi Melliger. Entre les Jeux d'Atlanta et ceux de Sydney, tous deux ponctués d'une médaille d'argent, Willi Melliger recevait chaque année trois à quatre mille lettres, presque toutes adressées au cheval (« Calvaro V, Neuendorf, Suisse », ça suffisait !), des centaines de dessins et des kilos de carottes.

A Genève, après sa magnifique 2e place à la finale de la Coupe du monde 1996, le public de Palexpo s'était levé. Comme un seul homme. A Zurich ou à Vienne, après ses victoires, ce fut aussi du délire, mais le plus incroyable, ce fut la ferveur qui l'entoura lors de ses adieux, en février 2002 à Zurich. Un simple tour de piste, qui frôlait l'hystérie, chacun voulant l'approcher, le toucher, comme s'il s'agissait d'une pop-star. En voyant des centaines de jeunes, d'enfants le ceinturer d'un peu près, on a craint l'incident… Calvaro V, l'inquiet, le nerveux susceptible, est pourtant resté impassible. Le géant s'était un peu tassé, mais le grand sensible avait sans doute aussi compris que ces gens-là l'aimaient.

La piste, la vraie, celle où l'on montre de quoi l'on est capable, Calvaro V l'avait quittée en avril 2001 à Göteborg. Il avait fini par un double sans-faute, le seul du dimanche, remontant ainsi à la 4e place de la finale de la Coupe du monde 2001. Mais ce jour-là la presse n'avait d'yeux que pour le vainqueur, Tinka's Boy, l'étalon de Markus Fuchs. Calvaro V a ensuite été victime de coliques à répétition, il a été opéré, a souffert et il est ainsi parti sur la pointe des pieds, lui le colosse aux pieds d'argile. Il avait été décidé que le géant gris finirait ses jours à Riaz (FR), à La Baumetta, dans les superbes installations de son propriétaire, Hans Liebherr, mais il a fallu y renoncer. Melliger précise : « *Calvaro V était trop nerveux, trop faible aussi, le changer d'environnement aurait été une source d'angoisse supplémentaire pour lui, et monsieur Liebherr l'a très bien compris* ».

Etait-il fait pour la retraite, lui le battant, le fier et nerveux destrier ? Sans doute pas. « *Il n'a jamais apprécié de rester longtemps au pré. Il est trop nerveux pour cela, même la compagnie des autres chevaux le stresse* », précise Melliger. Et si sa raison de vivre à lui, c'était justement les parcours et les difficultés à maîtriser, les foules à subjuguer ? La nature ne lui avait pas seulement donné vingt centimètres de plus, mais aussi une prestance et une aisance hors du commun. Il nous arrive de nous demander s'il n'est pas fou de faire sauter tout ça aux chevaux, mais, en repensant à la carrière de Calvaro V, on se dit que celui-là n'était jamais mieux que sur les barres. C'est là-haut, tout là-haut, qu'il rejoignait une certaine forme de sérénité, de plénitude.

⇧ En avril 1996, Ulrich Kirchhoff et Jus de Pomme sont encore inconnus du grand public. Leur belle 13e place à la finale constitue alors la plus grosse surprise – avec le 7e rang de la toute jeune Malin Baryard. Deux mois plus tard, Kirchhoff sera sacré champion d'Allemagne et... quatre mois plus tard double champion olympique à Atlanta.
Photo Jacques Toffi

⇨ Lesley McNaught, 2e de la finale de la Coupe du monde Volvo 1992 et souvent finaliste, classée 11e à Genève avec Dudley (photo) et Alex H.
Photo Jacques Toffi

De belles découvertes !

Cette finale, c'est aussi la découverte du futur champion olympique Ulrich Kirchhoff, que sa 13e place propulsera vers les titres germanique et surtout olympique avec Jus de Pomme, mort tragiquement au retour d'Atlanta. Ou encore celle d'une jeune Suédoise de 21 ans, Malin Baryard, 7e de la finale avec H & M Corrmint et qui s'adjuge encore trois épreuves de vitesse avec un ravissant bai près du sang. Le public est séduit par la jeunesse de Malin, son charme, son élégance, son naturel et son punch ! Du côté suisse, derrière Melliger, Urs Fäh, 7e le dimanche, est 15e au final – il fera aussi de magnifiques JO (5e) dans la foulée avec Jeremia. Ludger Beerbaum s'adjuge avec Gaylord le Grand Prix Credit Suisse, une épreuve de combinaisons comme on n'en voyait plus depuis vingt ans, relancée cette année-là et qui figure régulièrement au programme depuis 2004.

Décor et décorum, obstacles originaux, mise en scène, speakers vibrants et variés, à Genève, on mise sur le côté théâtral de ce sport, on soigne ces détails là et on en est souvent récompensé. Les attractions rehaussent encore le tout. Merveilleuse, la disponibilité des gens d'Interlaken et d'ailleurs, avec leurs costumes et leurs masques, leurs drapeaux, leurs cors des Alpes. Emouvant de voir tous ses groupes folkloriques se mobiliser pour la fête. Et décevant de constater qu'une bonne partie du public n'y est pas franchement sensible : un manque d'ouverture, de cœur ? Je me revois perché sur un tabouret, en train de consoler ces troupes, déçues, voire écœurées, prêtes à rentrer à la maison, en leur promettant un meilleur public pour le lendemain ! On les associera alors aux attelages et le public, cette fois-ci, appréciera ! Nathalie Vo-Doan gère alors tous ces groupes folkloriques aux tempéraments différents avec beaucoup d'enthousiasme et de doigté. Le Haras national d'Avenches est aussi de la partie et la joyeuse équipe du Cabaret équestre donne une note plus relaxe à la fête. En prime de l'attelage, avec les meilleurs Suisses d'alors, MM. Ulrich, Meister, Martin et cie.

Des images au service du sport

Plus de 50 000 spectateurs au total des neuf sessions, un bon audimat à la télévision, en Suisse comme ailleurs, cette finale est une excellente promotion pour le saut d'obstacles. Les fabuleuses images de la Télévision Suisse Romande et de son producteur Charles-André Grivet, relayées sur près de 40 chaînes et, pour la première fois, dans la salle par un écran géant (Aix-la-Chapelle suivra le mouvement et en offrira un, puis deux, à son public à partir de juillet 1996), tout cela contribue à l'exceptionnelle réussite de l'événement. Pour la première fois aussi, la TSR utilise le « super-ralenti », qui renforce encore « *le côté télégénique du saut d'obstacles lorsqu'il est bien filmé* », comme l'écrit alors Madeleine Brot dans le *Journal de Genève et Gazette de Lausanne*.

A propos de télévision, rappelons que la FEI avait eu le tort de tourner le dos à l'EBU (European Broadcasting Union), qui a pourtant son siège à Genève, se privant ainsi de la plupart des chaînes nationales, qui avaient pourtant encore suivi les finales du début des années 1990 avant de tourner le dos à l'équitation. Notre sport n'était pas suffisamment fort pour subir un tel choc. Ce fut la fin des retransmissions en direct sur de grandes chaînes comme Antenne 2 (devenue ensuite France 2) ou FR3… Comme la chaîne allemande DSF était devenue l'interlocutrice de la FEI, cela limitait les dégâts dans le plus grand pays équestre d'Europe, mais ARD et ZDF allaient aussi mettre des années avant de revenir dans le giron équestre, et encore, sous conditions, des problèmes de dopage apparaissant ici ou là.

En Suisse, grâce au soutien quasi inconditionnel de la Télévision Suisse Romande, devenue Radio Télévision Suisse aujourd'hui, désireuse de soutenir les trois ou quatre grandes manifestations sportives romandes (Athletissima, le Tour de Romandie cycliste, le CHI-W, et partiellement aussi le golf à Crans), on limita les dégâts, la TSR ne faisant pas peser sur les épaules du CHI les erreurs de la FEI. Et, sur le terrain, la collaboration avec DSF fut bonne malgré tout. Les Allemands étaient emballés par la mise en scène et l'originalité de certaines épreuves, comme la chasse sans selle ou le Défi Intercontinental – sorte de Coupe des Nations à l'échelle des continents, avec relais en seconde manche et résultat immédiat –. Une équipe 100% suisse, avec des chevaux suisses, animée par Pierre Gavillet, futur commissaire FEI (steward) du CHI, est alors alignée pour la première fois dans le concert international…

Mister Minit soutient ce projet, tout comme la chasse sans selle : prêt à encourager les innovations, Pierre-Alain Hirschy, alors direc-

teur général adjoint de Minit International et ancien membre du comité du CHI-W ! Quand des sponsors s'engagent ainsi et prennent des risques, c'est stimulant ! Quant au Credit Suisse, il parraine la Coupe Suisse de style, une tournante, et les deux sœurs Liebherr disputent l'édition d'avril 1996 à Palexpo. Après les épreuves juniors de 1991 et 1992, les épreuves poneys (en 1987 puis dès 1993), c'est une nouvelle ouverture vers la jeunesse.

⇧ Le punch de Roger-Yves Bost, qui est tout sauf un styliste, et de Souviens-Toi III. Le Français se classera 14e de la finale 1996.
Photo Jacques Toffi

⇦ Des cavaliers sont venus du monde entier pour cette finale 1996. Ainsi le sympathique Japonais Ryuma Hirota, qui se fera tordre de rire le public en répétant tous les numéros des obstacles et en les montrant du doigt, avant de s'élancer…
Photo Jacques Toffi

⇨ La Suisse reçoit le monde : des armaillis et des vaches, des groupes folkloriques et les Vieux Grenadiers dans l'arène de Palexpo.
Photo Team Reporters

Concernant la télévision, l'équipe du CHI sera soulagée quelques années plus tard, lorsque la FEI décidera de renouer avec l'EBU et les chaînes nationales…

La TSR fournira par ailleurs les mêmes efforts (8 caméras, voire 9, le super-ralenti, etc.) lors des éditions suivantes : la finale a poussé chacun à faire encore mieux. Plus question non plus de supprimer l'écran géant ! Revenir en arrière, revoir à la baisse, c'est mourir un peu. Dans le même temps, il faut éviter la fuite en avant… C'est comme à cheval, tout est question d'équilibre et il ne sera pas facile à trouver, notamment en décembre 1996, sept mois seulement après la finale.

Le soutien de la presse

Comme la télévision, la presse écrite supporte désormais massivement le CHI et avec cette finale prend conscience que Genève est un des plus grands événements de Suisse romande. Ainsi Danièle Pittet qui titre dans *24 Heures* « La classe à l'état pur » et écrit : « *Nous n'avons certainement pas conscience de la chance qui nous est donnée de pouvoir apprécier de visu les évolutions des meilleurs cavaliers et chevaux du monde. (…) Ces magiciens de la distance et de l'équilibre nous subjuguent* ». Ou encore : « *La grande réussite du CSI-W de Genève est de savoir ouvrir ses portes à la nouveauté et à l''exotisme', en mettant à son programme des épreuves d'attelage et une nouveauté 'super', le défi inter-*

continental. La formule a fait merveille. La deuxième manche au temps avec relais et passage de la cravache fut spectaculaire. (…) ».

Idem en Suisse-alémanique. Ainsi dans le *Sport*, où Martin Born titre : « *Un Oscar pour le « show » genevois* ». Et écrit : « *La finale de la Coupe du monde du saut d'obstacles était presque trop passionnante pour être vraie. L'histoire, le scénario, était incroyable. C'était rondement mené, en grands caractères, avec de brillants acteurs principaux, des stars de niveau mondial dans des rôles secondaires importants, mais avant tout des héros chanceux et malchanceux qui ne laissèrent personne indifférent. (…). La boucle est bouclée. Pour la première fois depuis dix-sept ans, la Coupe du monde se décida au barrage et aussi pour la première fois depuis dix-sept ans le vainqueur se nomme Hugo Simon. Et maintenant, nous nous réjouissons tous du prochain 'thriller'. Dans dix-sept ans. Hugo aura alors 70 ans.* », conclut Born ! Il ne saurait mieux dire, puisque quatorze ans plus tard, Simon sera à Palexpo et qu'il court toujours !

Même dans *Le Blick*, le quotidien de boulevard zurichois, André Häfliger écrit : « *Ce fut la plus grosse série policière de toute l'histoire du saut d'obstacles ; 10 400 spectateurs la vécurent dans la halle de Palexpo et des millions d'autres aussi devant leur télévision. Un drame en trois actes. Et avec deux principaux acteurs : Willi Melliger, quadruple champion d'Europe, et Hugo Simon, vainqueur de la première finale de la Coupe du monde en 1979. (…) Et là, en plus du sans-faute, il y eut* ce tournant, synonyme de triomphe : '*Le plus beau jour de ma vie*', dira Simon avec des larmes de joie. *Ce furent les deux plus longues secondes dans la vie de Willi Melliger…* ». Des journalistes (poli)sportifs qui vibrent pour le concours hippique, ça fait plaisir !

A l'étranger aussi, Yves Hilaire est dithyrambique dans *Le Figaro* et Céline Gualde, la future commentatrice de charme et de choc sur Equidia, la chaîne du cheval, écrit dans le magazine *L'Eperon* : «*La piste est immense et extrêmement fleurie, les obstacles superbes et très regardants. (…) Michel Robert, venu en touriste, dit que Genève est 'le meilleur indoor du monde'. C'est en tout cas un concours original, innovant, avec des épreuves inédites comme le Défi intercontinental, conçu pour être télévisuel (…) A Palexpo, le public, les cavaliers, les journalistes, tout le monde est bienvenu, tout le monde est chez soi*». Quel beau compliment !

Présidente de la Fédération équestre internationale, S. A. R. la princesse Pilar de Bourbon, sœur du roi d'Espagne, assiste aux quatre dernières journées et affirme avec enthousiasme : «*C'est le plus beau concours indoor auquel j'ai eu la chance d'assister*». Max E. Ammann, le créateur et directeur de la Coupe du monde Volvo, en a vu lui des indoors, mais il n'est pas loin de partager ce sentiment : «*Ce fut la plus belle finale avec celle de Dortmund (en 1990), qui était aussi remarquablement organisée. Et, sur le plan sportif, Genève fut incontestablement la meilleure et la plus passionnante. De plus, à Genève, tout s'est déroulé dans la joie et l'harmonie, même dans les coulisses, l'atmosphère était cordiale et merveilleuse. Il n'y a d'ailleurs pas eu une seule critique de la part des cavaliers et des palefreniers ou des journalistes, chacun a été sensible à la chaleur et à la générosité de l'accueil*». Aujourd'hui, Max E. Ammann précise que «*les deux finales de 1996 et 2010 comptent parmi les quatre plus belles de l'histoire*».

Pierre E. Genecand n'est pas le moins enthousiaste. A Gilbert Coëx qui l'interviewe pour la *Tribune de Genève*, quotidien partenaire du CHI-W, il déclare alors : «*Tout a très bien fonctionné, les bénévoles ont été fabuleux. Et cela peut paraître un peu 'gonflé' de la part d'un président, mais je n'ai entendu aucune critique. Cette réussite sur le plan organisation nous a propulsés au sommet de l'élite mondiale*». (…) Pas trop traumatisé par

⇑ Les bénévoles de la piste, toujours si actifs et motivés, symbole d'un concours jeune, passionné et dynamique.
Photo Team Reporters

⇐ A la cantine des écuries, Pascal Ferrara, dit «Mancinelli», fait le bonheur des bénévoles, des grooms… et aussi souvent des cavaliers.
Photo Geneviève de Sépibus

⇐ Complicité entre Max E. Ammann, directeur de la Coupe du monde de 1978 à 2003, Alban Poudret, vice-président, Alec Tournier, chef de la régie, et Pierre E. Genecand, président de la finale 1996.
Photo Team Reporters-Idd

⇐ Son Altesse Royale Doña Pilar de Bourbon, présidente de la FEI, présente du premier au dernier jour de la finale 1996, aux côtés d'Yves G. Piaget, ancien président du concours et de l'Association du CHI-W.
Photo Team Reporters

⇨ Avec Loro Piana Tomboy, Rodrigo Pessoa a 9,5 pts d'avance le dernier jour, mais le jeune Brésilien perdra tous ses espoirs dans la ligne du triple. Une bien cruelle désillusion, mais qui lui permettra de grandir et de bâtir la suite : un triplé lors des finales 1998, 1999 et 2000 !
Photo Geneviève de Sépibus

ces soucis financiers, Pierre Genecand boit par ailleurs du petit lait : «*Depuis dimanche soir nous avons reçu des centaines de lettres et de télégrammes nous disant que Genève a été le plus beau concours 'in the world' et ces félicitations émanent même de divers organisateurs de la Coupe du monde, tous présents à Genève. De la part aussi des cavaliers plus que comblés par l'accueil qui leur a été réservé*». Ils reviendront donc et ce sera chaque année un casse-tête infernal pour pouvoir en accepter le plus possible…

⇨ Willi Melliger et Calvaro V 2es et tout près du but : comme aux JO d'Atlanta, quelques mois plus tard, ou aux JO de Sydney 2000, où ils se pareront aussi d'argent. Le légendaire Calvaro V a aussi triomphé dans de nombreux Grands Prix et, une décade plus tard, sa magie reste intacte.
Photo Jacques Toffi

⇦ La foule des grands jours :
10 500 spectateurs dans les
tribunes pour la finale de
1996, le dimanche ; plus de
50 000 au total. Et quelle
ambiance !
Photo Team Reporters

⇦ Hugo Simon fait preuve
d'audace et de ruse au
barrage, pour triompher.
L'Autrichien a remporté trois
Coupes du monde (1979, 1996
et 1997) et son merveilleux
petit E. T. deux à lui seul.
Photo Jacques Toffi

Chapitre 12

L'après-finale, période délicate
Des projets et de l'audace, malgré les soucis

Ce succès motive beaucoup les troupes et, au comité, plus personne ne parle de rendre son tablier après la finale. Chacun s'est du reste engagé à rester au moins jusqu'en décembre, l'édition de tous les dangers. Il n'a en effet pas été possible de motiver tous les sponsors à parrainer deux concours (le triple d'un budget normal annuel, la finale ayant un budget double à elle seule). Il faut donc que chacun serre la vis. La pérennité du CHI-W de Genève, un temps menacée voire sérieusement mise en doute, semble en tout cas assurée. On le doit à toute une équipe, aux 24 membres du comité et aux 600 bénévoles. A Roland-Garros ou ailleurs, il y a des centaines de salariés, dans certains CSI(O) cinq ou six salariés (et le triple aujourd'hui !), à Genève un ou deux, tout au plus, en additionnant des postes à temps partiel ! Mais Pierre E. Genecand met son bureau à disposition, chacun fait « au plus juste » et, si on n'a pas trop d'argent, on a de l'enthousiasme et des idées à revendre !

La finale est un grand succès sportif et médiatique, on l'a dit, mais financièrement l'exercice n'est bouclé que grâce à l'aide providentielle de Rolex. Et la fameuse manufacture horlogère n'a signé que pour la finale… En décembre, il faut reprendre son bâton de pèlerin. IMG le fait, les membres du comité aussi, car il s'agit de trouver de nouveaux mécènes. Les sponsors acquis, au premier rang desquels Le Credit Suisse, rempilent, mais les autres, les potentiels, éventuellement attirés par la belle réussite des finales d'avril,

disent avoir déjà bouclé leurs budgets pour 1996 et l'édition de décembre souffre donc de cette situation. Elle attire un nombreux public, mais laisse un gros déficit, que nous traînerons comme un boulet jusqu'à la fin des années 1990, quand quelques amis du concours l'allégeront.

Des départs qui font mal

Le droit des pauvres, une taxe sur les entrées, coûte alors cher au concours ! Malgré des promesses, le Grand Conseil genevois n'a alors toujours pas supprimé ni allégé cette lourde charge et ce sont plus de 200 000 fr. (finale + décembre) que le concours doit verser en 1996. Même problème pour Daniel Perroud, qui songe alors à transférer le Supercross moto en Suisse alémanique, ce

⇧ Fin 1996, le capitaine Mark Phillips (2e depuis la g.) est venu étudier la possibilité de disputer un cross indoor dans toutes les halles de Palexpo. Le Britannique, champion olympique par équipe en 1972, était assez positif, Pierre E. Genecand aussi, mais ça ne s'est jamais fait… Le voici entouré de Barbara Zwahlen (auj. Bichsel), Laurent Hirt, Pierre E. Genecand, Alban Poudret (de dr. à g.) et de Philippe Arnold (tout à g.)
Photo Team Reporters

⇦ La chasse sans selle, un défi cheval-poney où les champions doivent monter à cru, est née en 1994 et Ulrich Kirchhoff a tout de suite joué le jeu de cette épreuve-attraction. En décembre 1996, il gagne… mais s'incline devant une cavalière à poney, Maryline Vorpe.
Photo Geneviève de Sépibus

⇧ Moment de «détente» et de calme au paddock pour Lars Nieberg, champion olympique par équipe la même année (1996) et victorieux du GP Coupe du monde à Palexpo cette fois-là avec le génial étalon For Pleasure, promis plus tard à Marcus Ehning.
Photo Team Reporters

⇩ Les bénévoles en 1997: la «Grand'Messe», sorte de prise de contact qui a toujours lieu l'avant-veille du concours, peut commencer!
Photo Geneviève de Sépibus

qu'il fera en 1998, émigrant provisoirement à Bâle!

En 1998, le départ de Volvo, qui ne sera pas remplacé au niveau de la Coupe du monde durant près de dix ans, et le transfert du Supercross, avec lequel tribunes et diverses dépenses étaient partagées, représentent au total pour le concours une perte d'un demi-million environ. Fort heureusement cette année-là marque aussi le retour de Rolex, convaincu de poursuivre l'aventure à Genève et de développer son partenariat équestre de manière générale. Hildon et Ricoh, venus

grâce à l'éphémère Grand Slam – une sorte de Grand Chelem équestre comprenant Genève –, Honda et Dannemann rejoignent alors aussi les sponsors traditionnels, au moins pour quelque temps. Dans ce domaine-là comme dans tant d'autres, rien n'est jamais acquis!

Le Supercross finira aussi par revenir au bercail, ce qui atténuera les frais liés au montage et à la location des tribunes, à l'éclairage et à la sonorisation. Bonnes et mauvaises nouvelles se chevauchent souvent, mais il faut chaque fois reprendre le budget du concours de zéro… ou presque, la plupart des frais étant fixes.

Sportivement, l'édition de décembre 1996 est un succès et le public vient en nombre. Dès le premier soir, la tournante mettant aux prises les quatre premiers de la finale nous replonge dans l'ambiance d'avril. Et Melliger tient sa revanche! Le même soir, on inaugure un grand derby, avec le lac et la butte, de vrais obstacles naturels, des oxers en traverses de chemin de fer, du massif porté par le très costaud Thierry Eissler et son équipe! vingt-cinq efforts répartis sur 960 m: pas mal pour de l'indoor! Et, pour couronner le tout, la victoire de Rodrigo Pessoa et Special Envoy, devant le merveilleux John Whitaker.

Avec E. T., Calvaro V, Tom Boy IV (victorieux des Six Barres...) et cie sur la piste, des drapeaux et des trompettes dans les tribunes, on se croit presque revenu en avril! E.T. triomphe à nouveau dans le Grand Prix Credit Suisse, Hugo Simon partageant la victoire – au centième près – avec John Whitaker sur Welham. Le dimanche, les médaillés olympiques Alexandra Ledermann et Rochet M s'inclinent de peu devant les champions olympiques par équipe Lars Nieberg et For Pleasure. A Lars, l'antistar, si sympa et modeste, les projecteurs!

Et les cavaliers jouent à fond le jeu des épreuves spéciales. Le tout frais émoulu champion olympique Ulrich Kirchhoff, John Whitaker, Ludger Beerbaum, Beat Mändli et cie sont en lice dans la chasse sans selle, gagnée par une certaine Maryline Vorpe (15 ans) montant Lady Ashfield! Ces as font preuve d'humour, toujours prêts à prendre des risques, à chuter, à se faire battre par des jeunets, à rigoler. Ce n'est plus toujours aussi vrai aujourd'hui, mais on en trouve encore de nouveaux pour remplacer les blasés, les craintifs ou les sceptiques. Monique Pieri écrit alors dans *Le Sillon Romand* (devenu *Terre et Nature*): «*Il y a belle lurette qu'un concours de saut ne nous avait procuré autant de plaisir. Une recette qui se résume par le soin apporté aux chevaux, le souci de faire plaisir au public, une équipe rodée et fidèle, des acteurs compétents, des cavaliers de haut niveau, le respect du timing, des fleurs et l'attention au moindre détail.*»

Le prix de l'indoor n° 1

Les cavaliers apprécient Genève, déjà 2e du classement en 93-94, et l'élisent «meilleur

⇐ Un Derby à Palexpo, avec de vrais naturels, du massif comme cet oxer en traverses de chemins de fer et un parcours long de 1000 m: la nouveauté 1997! Le Brésilien Carlos Motta Ribas prend la 2e place avec son incroyable petit Mumu (153 cm!), qui tirait des charrettes à la campagne avant de se mettre à sauter! Doublé brésilien puisque c'est Doda de Miranda Neto qui gagne.
Photo Geneviève de Sépibus

⇐ Le Vaudois Michel Pollien, 3e de sa première grande chasse à Palexpo, en 1992, est souvent revenu par la suite, de même que sa fille Mireille. Le voici avec Antela, en 1997.
Photo Image, B. Sandoz

⇐ Maryline Vorpe créée la sensation en battant les «grands» avec sa ponette Lady Ashfield dans la chasse sans selle 1996.
Photo Team Reporters

⇐ Le colonel Piero d'Inzeo fait un come-back aussi inattendu qu'émouvant pour le Crowne Plaza Masters de 1997: à 74 ans, avec son ancien uniforme, qui lui va comme un gant, et plus de dix ans après son dernier parcours. Nadia Gaumann lui a confié sa monture.
Photo Geneviève de Sépibus

⇧ En 1998, la nouveauté (il en faut toujours au moins une !), c'est le Prix des Familles, remporté par un trio de Wauters, le si regretté Eric Wauters et ses filles Wendy et Caroline (au centre), félicités et récompensés par Henri Turrettini et Guillaume Pictet (à dr.). A leurs côtés, la groom de famille !
Photo Image – B. Sandoz

⇨ Le Prix des Familles de 1998, la seule fois où l'olympique Marcel Rozier a fait équipe avec ses fils Philippe (à g.) et Thierry (à dr.). Ce soir-là, il y a aussi des trios de Wauters, Pomel, Durand et Pessoa.
Photo Image – B. Sandoz

⇨ Patrice Delaveau et Orient de Frébourg, victorieux de la chasse sans selle, le Prix TSR, en 1997. Quelle classe !
Photo Geneviève de Sépibus

concours indoor 95-96 ». Les bénévoles de la piste sont dans l'arène, avec le comité, pour la remise d'un prix à Pierre E. Genecand. Ils représentent tous ceux qui travaillent dans l'ombre, dans les couloirs, dans des containers, aux photocopieuses, aux écuries ou dans les moindres recoins de Palexpo. Tous méritent un bout de ce diplôme de reconnaissance et d'estime. Ils ont tous le même entrain, des petits jeunes qui distribuent les listes de départ ou ramassent le crottin jusqu'aux anciens, qui rafistolent le matériel ou surveillent les écuries la nuit.

Leur état d'esprit est fabuleux. Ces bénévoles travaillent du matin au soir dans la joie et la bonne humeur. On leur laisse généralement de (longues) plages de repos, pour qu'ils assistent aux épreuves et vivent l'ambiance du CHI. Souvent, c'est d'ailleurs eux qui font l'ambiance et plusieurs des nombreuses banderoles qui fleurissent désormais viennent d'eux.

Genève sera à nouveau 2e meilleur concours indoor pour toute la période 1997 à 2000, avant de redevenir 1er par la suite, pour six nouvelles années. Premier ou 2e, qu'importe d'ailleurs, ce classement est forcément subjectif et Genève doit déjà être très fier d'être un des plus beaux indoors du monde depuis plus de quinze ans. Car enfin, dans des styles très différents, Göteborg, s'Hertogenbosch, Stuttgart, Leipzig, Zurich, Paris, Bordeaux et aujourd'hui Lyon ou Vérone ont de très belles manifestations. L'Olympia de Londres, Toronto, Malines, Amsterdam ou désormais Bâle ont aussi leur charme et beaucoup d'indoors sont prestigieux.

Il y aura aussi de grands moments sportifs et festifs lors des éditions suivantes. En 1997, l'Americano-Française Katie Monahan Prudent, une grande amie de Genève, triomphe dans le Grand Prix Coupe du monde Volvo, avec la fougueuse Belladonna. Terriblement déçu et plus muet, Willi Melliger avait perdu 50 000 fr. en faisant la barre sur l'ultime obstacle du barrage avec Calvaro V... Ce bonus, une prime au sans faute absolu dans les trois grosses épreuves, fut ensuite supprimé, de peur qu'il ne retienne les cavaliers de prendre des risques. Emile Hendrix, l'homme figurant sur l'affiche des premières éditions à Palexpo et grand ami du concours, qui aidera au succès du Top 10, remporte le Grand Prix Credit Suisse avec sa grande Finesse. Doublé brésilien dans le Derby, avec Doda de Miranda 1er et Carlos Edoardo Mota Ribas 2e avec l'incroyable petit Mumu (153 cm) qui avait commencé sa carrière comme charretier, portant la nourriture aux cochons

Lesley McNaught et Ulrich Kirchhoff épatent tout le monde lors du Crowne Plaza Masters, notamment aux guides de leur attelage, où ils attaquent les obstacles de marathon à fond. Grand moment d'émotion également en voyant Nelson Pessoa effectuer une reprise de dressage toute d'harmonie avec Baloubet du Rouet (on en reparlera) et Piero d'Inzeo sauter comme au bon vieux temps. Dix ans qu'il n'avait plus monté en concours et en public. Au total, ce sont près de 30 000 spectateurs qui se déplacent.

1998: trois invités-surprises !

En 1998, un trio des plus sympathique et inédit se retrouve sur le podium du GP Coupe du monde, jumelé avec une étape du Grand Slam (ndlr : Grand Chelem) créé cette année-là. D'où un podium sur lequel grimpent l'Irlandais Trevor Coyle, 1er avec Cruising ; le Belge François Mathy, 2e avec Fior ; et le Français Jean-Marc Nicolas 3e avec Vondéen. Trois cavaliers non sélectionnés par leur propre fédération, invités par les organisateurs, comme ils allaient du reste le souligner lors de la conférence de presse. Pour gagner, le merveilleux étalon Cruising se faufile entre les obstacles du barrage comme un poney. Quant à Jean-Marc Nicolas, déjà 2e du GP de Suisse derrière Rodrigo Pessoa sur Lianos Gandini, il est aux anges. Il chante même *Que je t'Aime* et autres refrains de Johnny au micro ! Un homme de scène et de cœur, ce Jean-Marc !

1998, c'est aussi René Tebbel franchissant 212 cm avec Le Patron dans les Six Barres et qui incite Ulrich Kirchhoff à faire la chasse sans selle avec lui, les deux sur le même cheval : taille (Le) Patron ! Et Jean-Marc Nicolas, toujours lui, qui grimpe comme troisième passager cet imposant cheval pour un dernier saut et le tour d'honneur : de la folie ! Dans un registre plus classique et émouvant, le Prix des Familles, une innovation, et la victoire des Wauters, le si regretté Eric et ses filles Wendy et Caroline. Les Rozier, les Pessoa, les Durand et les Pomel alignent aussi un trio familial : unique !

En 1999, Rodrigo Pessoa triomphe avec Baloubet du Rouet dans le Grand Prix du vendredi, Ludger Beerbaum sur le magnifique étalon gris Champion du Lys dans l'épreuve Coupe du monde, disputée le samedi, avec 18 partants seulement (une formule testée pour Eurosport), la toute nouvelle championne d'Europe Alexandra Ledermann sur Cigale du Taillis (et non Rochet M) dans le Rolex Classics du dimanche. Pouvait-on rêver plus beau trio – ou sextett ? Christophe Barbeau et Philippe Le Jeune partagent la victoire dans les Six Barres. Jean-Marc Nicolas est de retour, il gagne la chasse sans selle en tenue de Batman, empruntée à Kevin Bacon, qui, à 67 ans ou plus (l'artiste ne dit pas tout et on n'a jamais vraiment su son âge !), effectue ses derniers tours de piste.

Hommage aux champions du siècle !

Décembre 1999, c'est aussi l'hommage aux « champions du siècle » où le regretté Henri Chammartin et Christine Stückelberger, nos deux champions olympiques de dressage, côtoient Auguste Dubey, premier champion d'Europe et du monde de l'histoire en attelage à 4, qui mènera pour l'occasion, à 74 ans, le team de Werner Ulrich. Ils figurent aux côtés de monuments comme Isabell Werth, Hans Günter Winkler, Pierre Jonquères d'Oriola ou Kevin Bacon, alors encore actif.

⇦ René Tebbel et Le Patron battant le record (absolu) des Six Barres en 1998 : 212 cm ! Photo Geneviève de Sépibus

↗ Katie Monahan Prudent, grande amie du CHI-W de Genève, a souvent brillé, remportant le GP Coupe du monde Volvo en 1997 avec Belladonna et la Freelander offerte au meilleur du concours en 1999. Photo Team Reporters

⇩↗ Steve Guerdat a 16 ans à peine lorsqu'il monte pour la première fois au CHI-W de Genève. Le voici aux côtés de son père, Philippe : la transition est bien faite ! Et en selle sur Cayetano. Photos Alban Poudret et Geneviève de Sépibus

⇧ Tout l'humour de Jean-Marc Nicolas, irrésistible dans le costume de Batman prêté par Kevin Bacon, surtout lorsqu'il fait un vol plané (involontaire !) sur la ligne d'arrivée : sa victoire dans la chasse sans selle ne lui est heureusement pas soufflée ! Quel humoriste ce Jean-Marc qui ira jusqu'à chanter « Allumez le feu » en imitant Johnny juste avant un Grand Prix, pour chauffer le public genevois. Géant le petit Nicolas !
Photo Team reporters- Alain Gavillet

⇨ Une paire 100 % irlandaise, le sympathique Trevor Coyle et le merveilleux petit étalon Cruising, s'adjuge le GP Coupe du monde de Genève, étape du Grand Chelem 1998. Ces deux-là seront 2es de la finale cinq mois plus tard et, dans la foulée, victorieux du GP d'Aix-la-Chapelle.
Photo Jean-Louis Perrier

⇨ René Tebbel, Ulrich Kirchhoff, tout le parcours de la chasse sans selle à deux sur Le Patron et même le dernier saut (un peu plus bas) à trois en prenant encore Jean-Marc Nicolas à leur bord !
Photo Image – B. Sandoz

⇨ De l'humour, ça ne fait pas de mal : Ulli Kirchhoff et François Mathy Jr « encadrent » Jean-Marc Nicolas. A leur gauche, Rodrigo Pessoa, à leur droite John Whitaker et Willi Melliger.
Photo Image, B. Sandoz

Aujourd'hui, Hugo Simon, à 69 ans (fêtés en août 2011), bat tous les records, en disputant des GP 5 étoiles et en remportant des 3 étoiles, avec une fougue de jeune homme. Il est du reste revenu en décembre 2010 à Genève et beaucoup étaient contents de le revoir en selle.

Des come-back, il y en a souvent eu à Genève… Que l'on pense à Kevin Bacon, héros des années 1970, à Anneli Drummond-Hay, gagnante du Trophée de la Ville de Genève en 1967, du Trophée de la Ville et de cinq autres épreuves en 1969 (un record absolu), de retour à Genève en 1994, à 57 ans, plus fringante que jamais, sous son nouveau nom d'Anneli Wucherpfennig (elle s'était mariée entre-temps en Afrique du Sud). Toujours aussi gagneuse, elle obtient alors la 3e place de la chasse et la 2e place du knock-out, où elle prend des risques insensés en finale !

Il y a aussi eu Marcel Rozier, que l'on n'avait jamais vu faire équipe avec ses deux fils Philippe et Thierry, ou Helio Pessoa, le frère de Neco, venus disputer le Prix des Familles en 1998, de même que Pierre Durand. Le plus extraordinaire est de revoir Piero d'Inzeo en selle, en décembre 1997. A 74 ans.

En 2000, c'est un vrai festival de Rodrigo Pessoa, qui s'adjuge à la fois le Grand Prix Land Rover et l'épreuve Coupe du monde, présentée par le CCF, avec Lianos.

Doublé belge le dimanche dans le Rolex Classic, grâce à Ludo Philippaerts et à Marc van Dijck. La Coupe du monde se déroule pour la seconde fois le samedi, dans un format réduit, mais cette formule boiteuse sera heureusemernt arrêtée, car cela n'amène pas la couverture télévisuelle escomptée et frustre le public présent sur place: 18 concurrents, c'est un peu court!

Le Masters met en scène la princesse Haya, future présidente de la FEI, toujours prête à jouer le jeu, et Alice Debany Clero qui descendent du toit de Palexpo en tenue de gymnaste pour un numéro de voltige de haut vol, Markus Fuchs et Franke Sloothaak, qui improvisent une irrésistible leçon de dressage, le prof. Markus étant déguisé en clown. Cela nous amène tout naturellement à parler du dressage, du grand dressage, car ces quatre dernières éditions ont aussi été marquées par l'introduction de cette discipline. La pluridisciplinarité n'est plus un vain mot à Palexpo, le CSI est bel et bien (devenu) un CHI!

⇦ L'équipe des écuries, en 1998, autour d'Ernest Scherz (2e depuis la g.) et de son bras droit d'alors, Kerry Christie (au centre).
Photo Geneviève de Sépibus

⇦ Chaude ambiance aux écuries, où grooms et staff partagent soupes, choucroutes et raclettes, grâce à Pascal Ferrara, dit «Mancinelli», et à son équipe. La bonne humeur y règne!
Photo Geneviève de Sépibus

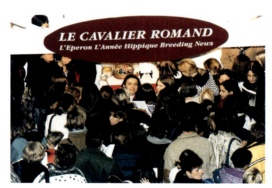

⇦ Très populaire, la championne d'Europe 1999 Alexandra Ledermann au stand du *Cavalier Romand*. Championne continentale et médaillée olympique avec Rochet M, 2e du GP Coupe du monde avec Rochet M en 1996 et gagnante des Rolex Classics 2000 avec Cigale du Taillis, la Française a disparu des grandes pistes, mais des jeux vidéos perpétuent le mythe et on espère toujours la revoir au top.
Photo Image – Bernard Sandoz

⇧ «Hommage aux champions du siècle»: fin 1999, le CHI-W de Genève réunit de grands noms qui ont fait l'histoire des sports équestres – et Genève – dans les disciplines à l'honneur à Palexpo; de g. à dr.: Christine Stückelberger, Isabell Werth, Werner Ulrich, Henri Chammartin, le président du comité Pierre E. Genecand, Rodrigo Pessoa, Pierre Jonquères d'Oriola, Kevin Bacon, Alexandra Ledermann, Hans Günter Winkler, Ulrich Kirchhoff et Auguste Dubey. Un beau mélange de générations. Manquent notamment Pierre J. d'Oriola et les frères d'Inzeo, empêchés. Photo Team Reporters-Alain Gavillet

⇧ Deux grands hommes de cheval, Henri Chammartin (à g.), champion olympique et double champion d'Europe de dressage (quintuple champion en comptant les compétitions FEI des années 1950), et Auguste Dubey, premier champion du monde de l'histoire (en 1972) et champion d'Europe l'année suivante, qui prendra les guides de l'attelage de Werner Ulrich ce soir-là, pour une démonstration émouvante.
Photo Team Reporters – Alain Gavillet

⇧ Le sympathique Vénézuélien Leopoldo Palacios (à g.) est venu tracer les parcours des éditions 1998 et 1999 : un bon moyen pour les cavaliers européens de se préparer pour les JO de Sydney 2000, confiés à celui qui deviendra aussi vice-président de la FEI. Les constructeurs suisses ont beaucoup appris à ses côtés et beaucoup sympathisé aussi, à l'instar de Francis Menoud, qui a exercé le bénévolat au CHI-W sous une dizaine de formes (rideau, écuries, piste, construction, micro, animation de l'élevage, etc.)
Photo Image – B. Sandoz

⇧ Quel travail ! En trois jours, il s'agit d'enlever toute la terre du Supercross et de la remplacer par le sable du concours, d'aménager trois pistes, de modifier les tribunes, de construire les espaces VIP et les stands, bref de monter une petite ville ! Depuis la fin des années 1990, c'est Eric Sauvain qui coordonne le tout.
Photo Team Reporters-Alain Gavillet

⇧ Sur le terrain, Michel Lemarin dirige la manœuvre pour l'entreprise Jacquet depuis une quinzaine d'années, avec compétence et gentillesse.
Photo Team Reporters-Alain Gavillet

⇧ Le si regretté Hermann Duckek, alors spécialiste n° 1 mondial des sols, a longtemps régné sur la piste, jour et nuit ! D'autres ont pris le relais, assurant aussi le succès du concours.
Photo Geneviève de Sépibus

⇧ L'extraordinaire homme-cheval Mateo, Mathieu Nassif, lors de sa première apparition à Palexpo, en 1999. L'ami est revenu souvent, dans les coulisses comme sur la piste.
Photo Image – Bernard Sandoz

⇧ Ce père Noël ne s'appellerait-il pas Ulli Kirchhoff ?
Photo Geneviève de Sépibus

⇧ Le comité de l'an 2000, autour de Pierre E. Genecand (assis, au milieu), entouré de Viviane Brunschwig (à g.), alors responsable du dressage, et d'Emmanuelle Lathion (à dr.), responsable des attractions, à côté de Gérard Turrettini, président de l'association. Christine Jacot, Dagmar Tschopp, Caroline Firmenich (à g.), Anne Siegrist et Egon Kiss-Borlase (à dr.) sont aussi assis au premier rang. On reconnaît également Sophie Mottu (debout), qui fait alors son apparition au sein du comité. Photo LDD

⇧ Catherine de Coulon, actuelle présidente du jury, entourée de son prédécesseur, Rolf Münger, ex-chef de l'équipe de Suisse de saut, et du regretté Jean-Jacques de Watteville (à dr.).
Photo Geneviève de Sépibus

⇧ Le Crowne Plaza Masters de l'an 2000, avec (de g. à dr.) deux voltigeuses de haut vol, l'Américaine Alice Debany Clero et la princesse Haya de Jordanie, future présidente de la FEI et toujours prête à rire, l'adorable Malin Baryard-Johnsson, son Tarzan Tomas Eriksson, Markus Fuchs, Franke Sloothaak, Jeroen Dubbeldam et Ulli Kirchhoff, les deux derniers champions olympiques d'alors. Une belle brochette !
Photo LDD

⇧ En 2000, la future directrice Sophie Mottu, Caroline Firmenich et Chantal Rothen assuraient ensemble le secrétariat : un trio d'amies !
Photo LDD

⇧ Folle ambiance de fin de soirée au *Cavalier Romand*, avec Luc Tecon en Monsieur Loyal, et de g. à dr. le batteur de River Swing Pierre-André Marendaz, Alban Poudret, Nathalie Mercier, Ulli Kirchhoff, Françoise Tecon, Tomas Eriksson, Franke Sloothaak, Malin Baryard et Markus Fuchs. Quand cavaliers, meneurs, organisateurs et musiciens sympathisent.
Photo Jean-Louis Perrier

Chapitre 13

Le dressage, puis l'attelage…
La diversité, un « plus » incontestable

Depuis la grande finale de 1996, Pierre E. Genecand et son équipe sont convaincus que la prochaine étape sera d'offrir deux, voire trois disciplines et si possible au niveau de la Coupe du monde. Ils ont déjà régulièrement proposé des épreuves d'attelage (knock-out, derbies, etc.) depuis 1994, ainsi que des présentations de dressage, sous forme d'attractions, voulant faire de leur concours une fête du cheval, avec de l'élevage en prime ou encore des épreuves-attractions et des moments débridés, comme la chasse sans selle ou les Masters. Il s'agit de franchir une nouvelle étape.

Les uns penchent pour le dressage, d'autres pour l'attelage qui a déjà pris ses quartiers ici. Pierre E. Genecand rêve même d'un concours complet indoor. Il demande donc au capitaine Mark Phillips, champion olympique de complet 1972, ex-époux de la princesse Anne, coach des Américains et chef de piste réputé, de venir en décembre 1996 à Palexpo pour voir les grandes halles et celles de l'Arena voisine, et ce qu'il est possible d'entreprendre. Le président rêve d'offrir un spectacle totalement inédit et très spectaculaire à la fois, tout en imaginant aussi un jour la réunion de toutes les disciplines olympiques sous un même toit. Utopie ? Certains criaient déjà à la démesure lorsque Genève avait posé sa candidature à l'organisation de la finale de saut 1996. Il faut des rêves pour avancer…

Cela dit, le concours complet pose de gros problèmes de logistique et des halles n'au-

ront de toute manière jamais le même charme que la campagne anglaise. Pardonnerait-on un accident ? Pourrait-on alors invoquer la fatalité ? Sans doute pas. Pour toutes ces raisons, la plupart des membres du comité, dont votre serviteur, sont plus que réservés à cette idée, vite abandonnée malgré le préavis favorable du « capitaine ». Plus tard, sous l'impulsion de Peter Hasenböhler, toujours enthousiaste à l'idée de promouvoir le complet, Sophie Mottu et moi nous sommes aussi rendus à Stuttgart pour voir le seul cross indoor digne de ce nom organisé chaque hiver. L'épreuve est belle, mais nos doutes, liés aux risques d'accident, demeureront malgré tout.

Homme de cheval à la fois respectueux et entreprenant, Peter Hasenböhler nous a beau-

⇧ Grande dame du dressage mondial, Isabell Werth s'est imposée à Genève tant avec Amaretto qu'avec Anthony FRH, que voici en 1998.
Photo Image – B. Sandoz

⇦ En 1969, l'ancien Palais avait accueilli le championnat de Suisse « élite » de dressage, et le champion olympique de dressage Henri Chammartin avait décroché une énième médaille d'or, avec Oreillard.
Photo coll. Poudret, Pully

⇨ Pour la première fois, en décembre 1997, un rectangle sur la plus grande piste indoor du monde…
Photo Team Reporters – Alain Gavillet

⇨ Légende vivante du dressage et de l'équitation helvétique, la championne olympique Christine Stückelberger a participé aux quatre éditions du CDI-W de Genève. La voici en 1999 avec le bel Aquamarin, 5e de la RLM.
Photo Geneviève de Sépibus

⇨ Le cavalier olympique suisse Daniel Ramseier, médaillé olympique, mondial et européen par équipe, ici en 1998 avec Rali Baba, a disparu des grands événements début 2000. Motivé par sa fille, le Zurichois effectue un comeback en 2011 : la passion est souvent la plus forte !
Photo Image – B. Sandoz

coup encouragés, faisant même venir Rudiger Schwarz, le chef de piste d'Aix-la-Chapelle et de Stuttgart à Genève, ainsi qu'un fabricant d'obstacles indoor, le Saumurois Christian Aschard, mais nous n'avons jamais franchi le pas, faute de sponsor peut-être, mais surtout faute de conviction suffisante : «*Dans le doute, abstiens toi !* ».

Ce fut donc le dressage qui fut choisi et la FEI autorisa Genève à organiser d'entrée de jeu, en 1997, une étape de la Coupe du monde, quand bien même nous n'avions jamais organisé de CDI. Les seules expériences en la matière remontaient loin : une reprise de l'équipe de Suisse médaillée d'argent aux JO de Tokyo en 1965 et le tout premier championnat de Suisse, en 1969 à l'ancien Palais. Avec un beau vainqueur, le champion olympique Henri Chammartin montant Oreillard… le bien nommé. Mais l'essai, peu concluant, fut abandonné. Des reprises, il n'y en eut plus que pour le plaisir (comme celles du maître Nuno Oliveira à la fin des années 1960), pour émouvoir ou pour amuser, lors du Masters. Nous nous adjoignîmes alors les services de Michel d'Arcis, ancien président du concours (1987), cavalier de dressage de niveau national et futur chef de l'équipe de Suisse (de 2000 à 2006 et à nouveau depuis 2011). Viviane Brunschwig, autre cavalière passionnée, épouse du vice-président de l'Association Pierre Brunschwig, prendra le relais pour les deux dernières éditions.

Trois grandes dames au palmarès

Le dressage offrira de grandes moments entre 1996 à 1999, avec Isabell Werth, Anky van Grunsven, Ulla Salzgeber, les trois grandes championnes de ces vingt dernières années, et leurs meilleures montures du moment. En 1997, Isabell Werth s'adjuge l'étape genevoise de la Coupe du monde avec Nobilis Amaretto, superbe mais encore peu connu, devant l'olympique Bonfire d'Anky van Grunsven, encore 1er la veille du Grand Prix et réputé invincible à cette époque. La Néerlandaise fera du reste la moue après la

Kür. L'Allemande remet ça en 1998 avec FRH Antony. «*Le Dr Schulten-Baumer et moi sommes conquis par Genève, l'organisation est excellente et le concours a beaucoup de charme. Les gens sont incroyablement accueillants et aimables*», déclare alors la gagnante, très amicale. Conquis aussi, le public de Palexpo !

Icône du dressage suisse, Christine Stückelberger est en lice avec son superbe étalon Aquamarin, 3e du Grand Prix et 6e de la Kür. Aquamarin cause les pires soucis à sa cavalière aux écuries – la championne demandera à Ernest Scherz de construire une véritable forteresse autour de son box (!) –, mais en piste il est sage !

En 1999, Isabell Werth est présente pour la troisième fois, et avec le bon Dr Uwe Schulten-Baumer, elle donne un cours, un clinic comme on dit dans le jargon, fort intéressant. Son bon Antony déroule de très bonnes reprises, mais Ulla Salzgeber réussit le doublé GP Edouard-Constant – épreuve Coupe du monde avec son imposant cheval russe Rusty FRH.

En 2000, Bonfire, Anthony et Gigolo à la retraite, Rusty a la voie plus libre encore et Ulla Salzgeber réédite le doublé. C'est la quatrième et dernière édition avec du dressage au plus haut niveau. Par la suite, Christian Pläge nous présentera un superbe quadrille exécuté par huit des meilleurs couples suisses du moment, en collaboration avec Lorenz Rageth, en 2001, puis un joli pas de deux humoristique avec son épouse, Birgit Wientzek Pläge, l'année suivante. Par la suite, il y aura encore un quadrille des « Dames de la Côte » et les cours de dressage de Maryline Wettstein, mais plus de compétition.

Retour possible du dressage ?

Pourquoi la suppression du dressage, après quatre années prometteuses ? La faute... aux sponsors, tout d'abord et ce ne fut pas faute d'essayer ! Pas d'aide, hormis la Banque Edouard Constant et la générosité si désintéressée et magnifique de notre ami Marc-Edouard Landolt, décédé quelques années plus tard. Il m'avait dit de tenir ce geste secret, mais, de là-haut, me pardonnera. Les audiences TV assez confidentielles (2,1% pour la Kür Coupe du monde 1997 contre 10 à 15% pour l'attelage, 15 à 20% pour le saut, dans les meilleurs cas de figure) ne sont

pas pour aider à la recherche de sponsors, même si les tribunes sont bien garnies et vibrantes pour la Kür. Pour être complet, on se doit de dire que certaines de ces cavalières se prenaient un peu pour des divas et avaient des exigences ne cadrant pas avec la philosophie du concours.

Aujourd'hui, beaucoup de membres du comité, notamment au concept équestre (rebaptisé secteur sport et spectacle), votre serviteur compris, penchent pour un retour du dressage. Il s'agit pour cela de trouver des sponsors et (ou) des mécènes prêts à supporter une partie des coûts car, si l'attelage (80 000 à 100 000 fr.) peut être en partie supporté par notre budget, le dressage implique deux à trois fois plus de frais. Depuis 2010, la Coupe du monde de dressage a trouvé un sponsor en Reem Acra, mais il ne couvre qu'une partie des frais et le calendrier est fait jusqu'en 2013 ! Par ail-

⇦ En 1999, Ulla Salzgeber et le majestueux Rusty, les futurs médaillés olympiques, mondiaux et européens, victorieux de la Coupe du monde 2001, s'adjugèrent à la fois le GP et la Kür.
Photo Geneviève de Sépibus

leurs, trouver plus de trois heures pour programmer le Grand Prix n'est pas évident dans un programme déjà très chargé. Il faut penser aux bénévoles, qui ont déjà de très longues journées à assumer.

Placer une reprise libre en musique (ou Kür) de deux bonnes heures, c'est possible, mais Grand Prix et Kür, cela fait beaucoup. Nous penchons donc pour une épreuve-spectacle plus courte et relevée et planchons sur un beau projet. Il est en tout cas agréable de sentir que beaucoup de gens, des bénévoles comme des membres du comité ou des journalistes, seraient motivés à l'idée d'accueillir à nouveau du dressage à Genève. L'équipe de Suisse, qui est soit dit en passant à nouveau aux mains de l'ancien président du CHI Michel d'Arcis, a sans doute besoin d'un (ou deux) grand(s) concours pour recoller à l'élite. Genève est conscient de la chose et il y a heureusement aussi d'autres projets de CDI en Suisse. Puisse-t-on revivre un jour les grandes heures du dressage helvétique !

Ces champions qui ont marqué Genève

ISABELL WERTH, UNE GRANDE DAME DU DRESSAGE

Cela fait vingt ans qu'Isabell Werth truste les honneurs. Celle qui fut longtemps la « Sissi » du dressage mondial, une princesse qui régnait naturellement sur ses pairs, collectionnant honneurs et couronnes avec une certaine décontraction, comme un léger détachement, continue à décrocher des médailles et semble avoir de jeunes chevaux capables de la ramener au sommet. L'Allemande détient un record de podiums internationaux (30), avec 8 médailles olympiques (dont 1 titre individuel et quatre fois l'or par équipe), 8 médailles mondiales et 14 médailles européennes, sans parler de ses deux Coupes du monde et de ses onze titres nationaux.

Née le 21 juillet 1969 à Sevelen, dans une ferme du Bas-Rhin, de parents agriculteurs et éleveurs, elle a très vite été mise sur le dos d'un poney, comme sa sœur, Claudia, qui n'a pas croché. La famille s'établit ensuite à Rheinberg (Bas-Rhin). Isabell obtient déjà de jolis succès à poney, avec Funny, puis à cheval. Elle se distingue alors en saut et même en complet, jusqu'à ce que « le Docteur » l'aiguille vers le dressage.

« Le Docteur », c'est Uwe Schulten-Baumer sen., son voisin, ancien cavalier international et entraîneur exceptionnel, qui repère son don. Il lui propose alors ses chevaux.

Isabell Werth a à peine 17 ans, elle montre beaucoup d'aptitudes aux études (un bac, puis le droit) et en équitation. Avec l'aide et les chevaux du bon Docteur, elle est sacrée championne d'Europe de la relève à 19 ans, puis de l'élite à 21 ans à peine ! C'est presque un crime de lèse-majesté vis-à-vis de Nicole Uphoff, la reine d'alors, qui reprendra une fois sa couronne, l'été suivant, aux Jeux olympiques de Barcelone, avec son ravissant Rembrandt.

Qu'à cela ne tienne, la princesse Isabell redeviendra vite la reine incontestable, sinon incontestée (Anky était toujours dans son sillage, avant de prendre le dessus à partir de l'an 2000 et des JO de Sydney), du dressage mondial, avec cinq titres individuels et sept titres par équipe aux championnats d'Europe, un double titre olympique à Atlanta, trois autres médailles d'or olympiques avec l'équipe, et six médailles d'or aux Jeux mondiaux de La Haye, de Rome et d'Aix-la-Chapelle.

A cette liste impressionnante, on ajoutera encore ses victoires en Coupe du monde, en 1993 à Göteborg, avec Fabienne, et en 2007 avec Warum Nicht FRH. A ce propos, il faut noter qu'Isabell a rarement fait de la Coupe du monde et des reprises libres en musique une priorité. Gigolo ne s'y est guère aventuré, même si sa classe, sa souplesse et son aisance se

⇧ Isabell Werth, ici avec son olympique Gigolo.
Photo Jacques Toffi

⇧ **Isabell Werth**
Photo LDD

sont révélées évidentes lors des dernières confrontations majeures, toutes terminées par une Kür (RLM). Elle y reviendra dix ans plus tard, pour s'adjuger la Coupe du monde 2007.

A Genève, elle sera la plus remarquée aussi, même si elle ne gagnera pas chaque fois. Par sa personnalité, son engagement en faveur du dressage et sa gentillesse aussi. En 1997, elle s'adjuge l'épreuve Coupe du monde avec Nobilis Amaretto, devant le génial Bonfire, et réédite l'exploit avec Antony FRH en 1998. Elle sera deuxième les deux années suivantes.

De fin 1986 jusqu'en 2001, Isabell partagera durant quinze ans une fabuleuse complicité avec le Docteur, qui lui met des cracks à disposition. «*A côté de mes parents, évidemment, le Docteur est la personne qui m'a le plus aidée et supportée dans ma carrière et nous continuons à nous téléphoner très régulièrement, il est toujours de bon conseil*», dira-t-elle après leur séparation professionnelle (le Docteur était déjà très âgé).

Parallèlement, en 2000, Isabell pratique le barreau pendant un an, avant d'être engagée par son sponsor, Karstadt, au sein du département marketing. En 2002, elle s'établit dans les installations de sa mécène, Madeleine Winter-Schulze, championne d'Allemagne en son temps et supportrice nº 1 de l'équitation allemande (on parle de son rôle incomparable dans le portrait sur Ludger Beerbaum, puisqu'elle finance la moitié de l'équipe germanique de saut (lire en pp. 158-159). Isabell est alors basée un temps à Mellendorf, dans le Hanovre, mais fait construire de superbes installations, inaugurées en 2004, dans son village: 22 boxes, un beau manège, des carrières… Durant toute cette période, de 2002 à 2009, elle travaille avec Wolfram Wittig, puis avec Jonny Hilberath, coentraîneur de l'équipe allemande.

Intelligente et très éclectique, Isabell a réussi à concilier carrières professionnelle et équestre. Dotée de beaucoup de sentiment, d'une grande capacité de concentration et de maîtrise, elle est faite pour la compétition. Cela ne l'empêche pas de travailler comme juriste et de profiter de la vie. Cet appétit de vie, ce mélange de volonté et de gaieté, ce rayonnement sautent aux yeux…

C'est précisément ce mélange de force et de légèreté qui impressionne le plus chez elle. C'est sans doute ce qui lui permet de supporter la pression et les émotions. Comme aux Jeux mondiaux de Rome, lorsqu'il fallut soudain affronter les sifflets d'une partie du public (notamment des supporters hollandais, vêtus en orange), acquis à Anky et «furax» du résultat. Une situation inédite, inattendue et délicate pour la championne. Isabell avait alors su renverser la situation très finement, sous le regard ému du bon vieux Dr Uwe Schulten-Baumer. «*Elle comprend si bien les animaux qu'elle pourrait dresser des tigres*», disait-il.

En 2007, elle remporte sa deuxième finale de Coupe du monde avec Warum Nicht FRH. Après Gigolo, Antony, Welcome et Nobilis Amaretto dans les années 1990, ce sont Satchmo, Warum Nicht FRH et El Santo NRW qui ont pris le relais ces dernières années. Aux JO 2008, Satchmo lui en fit voir de toutes les couleurs… et encore en avril 2011 à Leipzig, lors de sa dernière finale de Coupe du monde: des (presque) adieux contrariés! L'affaire de dopage qui l'avait mise à pied fin 2009 l'avait aussi marquée, mais elle a vite retrouvé joie et équilibre. Avec la naissance de son premier enfant, Frederic, en octobre 2009. Et avec de nouveaux résultats encourageants, avec des jeunes particulièrement prometteurs, comme El Santo NRW, un cheval capable de la ramener sur le podium. La voilà prête pour de nouveaux défis équestres!

Genève fut pour nous chaque fois un très beau concours. Le tout sous un même toit, d'excellentes infrastructures et conditions, et une ambiance impressionnante. Je me rappelle particulièrement volontiers de ma victoire avec Amaretto dans la Kür de 1997. Pas seulement parce que nous avions battu Anky et Bonfire, mais tout particulièrement parce que Amaretto était un cheval vraiment grandiose et que j'avais eu des frissons durant notre Kür. Il y a tout simplement quelques reprises qui restent une expérience émotionnelle inoubliable pour un cavalier. Et ce fut en l'occurrence justement une expérience inoubliable! Et par ailleurs c'est à cette occasion que j'ai gagné ma toute première ROLEX ☺!

⇧ Werner Ulrich avec des mini-shetlands, en 1999. Que ce soit pour les épreuves-attractions, le Masters ou la Coupe du monde, le champion du monde 1998 a toujours été le premier à répondre présent !
Photo Image

L'attelage « chez lui » à Palexpo

La plus grande piste du circuit indoor, un lac, une butte, des membres du comité convaincus que la pluridisciplinarité est un plus pour l'événement, à commencer par le vétérinaire du concours, le Dr Pierre-Alain Glatt, qui fut un temps aussi chef de l'équipe de Suisse, Palexpo est fait pour l'attelage et vice versa ! Il y eut donc des démonstrations – comme le fabuleux attelage à 11 chevaux de Philippe Kunz ! – et des épreuves en tout genre depuis 1994, et même un derby construit sur les trois paddocks en 1996, des meneurs dans chaque édition du Masters, des épreuves Coupe du monde depuis 2002, une finale en 2010 et aussi quelques innovations, comme les meneurs munis de micro depuis 2008…

Champion du monde à 2 chevaux (1991), puis à 4 chevaux (Jeux de Rome 1998), Werner Ulrich est présent, enthousiaste et actif dès les débuts, pour des épreuves nationales, des attractions avec des mini-shetlands ou des mulets, les Masters où il démontra ses qualités de dresseur et même de cavalier d'obstacle.

L'attelage, c'est sa vie et Werner Ulrich était déjà champion du monde à 2 par équipe en 1985 à Sandringham, six ans avant son premier titre individuel : vingt-cinq ans au plus niveau ! N° 1 mondial en 2005, année où il remportait le prestigieux CAIO d'Aix-la-Chapelle, il est monté trois fois sur le podium d'une finale de Coupe du monde. Ce champion simple et disponible, électricien de formation, débourre et forme lui-même la quasi-totalité de ses chevaux, les montant souvent. Ne dispose-t-il pas d'une licence dans toutes les disciplines ? Fils d'agriculteur, Werner Ulrich a été engagé comme chef atteleur au Centre équestre national de Berne en 1997 et y passe une bonne partie de son temps, tout en s'occupant de son domaine de Bäriswil. Son fils Stefan et sa fille Laura, qui officient souvent comme grooms à ses côtés, reprendront peut-être le flambeau. Stefan (13 ans) gagne déjà avec un poney !

⇨ A partir de 1994, des épreuves-démonstrations d'attelage, comme ce knock-out, mettent aux prises des meneurs romands (au premier plan, Pierre-André Meylan, de Mont-sur-Rolle).
Photo Geneviève de Sépibus

L'un est organisateur, l'autre showman

Aux côtés de son voisin d'Ittigen Max E. Ammann, Werner Ulrich a aidé à la création de la Coupe du monde et il encourage donc vivement Genève à entrer dans ce circuit, dès 2002. Malgré l'absence d'un sponsor, Genève fonce alors pour une première édition, en se disant que ce serait le meilleur moyen de convaincre un partenaire. Et le pre-

⇨ Le bel attelage à 11 de Philipp Kunz, présenté en 1999. Le meneur passionné de Monthey a animé à plusieurs reprises Palexpo, que ce soit avec ses attelages… à rallonges ou avec la Fanfare montée romande, dite « du Chablais ».
Photo Geneviève de Sépibus

mier vainqueur sera un Suisse, très charismatique de surcroît, Daniel Würgler. Sa participation, il la doit alors à une *wild card* des
organisateurs. Daniel Würgler se sent comme
un poisson dans l'eau dans l'atmosphère
électrique et bruyante qui caractérise les
épreuves indoors, regrettant *« que la musique
ne soit pas encore plus forte, car les chevaux
aiment ça et que cela rend la chose encore
plus explosive ! »* Un vrai *showman* !

Depuis une trentaine d'années, Daniel Würgler,
né à Biel-Benken, dans une famille de pay-
sans, tient avec ses proches une école d'équitation à Ettingen (BL), mais il passe le plus
clair de son temps à atteler. En compétition et
à la maison, où il propose ses services pour
des mariages ou des sorties d'entreprises.
Depuis vingt-deux ans, il est aussi responsable de la diligence du Gothard : l'attelage, ne
l'oublions jamais, a aussi une dimension historique et culturelle. Daniel Würgler aime
aussi préparer et assurer des attractions dans
de grands concours.

Malgré cette première expérience des plus
réussies, aucun sponsor ne se bouscule au
portillon. Il faudra attendre 2004 pour que les
Egger viennent à la rescousse. Bernois, bras-
seurs à Worb et meneurs passionnés, ils aident
beaucoup l'attelage et acceptent de prendre
une partie des frais à leur charge. L'aventure
peut donc reprendre de plus bel, de 2005 à
2011 (et suivantes, espérons-le !).

En 2005, on a droit à un duel entre les deux
vedettes des années 1990 et 2000, l'Allemand
Michael Freund, victorieux, et le Néerlandais

⇦ En 1996, un derby
d'attelage se déroule sur les
trois pistes (paddocks
d'entraînement et des
attractions compris), une
passerelle permettant même
au public d'être aux premières
loges. Et tout était filmé sur
l'écran géant.
Photo Geneviève de Sépibus

⇦ En 2002, première épreuve
de la Coupe du monde
d'attelage à Palexpo et
victoire de Daniel Würgler
avec ses chevaux tchèques. Un
Suisse au firmament, et très
communicatif de surcroît,
comment rêver meilleur
départ ?
Photo Jean-Louis Perrier

⇦ En 2006, Benjamin Aillaud
fait sensation en gagnant une
épreuve (sa toute première en
indoor !) et en terminant 2e de
ce qui est sa première
expérience Coupe du monde.
Le fin meneur français
reviendra en 2007, *« enchanté
par le grand moment équestre
et humain vécu lors de son
premier Genève »*. Fulgurante
mais hélas éphémère,
l'apparition de Benjamin
Aillaud, véritable artiste,
restera gravée dans les
mémoires.
Photo Roland Keller

⇨ Le champion du monde 1998 Werner Ulrich, ami fidèle de Genève, et son attelage de demi-sang suisses en 2006.
Photo François Mösching

Ijsbrand Chardon, qui était déjà venu présenter une attraction décoiffante à Palexpo au début des années 1990.

Le lac de Palexpo est un « plus » indéniable pour la Coupe du monde, mais le virage dans l'eau, sinon suggéré du moins accepté en 2006, n'est pas très heureux : Daniel Würgler manque son virage et l'une de ses grooms, Lea Schmidlin (qui avait brillé la veille dans l'épreuve alors réservée aux grooms…), se casse une jambe en chutant. Un épisode douloureux, malgré l'apaisante bienveillance des « victimes ». Le fin meneur français Benjamin Aillaud est alors le seul à refuser cette option, traversant chaque fois le gué. La victoire ira cette fois-là à Ysbrand Chardon, impressionnant d'audace et de volonté.

En 2007, c'est le succès du Néerlandais Marc Weusthof avec son bel attelage gris et en 2008 le début de la série victorieuse d'un extraterrestre : l'Australien Boyd Exell. Le Français Thibault Coudry épate aussi ! Les épreuves d'attelage enflamment à chaque fois le public de Geneva Palexpo. Les parcours de l'Allemand Falk Böhnisch, très coopérant, sont bien conçus. Et, pour la première fois, les meneurs portent des micros afin que les spectateurs puissent entendre les encouragements qu'ils donnent à leurs quatre montures sur les obstacles de type « marathon ». Une façon originale de se retrouver au cœur de l'exploit. Et de satisfaire ceux qui trouvaient la musique « boum boum » un peu trop forte – elle accompagne ainsi les prestations des meneurs sur toutes les étapes du circuit Coupe du monde et aide les chevaux !

Boyd Exell sera désormais le meneur de Palexpo, dominant les trois éditions de 2008 à 2010, finale comprise (lire son portrait en p. 201). L'Australien règne sur la discipline comme MM. Dubey, Bardos, Freund et Chardon avant lui.

L'attelage semble avoir une place bien établie à Palexpo, même si les bières Egger n'ont pas fait d'émules parmi les sponsors. Et si l'avenir dépendra aussi de la motivation et du niveau des meneurs suisses. Daniel Würgler n'a toujours pas trouvé de remplaçants à ses mécènes, MM. Maag et Straumann, qui ont arrêté un soutien de plus de douze ans. Poursuivra-t-il sa carrière ? Des jeunes pointent-ils le bout de leurs naseaux ? Pas sûr !

L'élevage prend racine

Depuis la fin des années 1980, sport et élevage commencent à faire bon ménage au CHI-W, on prend enfin conscience de l'importance capitale des éleveurs et des origines et, depuis le transfert à Palexpo, Genève fait une

⇨ Le multiple champion du monde et quadruple lauréat de la Coupe du monde Michael Freund s'impose en 2005 à Palexpo. Le voici aux côtés d'un fidèle sponsor, le Bernois Max Egger.
Photo Elsa Ochoa

⇦ En décembre 1992 déjà, les chevaux suisses de 3 ans et demi sont invités à Palexpo. Ils évoluent alors sur la grande piste, mais seront plus à l'aise et mieux vus ensuite sur la piste attractions. Vingt ans que Genève fait une belle place à l'élevage suisse : Swiss Breed Classic, Youngster Tour avec des chevaux suisses, tournante pour les 6, 7 ou 8 ans.
Photo Geneviève de Sépibus

place de plus en plus large à l'élevage. Les meilleurs 3 ans et demi se présentent depuis le début des années 1990. La traditionnelle super finale du Swiss Breed Classic se déroule chaque année à Genève.

Une étape supplémentaire sera franchie avec l'assemblée générale de la World Breeding Federation for Sport Horses (WBFSH), qui regroupe les principaux stud-books mondiaux, dans le cadre de la finale 1996. C'est aussi la naissance de *Breeding News*, lancé par Xavier Libbrecht et ses amis à Palexpo. La soirée mondiale de l'élevage, récompensant les meilleurs chevaux de saut, de dressage et de complet et surtout les meilleurs éleveurs du monde, avec le concours de la WBFSH et de Merial (Eqvalan), se déroule aussi en 1997, puis en 2005 et 2006 à Genève.

Depuis ces années-là, un Youngster Tour est proposé et les chevaux suisses y sont souvent nombreux. De plus, une tournante pour jeunes chevaux a déjà été organisée cinq fois, sous des formes différentes (3 ou 4 chevaux, 7 ou 8 ans). Tout ce qui peut promouvoir l'élevage et notamment l'élevage suisse jouit d'une bonne écoute au sein du comité, où Christophe Deller chapeaute ce domaine. On rêve aussi d'un village de l'élevage réunissant différents stud-books… Un jour ?

⇧ En 1997, la World Breeding Federation for Sport Horses (WBFSH) récompense les éleveurs des meilleurs chevaux de saut, de dressage et de complet (ici les Thompson, venus de Nouvelle-Zélande, suite à la 1re place de Broadcast News, le crack de Mark Todd) à Genève, en collaboration avec Merial et avec Xavier Libbrecht, éminent spécialiste d'élevage, comme le savent les lecteurs de *L'Eperon* et de *Breeding News*.
Photo Image – B. Sandoz

⇦ Les jeunes chevaux suisses sont souvent montés, testés et notés par des cavaliers internationaux. Ici en 1999 (de g. à dr.) l'international de dressage et de complet (champion de Suisse 2011) Sébastien Poirier, le champion du monde de saut 2010 Philippe Le Jeune, Michel Pollien, la médaillée olympique et mondiale de dressage Imke Schellekens-Bartels et le responsable de la FECH Michel Werly.
Photo Image – B. Sandoz

Chapitre 14

Epreuves-attractions et attractions
Quand Palexpo s'enflamme ou s'émeut

De tout temps, le CHI de Genève a accueilli de grandes attractions, que l'on pense au Cadre Noir, à la Garde républicaine ou ou à la Garde royale de Barcelone, en visite dans les années 1950. De grands ensembles que le CHI n'aurait plus les moyens de s'offrir de nos jours… même si nous avions un temps imaginé avoir le fameux Carrousel des Carabinieri ou le Cadre Noir à Palexpo, bien avant que ce dernier ne vienne, en avril 2011. De telles écoles ne se déplacent plus pour 20 minutes de spectacle, elles veulent une soirée entière et si possible un orchestre philarmonique pour les accompagner. La question est aussi de savoir si une grande attraction présentée la veille du concours, par exemple, ne risque pas de nuire aux finances du concours, certains renonçant du coup à venir aussi souvent au CHI.

Genève a choisi de privilégier autant les épreuves-attractions que les attractions. Au fil des ans, le CHI Genève est devenu une vraie fête du cheval, où différentes disciplines se mélangent, où l'élevage et les attractions figurent au programme, et on fait une large place aussi à des épreuves de saut distrayantes et originales.

A cheval entre la compétition et les attractions, le Masters symbolise bien l'évolution du concours, la diversité des disciplines présentées et la combinaison du sport et du spectacle. L'idée a mûri lors d'une soirée au coin du feu, un hiver au Portugal, avec le futur double champion du monde d'attelage Félix-Marie Brasseur, que je venais rencontrer

pour un reportage dans *L'Eperon*. En mars 1996. Le fin meneur belge, journaliste et animateur TV à ses heures, m'avait confié qu'il aimait tout faire, lui l'ancien du Cadre Noir de Saumur, passé par les écuries de saut de François Mathy senior avant de faire de l'attelage sa priorité absolue… «Chiche!», lui avais-je dit! L'ex-champion d'Europe et du monde Auguste Dubey, hélas décédé en 2001, était aussi de ce voyage au Portugal et ce grand homme de cheval fut également séduit par le projet.

⇦ Le champion olympique de saut 1988 Pierre Durand effectuant sa toute première reprise de dressage en frac. Et avec humour! On est lors du Crowne Plaza Masters de 1998 et le Français avait déjà mis un terme à sa propre carrière équestre.
Photo Team Reporters

⇦ Félix-Marie Brasseur, le double champion du monde d'attelage à 4, est un peu celui pour qui le Masters a été créé. Ne fut-il pas en effet un multichampion accompli, un ancien de Saumur et un cavalier de saut à l'époque où il travaillait pour François Mathy sen.?
Photo Image – B. Sandoz

⇦ Mateo et ses frères Julo et Gilo (les noms d'artistes des frères Nassif!) forment un trio unique en son genre. Et, à Palexpo, ils ont toujours été… à la hauteur de leur réputation de *horsemen*, ou hommes chevaux, et de *showmen*, franchissant avec style les obstacles d'une hauteur de 170 cm… et plus!
Photo François Ferrand

⇨ En 1997, le fameux numéro de dressage à l'envers du double champion olympique de saut 1996 Ulli Kirchhoff fit sensation (on voit des gens debout !). Et son parcours de saut « à l'aveugle » aussi : quel *showman* hors pair !
Photo Image – B. Sandoz

⇨ Nelson Pessoa effectuant une reprise libre en musique avec Baloubet du Rouet en décembre 1997, quatre mois avant que Rodrigo ne remporte avec ce fabuleux étalon sa première Coupe du monde de saut… Deux autres, un titre olympique et tant de médailles suivront !
Photo Team Reporters

⇨ Nelson Pessoa et le Masters.
Dessin de Françoise Joho

L'année suivante, Félix-Marie Brasseur se retrouve donc à Palexpo, pour le premier Masters parrainé par le Crowne Plaza. Le maître belge fait alors belle impression en saut et en dressage. Ce challenge des « maîtres des maîtres » veut mettre en lumière ceux qui ont plusieurs cordes à leur arc et avec lui il est bien servi !

Que de grands moments, de numéros inédits et uniques, en une bonne dizaine d'éditions ! On aura vu Nelson Pessoa en frac monter Baloubet du Rouet, alors âgé de 8 ans, dans une reprise de dressage de haut niveau. Piero d'Inzeo effectuer un come-back à 74 ans, tout en s'essayant pour la première fois à l'attelage, Barbara von Grebel, Tineke Bartels ou Werner Ulrich sauter 125 cm avec aisance (le Bernois excelle aussi en dressage), Lesley McNaught, Markus Fuchs ou Ulli Kirchhoff faire chavirer les tribunes de rire et de bonheur. Que ce soit en aveugle, en Michael Jackson ou en tubette, le champion olympique 1996 en aura réussi des numéros délirants et très difficiles à la fois : le roi du Masters, c'est bien lui !

Entre 2004 et 2006, des courses de trot attelé et une réplique du Trophée du Mulet sont encore venues varier les plaisirs. Le PMU parraina avec enthousiasme ces nouveautés (logique PMU et PMU-LET, ça va bien ensemble !). Les meilleurs drivers du pays, Yvan Pittet, à 70 ans, pour de touchants adieux à la compétition, Philippe Wahlen, pour un étonnant retour à la com-

⇦⇦ Alexandra Ledermann a fait preuve d'un humour fou dans le Masters 1999, en imitant l'« Australien volant » Kevin Bacon. Il avait fallu insister pour la convaincre et au final la championne d'Europe fit une imitation hilarante et géniale !
Photo Team Reporters – Alain Gavillet

⇦ Pas de deux entre Jane, alias Malin Baryard, et Tarzan, le meneur suédois Tomas Eriksson, à l'aise dans toutes les disciplines.
Photo Team Reporters – Alain Gavillet

⇦⇦ Un prestigieux jury pour le Masters (de g. à dr.) : l'ex-champion et chef d'équipe Frank Lombard, Mariette Whitages et les deux champions olympiques de saut français Pierre Jonquères d'Oriola et Pierre Durand.
Photo Team Reporters – Alain Gavillet

⇦ Beat Mändli et une jolie paire de mules soulevant l'hilarité des spécialistes Michel Gerber, coconstructeur des parcours à Palexpo (qui était allé chercher les mules à Viège !), et Kay Richiger. On est en 1999.
Photo Geneviève de Sépibus

pétition, Anne Laubscher, ex-championne de saut, Henri Turrettini, Renaud Pujol et Marc-André Bovay se sont mesurés aux cavaliers et notamment à Christian Ahlmann, le triomphateur de la Coupe du monde Rolex FEI 2011, driver très doué (son père a une grande écurie de trotteurs), à Lesley McNaught ou encore à la famille Fuchs. Et, entre le saut et le trot, on sait que les passerelles sont multiples, les Fuchs, Lesley, les Pachoud, Lauffer et autres Millasson ne diront pas le contraire !

L'amitié permet de grandes choses

Grâce à Silvio Giobellina et à tous ses petits muletiers, un peu de la magie du Trophée du Mulet de Leysin est decendue en 2005 à Palexpo. Et les cavaliers y ont été très réceptifs. Qui ne se souvient de John Whitaker en costume d'armailli, debout sur sa mule, au galop, vacillant dans les virages, mais tenant bon ? Ou de Trevor Coyle triomphant sur 72 cm dans les Six Barres ? Malin, Lesley, Anne, Dani, chacun s'en est donné à cœur joie !

⇧ La princesse Haya de Jordanie, future cavalière olympique et présidente de la FEI, et l'Américaine Alice Debany-Clero descendant du toit de Palexpo pour atterrir sur un cheval de voltige…
Photo François Ferrand-LDD

⇧ … avant de prendre un bon bain dans le lac et à coups de lance à incendie (Rodrigo Pessoa n'y était pas pour rien !).
Photo François Ferrand-LDD

⇨ L'olympique Ulrich Kirchhoff en duo avec Tina Turner, euh pardon, Helena Weinberg (ex-Dickinson). On est en 1998.
Photo Geneviève de Sépibus

⇩ Comme tout bon cavalier anglais, John Whitaker a commencé par les *pony-games* !
Photo Jean-Louis Perrier

En 2010, le Masters organisé pour le 50e apporte de nouvelles surprises, même si Markus et Thomas Fuchs ravivent le passé dans un fabuleux numéro de dressage. Voir Pénélope Leprévost et Kevin Staut exécuter un pas de deux, Eric Lamaze faire la course face à Martin Fuchs aux commandes de mini-shetlands, Steve Guerdat et Jessy Putallaz sauter avec un mulet ou participer à de l'*agility dog*…, c'est aussi la marque festive de Genève.

On a parfois le sentiment que, plus on demande à certains cavaliers, plus ils donnent au public. Et les champions olympiques ne sont pas les plus avares en cadeaux: Ulli Kirchhoff, Jeroen Dubbeldam ou Eric Lamaze sont toujours prêts à s'amuser et à mettre le feu. Et tout ça pour la beauté du geste, le plaisir de faire plaisir. Cela rapproche ces champions du public et tisse aussi des liens étroits avec les organisateurs. Françoise Tecon s'est fait de vrais amis depuis le temps qu'elle œuvre pour le Masters ! Sans elle, je n'aurais sans doute pas pu aller au bout de mes idées, parfois élaborées avec sa complicité d'ailleurs. Elle trouve toujours une solution, un costume ou une musique à la dernière minute. Que de tensions, de stress, mais aussi de joies et de complicité échangée avec ces cavaliers-acteurs ! Demander à Piero d'Inzeo de se remettre en selle et d'effectuer un parcours à 74 ans, ça fait rêver, mais ce n'est pas une mince affaire, ni sans risque. J'entends encore le message du colonel sur mon répondeur téléphonique : *« Je serai là, avec plaisir et avec ma tenue militaire. Pouvez-vous vous occuper des formalités douanières et me trouver un cheval. A propos, je n'ai plus sauté depuis dix ans ! »*. On ignorait qu'un colonel ne pouvait pas franchir une frontière avec son uniforme ! Et quel cheval lui trouver pour ne prendre aucun risque ? Et s'il arrivait un accident ? Tout cela vous trotte dans la tête, vous vous dites que vous êtes cinglé, que vous vous compliquez la vie et que vous la compliquez aux autres. Et puis tout se passe bien, grâce aux trésors de patience et de persuasion dépensés par Françoise Tecon, Nathalie Mercier ou Philippe Guerdat derrière le rideau, grâce au gentil cheval prêté par Nadia Gaumann aussi, et, au final, le public semble apprécier.

Françoise Tecon se charge aussi de la décoration, avec la mère de Sophie Mottu: deux Françoise et toute une équipe hypermotivée pour réussir le miracle d'embellir la piste et les vastes halles de Palexpo, ce n'est pas de trop ! Elles mettent des couleurs et des fleurs un peu partout, sur la piste, à l'entrée des officiels et des cavaliers, au village des organisateurs, dans les allées, etc.

Mateo et les horsemen

Revenons aux épreuves-attractions, parmi lesquelles il faut citer le knock-out, relancé de temps à autre mais avec la crainte de débordements et de scènes pas toujours très flat-

⇦⇦ En 2005, John Whitaker et les autres muletiers-surprise font du Masters PMU un véritable Top 10 de l'humour !

⇦ Lorenzo n'a qu'à bien se tenir : ce cosaque-armailli répondant au nom de John Whitaker a fait un sacré show, debout sur sa mule dans la course et même dans les virages !
Photos François Ferrand

teuses pour l'équitation, des relais, la chasse sans selle, laissée de côté depuis 2008, les cavaliers ayant toujours plus de raisons de ne pas prendre de risques – «*les propriétaires, les sponsors, les épreuves importantes à venir, les adducteurs*», etc. – et les enfants nous donnant parfois des sueurs froides en en prenant un peu trop.

A mi-chemin entre sport et attractions, n'oublions pas nos amis les *horsemen* et leur mer-

veilleux mentor et cornac, Mathieu Nassif, dit Mateo. J'avais fait sa connaissance à Bologne, en février 1999, et il devint immédiatement un ami. En le voyant franchir ses gros parcours à la cadence parfaite du cheval, je me revoyais enfant dans le jardin, «*jouant le CHI de Genève*». J'ai alors compris que lui aussi voulait prolonger son rêve d'enfant. Et comme il a en plus le sens de l'amitié et de la fête, Mateo est devenu un membre à part entière de la belle famille du CHI.

Il faut voir ces *horsemen* franchir des verticaux de 160 cm et plus, enchaînant des vrais parcours de Grand Prix, en cadence, avec humour et souvent à deux ou trois sur les mêmes obstacles. Ce sont Mateo, Julo (Julien) et Gilo (Guillaume), les frères Nassif, des hommes-chevaux assez uniques en leur genre ! Et aujourd'hui leurs nombreux disciples – les frères de Preux en Suisse – dépassent parfois les maîtres (pas en style, mais pour quelques cm !). Michel Darioly les a souvent réunis aussi et on les réclame désormais un peu partout dans le monde, nos « Flying Frenchmen » !

Un autre moment fort fut le magnifique quadrille de dressage présenté par huit cavaliers

⇦ Poète et aventurier, l'ancien champion d'Europe et du monde de bob à 4 Silvio Giobellina nous propose un beau spectacle en 2005. Le « pape des mulets » fait même sauter un lama avec doigté !
Photo François Ferrand

⇦ Markus Fuchs (derrière), le grand champion de trot Yvan Pittet, qui faisait, à 70 ans, ses adieux à la compétition, et Christian Ahlmann (à dr.), au coude à coude lors du Masters PMU de 2004. Il devait sauf erreur s'agir de la toute première course de trot attelé indoor…
Photo Image – B. Sandoz

⇨ A la tête du dicastère attractions, Emmanuelle Lathion (à dr.) a succédé à Natalie Cornaz en 1997, en toute harmonie.
Photo Team Reporters

⇨ Un superbe quadrille de dressage présenté par les meilleurs cavaliers de dressage du pays, sous la houlette de Christian Pläge et de Lorenz Rageth, en 2001. L'année suivante, c'est le couple Pläge qui effectuera un pas de deux à la fois magnifique et drôle.
Photo Image – B. Sandoz

⇩ En 2005, comme en 2007 et en 2010, le quadrille d'attelage présenté par huit des meilleurs meneurs romands, sous la houlette de Christophe Jacquot et de Pierre Evrard, connaît un grand succès.
Photo Geneviève de Sépibus

Le monde fascinant des attractions

Depuis le début des années 2000, une attraction de très haut niveau au moins figure au programme, en plus des quatre ou cinq attractions présentées. Celles-ci sont placées depuis plus de douze ans sous la baguette (magique !) d'Emmanuelle Lathion, qui a succédé à Natalie Cornaz en 1997.

Parmi les moments les plus lumineux, Jean-François Pignon et ses juments en liberté, sommet d'harmonie, de poésie et de légèreté, en 2005 et 2006, Lucien Gruss, le magicien de la piste aux étoiles, qui sut associer Malin Baryard, Eugénie Angot, Michel Robert et John Whitaker à son magnifique spectacle, en 2008, et Lorenzo, qui a subjugué le public lors des finales 2010 avec sa poste hongroise à six ou huit chevaux, ces virevoltes par-dessus des obstacles ou encore son numéro « Emotion » incluant une jolie surprise saisonnière, trois adorables poulains nés depuis peu et en harmonie avec les autres chevaux. Quel étonnement en les voyant téter paisiblement ; ça aussi c'est de la magie pure !

Du Cabaret équestre à Henri Wagneur et de Laurent Jahan à Piéric, à la cavalcade de Chambord ou aux numéros d'Apassionata, des frisons aux minorquins, les « perlas negras » des finales 2010, que de beaux moments vécus à Palexpo grâce aux attractions ! Que de numéros différents ont animé grande et petite pistes durant toutes ces sessions ! Que d'artistes à convaincre, à accueillir, à loger, à entourer, à stimuler, à consoler ! Emmanuelle Lathion est elle-même une véritable artiste et elle s'est donc se faire comprendre et apprécier de tous. Le Dr Pierre-Alain Glatt s'est souvent compliqué la vie avec les chameaux, aigles ou loups annoncés, et Eric Sauvain s'est arraché ses derniers cheveux en entendant parler de flammes géantes ou de nuit noire dans Palexpo, mais, au bout du stress, la réussite est presque toujours au rendez-vous.

Un vétérinaire à la rescousse !

Pour résumer, la fantaisie d'Emmanuelle Lathion est débordante et donc pas si facile à canaliser ! « Nous nous trouvons parfois avec des animaux bloqués à la frontière, ne possédant que des documents fantômes. A nous de trouver des solutions ! », lance le Dr Glatt, fait au feu ! Effectuer un aller-retour

et chevaux de Grand Prix réunis par Christian Pläge en 2001, le pas de deux exécuté par les Pläge l'année suivante, on en parlait, ou encore les beaux quadrilles d'attelage orchestrés à trois reprises par Christophe Jacquot et Pierre Evrard, sur lesquels nous reviendrons.

contagieuse –, l'inspection vétérinaire, les soins éventuels, tout en assurant la sécurité et la prévention des risques d'abus.

La FEI se charge des contrôles antidopage, mais, pour le reste, tout est placé sous le contrôle de Pierre-Alain Glatt, ravi et soulagé que, sous son impulsion, Valérie Renggli ait accepté de gérer depuis 2010 un dicastère « coulisses » regroupant écuries (sécurité comprise), ambulanciers, soins et autres « scénarios catastrophes »…

⇦ Le Dr Pierre-Alain Glatt est à la fois le vétérinaire officiel du CHI-W et le responsable de l'attelage, ce qui ne l'empêche pas de garder son flegme (quasi *british* !) et sa gentillesse.
Photo Joseph Carlucci

en plein concours à Berne pour obtenir un visa pour des rapaces ou un laissez-passer pour des chameaux ne lui fait plus peur…

Vétérinaire d'un concours pluridisciplinaire comme Genève, ce n'est pas une mince affaire pour Pierre-Alain Glatt, qui gère également l'attelage. *« J'ai une équipe d'une dizaine de personnes, qui comprend aussi les deux maréchaux-ferrants, pour s'occuper de tout le domaine vétérinaire. Et à cela s'ajoute l'équipe des stewards »*, explique-t-il. Le CHI, ce sont plus de 300 chevaux qui débarquent en moins de vingt-quatre heures : bien des choses à gérer ! De l'inspection des boxes, pour s'assurer qu'ils ont bien été montés et qu'aucun cheval ne peut se blesser à une armature, jusqu'à l'organisation du retour, en passant par la vérification des passeports et des chevaux – afin qu'aucun d'entre eux n'amène une maladie

⇦ Que ce soit en 2005 ou en 2006, Jean-François Pignon et ses cinq juments ont touché au plus profond le public de Palexpo avec leur numéro de jeu en liberté, sublime mélange de dressage, d'humour et de poésie.
Photo François Ferrand

⇦ Photo François Mösching

⇦ Vedette de l'édition 2008, Lucien Gruss, véritable magicien de la piste aux étoiles, s'arrêtait volontiers au stand du *Cavalier Romand*, où il devisait avec cavaliers, journalistes et musiciens. Le voici entouré de Philippe Guerdat (leur amitié remonte à la nuit des temps !), Céline Gualde, d'Equidia, Alban Poudret et Kamel Boudra, d'Equidia.
Photos Jean-Louis Perrier

⇦ Lors des finales 2010, Lorenzo, le Camargais volant, enflamme le public avec sa poste hongroise sautante, connue dans le monde entier, et nous émeut aussi avec son numéro plus poétique, dans lequel il a exceptionnellement intégré trois poulains.
Photo Photoprod – Serge Petrillo

Chapitre 15

Le Top 10
L'avènement du sport-spectacle

Le CHI de Genève veut depuis longtemps privilégier le sport, le grand sport, tout en soignant la mise en scène, le décorum et le rôle des speakers. Il n'était donc pas surprenant que Genève prépare de concert avec le Club des cavaliers internationaux (IJRC) un projet glorifiant le sport et ses champions dans une mise en scène très particulière : la finale du Top 10.

Cette finale présentée par Rolex et Gandini à ses débuts, c'était l'assurance de voir les dix meilleurs, luttant pour le titre de « cavalier de l'année ». Et Genève a dès lors eu la chance d'accueillir très fréquemment – huit fois en dix ans – cette finale, qui est désormais au concours hippique ce que le Masters est au tennis : les meilleurs, rien que les meilleurs !

Le Top 10 a aussi été imaginé pour mieux faire connaître les cavaliers-stars du moment. Ceux-ci défilent lors d'une parade où un film retrace leurs exploits. On les voit ensuite deux fois à l'œuvre, puis à pied, où ils partagent émotions et impressions avec le public. A la télévision aussi, cela permet de mettre un visage et un caractère à ces champions un peu cachés par leurs bombes (devenues de vrais casques).

On a ainsi vu les champions olympiques Rodrigo Pessoa et Ludger Beerbaum, sacrés deux fois chacun, se réjouir ou s'incliner avec fair-play, Markus Fuchs garder son humour dans la défaite (« Que voulez-vous, il n'a pas sauté assez haut ! »), Meredith Michaels Beerbaum et Jessica Kürten bondir de joie sur le podium. Et Steve Guerdat chavirer de bon-

heur avec le public, lors de la 10e finale, un 10 décembre 2010.

Pour être plus près des champions

C'est justement pour tout cela que l'IJRC a créé cette finale du Top 10, en collaboration avec le CHI. Un jeu passionnant pour un enjeu important : faire du saut d'obstacles un spectacle intense, rapide, et de ses acteurs cavaliers et chevaux des stars comparables à celles d'autres sports. Se concentrer sur dix cavaliers, dix silhouettes, dix styles et dix caractères. Partager leurs émotions, écouter leurs réactions, vivre leur épreuve. En s'inspirant du ski, où l'on voit le leader suivre la course de son adversaire, du patinage artistique, où l'on partage l'émotion de l'athlète au moment du verdict, au « kiss and cry », et

⇧ Tour d'honneur endiablé de Ludger Beerbaum et Goldfever : la fièvre du samedi soir à Palexpo pour cette première finale du Top 10 Rolex Gandini, en 2001.
Photo Ldd

⇦ Le trio vainqueur de la 3e finale du Top 10, parrainée par Rolex et Gandini, en décembre 2003. Sur la plus haute marche, Rodrigo Pessoa, entouré de Lars Nieberg, 2e, et Marcus Ehning, 3e. Même le Grand Ludger Beerbaum, 4e, s'incline cette fois-ci !
Photo Geneviève de Sépibus

⇧ Fête au stand du *Cavalier Romand* après la première finale du Top 10 (de g. à dr.): Rodrigo Pessoa, Philippe Guerdat, Lars Nieberg, Eleonora Moroni Ottaviani, Otto Becker, Ludger Beerbaum, victorieux des deux premières finales, Sophie Mottu, future directrice du concours, Alban Poudret, Franke Sloothaak et Thomas Balsiger.
Photo Team Reporters

⇨ Beaucoup de joie sur le podium de la première finale du Top 10, où Ludger Beerbaum fait une place au propriétaire de ses cracks, le regretté Dieter Schulze, pour lui rendre hommage. A g. Ludo Philippaerts, 2e à dr. Franke Sloothaak, 3e.
Photo Image – B. Sandoz

⇨ En 2002, Ludger Beerbaum remet ça dans le Top 10, cette fois-ci avec sa brillante mais fantasque Gladdys'S.
Photo Geneviève de Sépibus – LDD

du tennis, où l'on interroge le champion à chaud. Tout cela bien sûr autour d'une épreuve forte et crédible sur le plan sportif (parcours, piste, etc.). Et, à Genève, les chefs de piste, Rolf Lüdi et son team, ont chaque fois su désigner un vrai couple n° 1: la liste des vainqueurs du Top 10 célébrés à Palexpo (à voir en fin d'ouvrage) parle d'elle-même.

Comme dans beaucoup d'autres domaines, il a fallu semer et patienter avant de récolter des fruits. Car, si le public a tout de suite répondu avec enthousiasme (il fallut quelquefois refuser des centaines, voire un millier de gens à l'entrée…), les chaînes de télévision ont mis du temps à être convaincues. Malgré moult sollicitations, celles qui reprenaient le Grand Prix Coupe du monde de saut ne demandaient pas toutes le Top10, mais elles furent chaque fois un peu plus nombreuses.

Ce fut une belle aventure que de participer à l'élaboration de cette finale, d'en imaginer le règlement et la mise en scène, de concert avec l'IJRC, Cayetano Martinez de Irujo, son président, Rodrigo Pessoa, son successeur, Eleonora Moroni Ottaviani, sa directrice, Ludger Beerbaum, François Mathy jun. Avec la complicité de Vittorio Orlandi, l'ancien médaillé olympique et européen, cosponsor avec Rolex des premières finales, via sa société Gandini, j'avais même proposé des formules plus audacieuses: une première manche à 10 suivie d'une mini-tournante entre les trois meilleurs, ou même une finale pour les deux (ou quatre) meilleurs jouée simultanément, comme un knock-out de niveau Grand Prix. Vu la taille de Palexpo, on pouvait imaginer un double parcours de 8 ou 10 efforts (avec une combinaison au moins). Le barrage entre Tinka's Boy et Baloubet du Rouet à Göteborg, en finale de Coupe du monde, en avril 2001, ne faisait-il pas penser à un tel duel, avec un Baloubet plus rapide mais victime de fautes sur les deux derniers?

Les cavaliers décidèrent finalement d'une finale plus classique, mais acceptèrent que la mise en scène en soit très particulière, à la fois solennelle (parade) et très moderne (interviews à chaud, présence des dix «stars», etc.). Ils ont sans doute eu raison de pencher vers le classicisme, mais la forme, elle, se doit d'être moderne et télégénique.

Les observations de la «dottoressa»!

Eleonora Ottaviani, la dynamique directrice de l'IJRC, la «dottoressa», comme on l'appelle affectueusement, nous a livré son carnet de notes de la première finale, où nous travaillions déjà en tandem avec l'IJRC. Voici quelques-unes de ses observations: «*vendredi 7 décembre 2001: lors de la musique du tour d'honneur, si caractéristique de Genève, j'étais toute émue, car je sais que demain, c'est le grand jour, le Top 10, un pro-*

jet que nous avons rêvé et réalisé tous ensemble, de concert. La formule est là, la TV est motivée, je pense surtout qu'il est beau et facile de travailler avec des gens qui comme ici à Genève ont pour priorité le sport. C'est dommage ('un peccato!') que ce ne soit pas toujours le cas ailleurs…». Et le lendemain: «Au rideau, la tension est à son comble, j'ai la boule à l'estomac, c'est comme de se présenter à un examen, de cette finale dépend aussi la crédibilité de notre Club (l'IJRC), tous les cavaliers ne s'en rendent pas compte, mais on pourrait perdre la face. Heureusement, tout se présente bien, la salle est remplie, Pierre et Alban n'ont jamais senti la salle si vibrante et si pleine… il manque des places à la tribune bénévoles, il faut improviser… on est tous sous tension, Jos (Lansink) me dit que je le rends nerveux à force de lui donner des conseils: la parade peut commencer! Cayetano et Emile (Hendrix) accourent du paddock, Michael (Whitaker) a un problème avec son cheval, il faut le remplacer… il reste 15 minutes! La première manche se déroule plutôt bien, mais Michael doit abandonner, normal avec un deuxième cheval! Deuxième manche: les interviews se passent bien. Markus fait la faute sur le dernier, mais ne perd pas son humour au micro. Rodrigo a fait 8 pts, mais il semble lui aussi heureux que l'épreuve réussisse si bien: la finale du Top 10, une épreuve sublime, notre épreuve, un championnat du monde en 50 minutes! Ludger bat Ludo, ils se félicitent et nous avons un beau vainqueur: Ludger, fêté par tous. Magnifique la remise des prix, le podium, la joie, le public en délire lors du tour d'honneur, tout cela est-il bien réel?».

Le rôle capital de Rolf Lüdi

Si ces finales furent grandioses, on le doit beaucoup à un grand stratège, à un magicien: Rolf Lüdi, le constructeur, pièce essentielle de la réussite du CHI-W de Genève depuis plus de dix ans. A Genève, Rolf Lüdi a succédé à Robert Carbonnier, à Daniel Aeschlimann et à Paul Weier, l'homme clé de la finale 1996, ainsi qu'au Vénézuélien Leopoldo Palacios, invité en 1998 et 1999, juste avant «ses» JO de Sydney.
Avec Heiner Fischer, son ami et alter ego des débuts, Rolf Lüdi officiait déjà comme assistant de Palacios à Palexpo et Philippe Guerdat leur avait alors confié la piste des Européens juniors et jeunes cavaliers 1999 de Münchwilen. Et

comme maître de la piste à Palexpo depuis 2000, Rolf Lüdi est l'homme de la situation. «On m'avait demandé si je voulais bien m'engager pour deux ans. Et je suis toujours là!», sourit l'intéressé, qui se réjouit de cette histoire qui dure avec un concours cher à son cœur: «Genève, c'est spécial, très spécial. Il y a la piste, plus grande que bien des pistes extérieures, ce qui laisse une plus large place à la créativité du constructeur. Puis il y a cette orga-

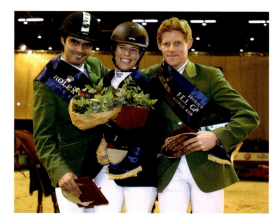

⇧ Chameau ou dromadaire? En 2001, visite inattendue devant le Crowne Plaza (devenu le Starling), l'hôtel des cavaliers, avec Pierre E. Genecand, le chamelier, Martin Walther, alors chef de l'équipe de Suisse de saut, Eleonora Moroni Ottaviani, directrice du Club international des cavaliers de saut (IJRC), le champion du monde Franke Sloothaak, le vainqueur de la Coupe du monde Rolex FEI 2007 Beat Mändli, Alban Poudret et la présidente du jury du CHI de Genève Catherine de Coulon. Photo LDD

⇲ Le magnifique podium de la finale du Top 10 2004 comprend trois des quatre premiers mondiaux, à savoir Rodrigo Pessoa (2/3), Meredith Michaels Beerbaum (1/1) et Marcus Ehning (3/4). Le mérite en revient aussi au chef de piste, Rolf Lüdi. Photo Scoopdyga – Pierre Costabadie

⇦ Markus Fuchs doit hélas abandonner lors de la finale du Top 10 2003, les douleurs étant trop fortes: «c'était terrible, comme si on m'avait planté un couteau dans le ventre et la cuisse», dira-t-il. Quelle terrible déception pour le n° 1 mondial… et le public! Photo Image-B. Sandoz

nisation, ces différents groupes de construction placés sous la direction de chefs, tous constructeurs nationaux, soit Gérard Lachat, Jürg Notz, Pierre Dolder, René Monnier et Luc Henry. Et puis il y a tous ces bénévoles, staff de piste à la fois joyeux et efficace, dirigés de manière grandiose par Thierry Eissler !», confiait-il à Sophie Kasser-Deller. Et d'ajouter : «Ce qu'il y a de beau dans ce métier, c'est la créativité ! Ce privilège d'être libre de faire comme on veut. Bien sûr, il y a le règlement, mais, entre le choix des lignes, des couleurs, des obstacles et de leur enchaînement, on a largement de quoi donner libre cours à son imagination».

Sur ce plan-là, à Palexpo, notre homme, ardent défenseur de la diversité des terrains de concours, est gâté. Car, contrairement à d'autres CSI qui utilisent des obstacles loués, Genève a son propre parc d'obstacles, sa spécificité. «Le jet d'eau, le gruyère, les tours du Molard, cette variété d'obstacles est géniale, et un plus incontestable pour le chef de piste qui peut ainsi s'en donner à cœur joie pour personnaliser ses parcours.» Et le chef de piste de rappeler que tout fin stratège qu'il doit être, le constructeur se doit aussi de penser à l'apparence esthétique. «Un parcours doit être beau, pour le public, les sponsors, les organisateurs. C'est très important. Pour cela, je peux notamment compter sur Jürg Notz, un spécialiste de la décoration qui sait mieux que personne marier les couleurs, les fleurs, etc. Il m'accompagne d'ailleurs à l'étranger, notamment à Göteborg, pour ça», confiait-il alors aussi.

Et s'il est arrivé que certains cavaliers se plaignent des particularités visuelles de la piste genevoise, parfois peu au goût de leur cheval (le lac, le cheval en buis ou les décos en ont intrigué plus d'un), selon Rolf Lüdi, les cavaliers savent aussi apprécier la beauté d'un parcours. Ils entretiennent du reste d'excellentes relations avec lui.

Un palmarès éloquent !

Comme tout grand chef de piste, Rolf Lüdi dégage souvent le(s) meilleur(s) ! En 2001 et

2002, Ludger Beerbaum est au sommet de son art, n° 1 mondial, et il s'adjuge les deux premières finales de ce Top 10. En 2003 et 2005, ce sera un couple de légende : Rodrigo Pessoa et Baloubet du Rouet. Ils ont déjà remporté trois finales de Coupe du monde et décrocheront aussi l'or aux JO d'Athènes en 2004. Un doublé logique donc, si tant est que dans ce sport un palmarès soit logique… Et en 2004 et 2006, c'est l'avènement, le couronnement de Meredith Michaels Beerbaum. A son tour, l'Allemande d'origine californienne est n° 1 mondiale – et la 1re femme de l'histoire à le devenir – et ses victoires avec Shutterfly, seul autre cheval à remporter trois Rolex FEI World Cup avec Baloubet, tombent comme des fruits mûrs.

Les finales du Top 10 provoquent aussi déceptions et drames : Markus Fuchs qui se déchire les adducteurs en plein sans-faute avec Tinka's Boy, alors qu'il est justement n° 1 mondial et favori, en 2003 ; Ludger Beerbaum qui court à la poursuite de sa belle-sœur et trébuche méchamment sur l'avant-dernier obstacle, en 2006, la princesse Haya, Meredith et Eleonora en bordure de piste qui ne peuvent s'empêcher de pousser un petit cri avant d'être rassurées ; la déception de Kevin Staut et de Pius Schwizer lors de la finale 2010 survolée par Steve Guerdat… Du sport intense !

La Télévision Suisse Romande, devenue la Radio Télévision Suisse, qui assure probablement la meilleure production de saut d'obstacles au monde, avec les chaînes allemandes peut-être, a grandement contribué à la réussite de l'opération. On doit là une fière chandelle à toutes les équipes qui se sont succédé sous la houlette du regretté Charles-André Grivet et de Marc Bueler, des as en matière de réalisation, ainsi qu'à la direction de la chaîne. Gilles Marchand n'a-t-il pas toujours prouvé son attachement à la manifestation et sa volonté de la soutenir ?

En ce début du troisième millénaire, Genève voit d'autres grandes heures que les finales du Top 10 Rolex Gandini. Durant cette période-là, Rodrigo Pessoa s'adjuge encore deux Grands Prix Coupe du monde avec Baloubet du Rouet (2002 et 2004) et l'étalon, insatiable, est également vainqueur du GP HSBC en 2001. On comprend mieux comment Rodrigo Pessoa en est déjà à dix succès majeurs à Palexpo !

On assiste aussi à deux grandes victoires scandinaves. En 2001, c'est Malin Baryard (bientôt Johnsson) qui fait triompher sa belle légèreté et celle de Butterfly Flip. Deux ans

⇦ Grosse frayeur lors de la finale du Top 10 2006 : à trois obstacles de la fin, on peut imaginer que Ludger Beerbaum, très rapide, fera encore mieux que sa belle-sœur Meredith. Las, une chute de Gladdys'S et de son cavalier en décide autrement.
Photo Geneviève de Sépibus

plus tard, c'est au tour du Danois Tomas Velin avec son superbe étalon S. F. Equest Carnute (par Oberon du Moulin). En parlant de nordiques, on pense aussi à Linnea Ericsson, victorieuse des Six Barres en 2006 avec Cronus, sans faute sur 210 cm ! Ou à Rolf G. Bengtsson, si souvent dans le trio de tête mais rarement gagnant (comme aux JO et dans les championnats !).

En 2004, le GP HSBC du vendredi, naguère gagné par les frères Fuchs ou Stefan Lauber, voit la victoire de Steve Guerdat sur Campus, un bon cheval gris qui était « au refus » et que son cavalier saoudien lui avait demandé de remettre en avant : le premier grand succès d'une longue série ! Le concours est passé à une nouvelle ère, avec une jeune femme aux commandes et… de jeunes lions prêts à affronter les vieux renards sur la piste.

⇧ Les dix finalistes et les organisateurs du Top 10 mondial 2006, parrainé par Rolex et l'IJRC. Assis, de g. à dr. : Marcus Ehning, Michael Whitaker, Meredith Michaels Beerbaum, Rolf G. Bengtsson, Gerco Schroeder et Ludger Beerbaum. Debout : Emile Hendrix, Eleonora Ottaviani, Christian Ahlmann, Albert Zoer, Jessica Kürten, Markus Fuchs, Sophie Mottu et Alban Poudret.
Photo Pierre Costabadie-Scoopdyga

⇦ En 2006, la princesse Haya de Jordanie, présidente de la FEI, est presque aussi rayonnante que Meredith Michaels Beerbaum, qui brandit son trophée sous le regard souriant (et envieux ?) de Rolf G. Bengtsson (à g.) et Gerco Schroeder (à dr.).
Photo François Ferrand-LDD

Ces champions qui ont marqué Genève

LUDGER BEERBAUM, LE MÉTRONOME, ROI DU MANAGEMENT

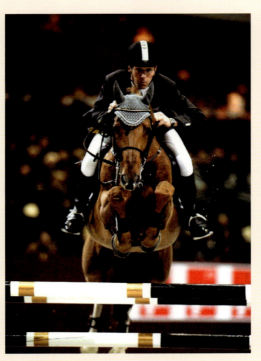

⇧ Ludger Beerbaum, champion olympique à quatre reprises (en 1992 à titre individuel), vainqueur de la Coupe du monde 1993, champion d'Europe 1997, triomphateur des deux premières finales du Top 10 Rolex Gandini (ici en 2001 avec Goldfever) Photo LDD

Champion olympique individuel en 1992 à Barcelone et encore trois fois par équipe, vainqueur de la finale de la Coupe du monde l'année suivante à Göteborg, champion d'Europe individuel en 1997, multiple médaillé d'or mondial par équipe, double vainqueur du Top 10 mondial à Genève avec Goldfever et Gladdys'S – durant cette période il fut n° 1 mondial durant deux ans ! –, Ludger Beerbaum a l'un des plus beaux palmarès de l'histoire du saut d'obstacles. A Genève, il a déjà fêté cinq victoires majeures, dont deux Grand Prix Coupe du monde Rolex FEI. Portrait d'un extraterrestre qui a toujours eu les pieds sur terre.

C'est un leader et cela se voit au premier regard et pas (seulement) parce qu'il mesure 193 cm. Intelligent, brillant, parfois cassant ou tout au moins expéditif, il domine. A pied comme à cheval, les situations comme les problèmes. Il maîtrise son sujet, la technique comme sa monture, les difficultés d'un tracé comme les mille aléas d'une carrière de haut niveau. Il a régné plus de vingt ans sur le sport (il était déjà en or aux JO de Séoul 1988), lui qui avait commencé à monter sur un âne, dans le domaine du comte de Metternich, dont son père était le fermier, près de Hanovre.

Le petit Ludger n'a alors pas trop de moyens, mais il saura toujours se débrouiller et trouver les bonnes personnes. Comme le regretté Hermann Schridde, son premier maître, Gert Wiltfang et Paul Schockemöhle, chez qui il trouvera les chevaux pour percer, entre 1985 et 1989. Avant de partir avec l'épouse du patron… Il sera alors basé chez les Moksel, en Bavière, jusqu'en 1994, avant de s'installer à son compte, à Riesenbeck, le village maternel, situé près de Mühlen.

« Je n'ai pas eu à payer ces 20 ha, mon oncle me les a cédés ; j'ai simplement dû construire les écuries, le manège et les paddocks, c'est tout. Plus la villa, bien sûr ! Ce n'était pas mon coin, mais celui de maman. Nous avions passé notre enfance au sud de Hanovre. Et mon père venait de l'Est. Il y est du reste retourné après la chute du mur, en 1990. Il a pu reprendre le domaine familial, abandonné en 1952. Il a racheté un troupeau, de nouvelles terres, a construit un hôtel de 100 lits avec un tennis, gérant cinq sociétés et en étant aussi le maire de son village. A 65 ans, il est plus actif que jamais. Il passe le plus clair de son temps là-bas, et ma mère lui rend visite tous les dix ou quinze jours. Elle est trop attachée à sa région, trop catholique pratiquante aussi, pour aller s'établir à l'Est. Elle a besoin de ses amies, de son théâtre. Mon père, lui, est comme moi, il ne va à l'église qu'une fois par an, à Noël ! », nous confiait-il ainsi en 2002, entre ses deux victoires dans le Top 10. Depuis, son père est décédé, et celui qui était un peu son deuxième père, Dieter Schulze, aussi.

Le rôle des Winter-Schulze

Depuis 1994 et son installation à Riesenbeck, Ludger Beerbaum a pu compter sur un fabuleux partenariat avec Madeleine Winter-Schulze et son mari Dieter. *« Ils étaient de grands cavaliers, de fins connaisseurs et ils se sont révélés des mécènes incroyables, pour moi comme pour mes cavaliers ou encore Isabell Werth, Ingrid Klimke… Ce sont des alliés exceptionnels, comme des membres de ma famille. Personne n'a aidé le sport plus qu'eux»*, dira Ludger.

Lors de ses deux sacres du Top 10 à Palexpo, Dieter Schulze était très heureux et ému. D'autant plus peut-être que sa santé faiblissait et qu'il savait ses années comptées. Ex-championne d'Allemagne de dressage et de saut (chez les cavalières), Madeleine Winter habite depuis 1988 dans les installations du regretté champion du monde de saut Hartwig Steenken, décédé dans un accident de la circulation dans les années 1980. Elle y élève et achète des cracks, qu'elle confie à Ludger Beerbaum, à ses lieutenants Marco Kutscher et Phillip Weishaupt, et aussi aux championnes de dressage Isabell Werth et Karin Rehbein ou encore à la cavalière de complet Ingrid Klimke (Butts Abraxxas).

Sa sœur, Marion Jauss, aide de surcroît Christian Ahlmann, depuis longtemps, bien avant le double sacre de Cöster aux Européens 2003. Marion Jauss fut un grand driver – elle a gagné des centaines de courses – et connaissait donc la famille Ahlmann par le trot. Madeleine Winter soutient beaucoup d'autres causes pour les jeunes et a des chevaux d'école pour la physiothérapie et la rééducation par le cheval.

Rester maître de son jeu

Ces dernières années, Ludger Beerbaum a continué à briller, notamment à Genève, où il remportait à nouveau le GP Coupe du monde Rolex FEI en 2007, avec All Inclusive, et prenait la 2e place de la finale 2010 avec Gotha. Le secret de Ludger Beerbaum et de sa longévité ? Un management hors pair de ses chevaux et la capacité de motiver des propriétaires et des sponsors, tout en restant maître de son jeu. Avoir une indépendance financière et aussi de caractère. Décider soi-même des concours que l'on veut faire. Pouvoir s'entourer du meilleur staff possible et lui laisser toute latitude pour organiser son propre secteur, savoir lui faire confiance. Ne pas se disperser, tendre vers ses objectifs.

Ludger Beerbaum, qui a entraîné dans son sillage les jeunes Kutscher, Ahlmann, Weishaupt et cie, tous formés à Riesenbeck, reste un des plus grands cavaliers du moment. Avec Gotha, il peut frapper un grand coup lors des prochains championnats ou des JO 2012, lui qui aimerait tant égaler le record du grand Hans Günter Winkler (cinq médailles d'or olympiques, dont une en individuel). Ce qu'il avait failli réussir aux JO d'Athènes, avant que lui soit disqualifié et son équipe ainsi reléguée au 3e rang. Le maître du management et de la volonté parviendra-t-il à ses fins ? Sa motivation est intacte. Sa nouvelle compagne, Arundell Davison, lui a donné deux petites fillettes, Cecilia Sophie, née en 2008, et Mathilde, née début avril 2011, et il semble comme rajeuni. N'a-t-il pas marqué le printemps 2011 de son empreinte ? Rendez-vous aux JO de Londres !

⇧ Ludger Beerbaum chez lui, à Riesenbeck, près de Münster, devant la statue de Ratina Z, avec laquelle il triompha si souvent et notamment lors de la finale de la Coupe du monde Volvo 1993 et des Européens 1997. Et qui lui donna de beaux poulains…
Photo Alban Poudret

⇧ Ludger Beerbaum, vainqueur des deux premières finales du Top 10 et souvent sur le podium (ici en 2007), récompensé par Jean-Noël Bioul, responsable Sponsoring Rolex SA, sponsor titre du Top 10, de la Coupe du monde de saut, des Jeux équestres mondiaux et du CHI-W de Genève.
Photo LDD

⇧ En 2001, la championne d'Europe poneys Faye Schoch prend congé du monde des poneys en frôlant la victoire dans le Défi cheval-poney (à 39 centièmes près…) sur son agile étalon Machno Carwyn.
Photo Jean-Louis Perrier

⇧ Un groupe de bénévoles en 2001. On reconnaît (de g. à dr.) Christophe Jacquot, qui organisera par la suite les quadrilles d'attelage, Adrien Gonseth, grand animateur de troupes, qui officiera au jury à partir de 2010, David Gruaz, qui participera à la Commission du développement durable, Christian Boretti, constructeur, Albert Perez (de dos) et Eric Savary.
Photo Team Reporters

⇧ Malin Baryard et Butterfly Flip, triomphateurs du Grand Prix Coupe du monde 2001, devant un public conquis. L'élégante Suédoise s'était révélée au monde sur cette même piste, à 21 ans, lors de la finale 1996 (7e). Et elle reviendra presque tous les ans.
Photo Jean-Louis Perrier

⇧ Réunion de travail du comité restreint (les débuts du bureau) en 2000, dans les bureaux de Gesrep SA. De g. à dr.: Philippe Arnold (IMG-MBD), Eric Sauvain, responsable des infrastructures, Alban Poudret, vice-président, Pierre-E. Genecand, président, Carol Maus, accréditations, Patrick Favre, communication, et Egon Kiss-Borlase, trésorier.
Photo privée, LDD

⇧ Vue d'avion sur les écuries, le cœur du concours.
Photo LDD

⇑ Ernest Scherz, éleveur de chevaux et de vins, chef des écuries durant près de vingt ans. Sa fille Anastasia a pris le relais fin 2010!
Photo Geneviève de Sépibus

⇑ Nicole von Potobsky-Jaquerod (à g.), déjà secrétaire du concours lors de la finale 1996, et Carol Maus, qui monta le CHI-W à l'ancien Palais et aux Vernets, gèrent l'accueil et les accréditations: pas simple, mais on garde sa bonne humeur.
Photo François Ferrand

⇑ Martina Hingis, ex-nº 1 mondiale de tennis, félicitant le Britannique Robert Smith, victorieux du GP HSBC 2002 avec Mr Springfield.
Photo Image – B. Sandoz

⇑ En 2004, Steve Guerdat remporte le premier d'une longue série de triomphes à Palexpo, en s'adjugeant le GP HSBC Gruyerzeller avec Campus. Six épreuves majeures en six ans, qui dit mieux? Rodrigo Pessoa, c'est tout!
Photo Valeria Streun

⇑ Entrée en piste des deux héros du Défi cheval-poney TSR 2004: Julie Delaporte sur Ilton de la Tour, qui bat cette année-là Philippe Putallaz sur Maastricht D, victorieux de cette épreuve-spectacle à cinq reprises.
Photo Geneviève de Sépibus

Ces champions qui ont marqué Genève

MEREDITH MICHAELS BEERBAUM, LA PREMIÈRE FEMME N° 1

Couple phare des années 2000, Meredith Michaels Beerbaum et Shutterfly sont entrés dans la légende en remportant trois finales de la Coupe du monde Rolex FEI. Un triplé que seul Rodrigo Pessoa a réussi avec le même cheval. Première femme à devenir n° 1 mondiale et à remporter la finale du Top 10 mondial Rolex IJRC (et plutôt deux fois qu'une !), championne d'Europe 2007, il ne manque à Meredith Michaels Beerbaum qu'un titre olympique pour avoir un palmarès unique. Et elle a en plus trouvé le temps de donner naissance à une petite Brianne Victoria, le 27 février 2010.

C'est à Thedinghausen, près de Brême, que la cavalière germano-californienne s'occupe de sa fille et se ressource entre deux concours. Markus, son mari-entraîneur-coach, gère mille et une choses, s'occupe du suivi aux écuries, des détails relatifs à l'entraînement et à la bonne santé des chevaux, des élèves et de la paperasserie. *«Markus m'aide tellement, à la maison comme en concours; il sait regarder mes chevaux, les parcours, mille et une choses. Un cheval comme Shutterfly peut avoir des réactions si imprévisibles, il est précieux que je puisse compter sur son expérience et son aide extraordinaire»*, confie-t-elle volontiers.

A Thedinghausen, les boxes de Shutterfly et de Checkmate font face aux fenêtres de la ravissante maison à toit de chaume de leur cavalière. Meredith a son écurie à elle, avec ses chevaux (une quinzaine), qu'un couloir relie au manège (18 x 55 m) et à la seconde écurie, réservée aux stagiaires. *«Nous avons 45 boxes. Leur occupation varie et les écuries sont parfois pleines, au point même de devoir parfois monter des boxes provisoires.»* Paddocks en sable (garni d'obstacles) et en herbe (rarement utilisé), longe automatique, parcs à profusion, maisonnettes pour les grooms et pour les hôtes de passage (avec colombages et géraniums) complètent l'ensemble, bordé d'arbres et de fleurs.

C'est le regretté Gert Wiltfang, champion d'Europe (1977) et du monde (1978), qui aménagea cette propriété de 32 ha et, selon Meredith, le mérite lui en revient: *«Les installations étaient déjà telles quelles, magnifiques. Nous n'avons fait qu'apporter de petites améliorations au fil des ans».* Les Beerbaum avaient acheté l'ensemble fin 1997, après la mort de leur illustre prédécesseur, et ils l'ont donc rendu encore plus fonctionnel et… romantique.

Tout a commencé à Hollywood…

Meredith est une championne «glamour» et souriante. Le charme et le «savoir communiquer» d'une Américaine, associés à une volonté toute germanique ! A l'image de son accent et même de son parler, qui mélange avec harmonie anglais et allemand. Un mélange qui explique aussi son succès: inventivité américaine et pragmatisme allemand. *«Je me sens 50-50, j'ai encore ma famille et beaucoup d'amis aux Etats-Unis, mais je suis devenue allemande par mon mariage. J'ai dû choisir»*, nous expliquait-elle à Vegas.

Issue d'un milieu aisé et surtout créatif, son père était producteur de cinéma à Hollywood, sa mère, qui se remariera peu après sa naissance, comédienne. Enfant, Meredith est bien loin de se douter de ce qui l'attend, même si elle monte à cheval depuis l'âge de 8 ans. Adolescente, elle est quatre fois championne de Californie junior.

A 17 ans, Meredith traverse une première fois l'Atlantique mais c'est à 18 ans et demi que, jeune étudiante en sciences po de l'Université de Princeton (New Jersey), elle découvre Aix-la-Chapelle. *«Le choc de ma vie ! »* Elle y retournera trois ans plus tard. George Morris lui prodigue alors d'excellents conseils et le riche Américain Isaac Arguetty lui achète de bons chevaux, notamment son merveilleux petit étalon Quick Star (158 cm), à la bouche difficile mais au cœur immense, et *«avec des ressorts sous les pieds».*

⇧ Meredith Michaels Beerbaum dans ses magnifiques installations de Thedinghausen, près de Brême, construites par le regretté Gert Wiltfang. Shutterfly (à dr.) et Checkmate dorment tout à côté de leur cavalière, qui habite une belle maison à toit de chaume.
Photos Alban Poudret

Meredith viendra s'établir sur le Vieux Continent en 1991, aidée par Arguetty. Elle imagine passer un été chez Paul Schockemöhle, mais oublie son billet de retour. L'Europe est devenu son territoire, car elle en est convaincue : « *C'est là que se passe le grand sport* ». En mai 1992, sa rencontre avec Markus Beerbaum, lors du CSI de Munich, sera déterminante. Bientôt vingt ans que ces deux-là sont inséparables, montent, s'entraînent, gèrent leurs carrières et leurs sponsors ensemble. Ils s'établissent d'abord chez Dirk Hafemeister, puis chez le président de la Fédération allemande d'alors, le comte Dieter Landsberg Velen, à Balve, avant de trouver leur propre camp de base, fin 1997. Markus est alors membre de l'équipe germanique médaillée d'or aux Européens de Mannheim 1997 et aux Mondiaux de Rome 1998. L'ascension de Meredith est scellée par sa victoire par équipe aux Championnats d'Europe de Hickstead, en 1999 : la Californienne est dès lors considérée comme une des leurs par les Allemands !

Le phénomène Shutterfly

Meredith a alors déjà dans ses écuries un phénomène qui ne va pas tarder à épater son monde. Le hanovrien Shutterfly est un fils de Silvio I (par Sandro) et de Famm, une fille du pur-sang Forrest XX, né le 14 janvier 1993 chez Uwe Dreesmann. « *Shutterfly est un athlète et un sauteur génial et cela me donne une confiance extraordinaire* », dit-elle aujourd'hui, mais, à l'époque, ce sauteur hors du commun et fiable était surtout compliqué et nerveux.

Depuis, Shutterfly s'est un peu assagi, mais on l'a vu très perturbé lors de la finale tournante des Jeux mondiaux 2006, à Aix-la-Chapelle, se refusant à tout autre cavalier et même à sa championne, pour le barrage final. Tout le terrorisait, le monde, la selle, la sangle. Un an plus tôt, Meredith avait pourtant remporté le Grand Prix sur ce même terrain de la Soers. Avec son génial et bondissant compagnon, Meredith est devenue la première – et la seule – amazone à accéder au sommet du classement mondial, en décembre 2004. La première à remporter, dans la foulée, la finale du Top 10 Rolex et à rééditer l'exploit,

deux ans plus tard. « *La première fois, j'étais la seule femme en lice, j'ai ouvert la voie, en quelque sorte.* » Elle sera aussi la première femme à réussir un triplé en Coupe du monde Rolex FEI, on l'a dit. En 2007, elle remporte les Championnats d'Europe à Mannheim. Là, elle n'est pas la première à le faire depuis la mixité en Championnat (1974), mais la seconde, après Alexandra Ledermann (1999). Shutterfly aura brillé durant dix ans, tirant sa révérence le 17 juillet 2011 à Aix-la-Chapelle.

Comment Meredith choisit-elle ses chevaux ? « *Je les aime plutôt petits, rapides, avec beaucoup de sang, très respectueux et avec un grand cœur, à l'image de Shutterfly, qui est particulièrement sensible, réactif, sur l'œil en parcours. Il est d'une fabuleuse habileté.* » L'aisance, la rapidité, l'élégance, tout y est, Meredith sait faire une confiance quasi absolue à son cheval. C'est aussi le fruit de plus de dix ans de complicité, de travail, de connaissances et d'expériences. « *On est comme un vieux couple.* » Laissons-la parler de sa relation avec Shutterfly à qui elle laissait une grande liberté.

– *Liberté, légèreté, contrôle, ce sont les mots clés de votre équitation ?*

– *Exactement, je cherche une combinaison de discipline et de liberté.*

– *Hormis la finale de Las Vegas, synonyme de triplé en Coupe du monde, quels sont les autres grands moments de votre carrière ?*

– *J'ai eu la chance de remporter plusieurs belles victoires. Je citerais d'abord le titre européen, ma première victoire en finale de Coupe du monde à Las Vegas, mes deux victoires dans le Top 10 Rolex à Genève. Puis mes trois succès dans le Riders Tour, ma victoire dans le Masters de Zurich, avec Checkmate, après l'un des plus extraordinaires barrages de ma vie.*

– *Et votre titre de numéro un mondial ?*

– *Bien entendu. Etre n° 1 au monde, dans quelque domaine que ce soit, est très spécial. Etre en plus la première femme à l'être, la seule à l'avoir été, ça compte.*

Note : certains passages sont tirés d'articles de l'auteur pour *L'Eperon* et *Le Matin*.

⇧ Meredith Michaels Beerbaum avec le merveilleux Shutterfly (à g.), qui lui donnera le titre européen 2007 (ici à Mannheim), deux finales du Top 10 et trois finales de la Rolex FEI World Cup. Shutterfly a tiré sa révérence lors d'une émouvante cérémonie, le 17 juillet 2011 à Aix-la-Chapelle. Markus Beerbaum (à dr.) est pour beaucoup dans la réussite de Meredith. Photos Jacques Toffi et Scoopdyga

Chapitre 16

Une jeune femme aux commandes…
…et un cadet qui triomphe

Au moment où une cavalière devient pour la première fois n° 1 mondiale, Sophie Mottu, une jeune femme de 28 ans, prend les rênes du « concours indoor n° 1 mondial », un prix attribué par *L'Année Hippique* et les cavaliers, prix qu'elle reçoit du reste en décembre 2004, lors de son premier concours à la tête du comité. Le sport équestre se féminise et se rajeunit et Genève est à la page avec une jeune directrice décontractée et souriante.

C'est aussi le moment de remercier Pierre E. Genecand, qui a beaucoup fait pour le CHI. Au début des années 1990, contre vents et marées, il avait su relever le défi, transférant le CSI-W à Palexpo et imprimant à celui-ci un rythme annuel. Il avait ensuite osé voir grand, organiser la finale de la Coupe du monde de saut 1996. Les Coupes du monde de dressage et d'attelage auront aussi été introduites à Palexpo durant ses treize années de présidence. Que de travail, d'efforts, d'énergie ne faut-il pas déployer pour arriver à ce résultat-là ! Et de voir que le concours conserve le même niveau depuis ne peut que lui plaire.

Des dix présidents qui l'avaient précédé à la tête du CHI de Genève, un seul, Pierre de Muralt, fut aussi tenace. Le colonel divisionnaire assuma la présidence durant vingt-quatre ans, mais la manifestation était alors biennale et Pierre E. Genecand a donc dirigé une édition de plus (treize) que son illustre prédécesseur. Les chiffres ne disent évidemment pas tout. Ils sont en l'occurrence injustes envers un Alfred Vidoudez, véritable cheville ouvrière des premières années quand bien même il ne figurait

souvent pas à la première place, ou envers Yves G. Piaget, qui assumait déjà la vice-présidence depuis le transfert aux Vernets (1975) et dirigea ensuite longtemps le comité permanent, devenu association.

Un concours repose par ailleurs sur une équipe, et un autre mérite de Pierre E. Genecand fut de savoir s'entourer de personnes – on aurait

⇦ Sophie Mottu reprend les rênes du CHI-W, avec sourire, modestie, compétence et autorité. Et tout le comité la suit avec enthousiasme et confiance, à l'instar de Thierry Eissler, le grand manitou des bénévoles de la piste.
Photo François Ferrand

⇦ Sophie Mottu et la joyeuse équipe du CHI-W reçoivent à nouveau le prix du « meilleur indoor mondial » en 2004, des mains des plus hauts responsables de l'IJRC (de g. à dr. : Eleonora Ottaviani, Emile Hendrix et Peter Wylde).
Photo Pierre Costabadie – Scoopdyga

⇦⇦ En 2006, Steve Guerdat et Jalisca Solier triomphent pour la première fois en Coupe du monde Rolex : Palexpo est en feu pour ce flamboyant cavalier ! C'est aussi la victoire du renouveau pour l'élégant Jurassien, qui avait tout recommencé seul, six mois plus tôt, et pour Yves G. Piaget, l'ancien président du CHI-W, qui avait décidé de l'aider.
Photo Geneviève de Sépibus

⇧ La belle piste de Palexpo la dernière année où la butte était du côté de l'entrée. Pour ménager les circuits électriques placés sous le lac (!), on l'a ensuite déplacé devant la grande tribune. Au premier plan, Christophe Barbeau, souvent brillant à Palexpo.
Photo Geneviève de Sépibus – LDD

⇨ Le petit musée du concours créé chez lui, à Genthod, par Pierre E. Genecand après son départ du comité, en hiver 2004.
Photo privée

⇨ Les speakers, si importants pour l'ambiance et la réussite d'un concours (de g. à dr.): Claude Mennel, Françoise Marchesse, Michel Sorg, Sandra Viscardi, Alban Poudret, Umberto Martuscelli et Francis Menoud. Un septet de choc!
Photo François Ferrand

⇨⇨ En 2005, l'Autrichien Thomas Frühmann remporte le GP Coupe du monde Rolex avec… The Sixth Sense.
Photo Image – B. Sandoz

⇨ Silence, on tourne, le jury siège (de g. à dr): Catherine de Coulon, efficace présidente après avoir dirigé le secrétariat aux Vernets, Patrick Bartolo, son compétent second, et le jovial Daniel Bezençon.
Photo François Ferrand

envie d'écrire de personnages – très diverses, complémentaires, colorées, bien trempées et passionnées. Certaines sont parties, quelques-unes fâchées ou irritées, mais beaucoup aussi sont demeurées fidèles à leur poste et enthousiastes. La diplomatie n'est pas son fort, c'est

un fait, mais l'humour et la solidité des relations ont généralement préservé l'essentiel. Pierre E. Genecand aura vu son rôle se transformer peu à peu, devenant une sorte de référence incontournable, mais sans chercher à tout contrôler, comme lors des premières années. Ses «petits» avaient grandi, il s'agissait de les laisser vivre! Il est bien sûr resté très impliqué, mais avec plus de distance. Et, quand il s'agissait de résoudre un problème – ou de renflouer les caisses (il n'aime pas qu'on le dise, mais, enfin, il l'a fait au moment de son départ) –, il était là. Pour tout cela aussi, on ne peut que lui dire «merci!».

Former la relève

Enfin, et ce n'est pas la moindre de ses réussites, Pierre E. Genecand a su former la relève. Et celle qui avait été son assistante, Sophie Mottu, a repris les rênes du concours avec brio. Le vénérable Concours hippique, si longtemps mené par des officiers de cavalerie et de carrière, est désormais dirigé par une jeune femme. La meilleure façon de garantir un bel et long avenir au CHI et de motiver un comité dynamique, enthousiaste et soudé!
Pour sa part, Pierre E. Genecand a choisi de se consacrer davantage à ce qui est devenu son sport de prédilection, le polo. Après avoir eu lui-même une équipe et acquis une magnifique *estancia* en Argentine, il reprend dès 2004 l'organisation du tournoi de polo de Gstaad. A 53 ans, il est évidemment trop tôt pour se reposer ou se retourner sur le passé et, huit ans plus tard, sa reconversion semble toujours le motiver autant. «*Depuis le concours 2002, j'étais de moins en moins là, j'habitais le plus souvent en Argentine et le polo me prenait beaucoup de mon temps, j'ai compris que je devais passer la main*», explique Pierre E. Genecand, avant d'ajouter: «*Je n'arrivais plus non plus à faire bouger les choses autant que je l'aurais voulu, et je sentais des blocages*». Ce n'est un secret pour personne, Pierre E.

Genecand est quelqu'un de remuant et d'assez intransigeant, qui aime bien bousculer les gens (même les autorités !) et les choses, et certaines relations s'étaient un peu crispées. Avec Pierre E. Genecand, tout était dynamique et mouvementé ; avec Sophie Mottu, tout est calme et harmonieux. Deux styles de diriger assez opposés, même si la ligne tracée par Pierre E. Genecand est pour l'essentiel poursuivie : viser l'excellence, être toujours à la recherche d'améliorations et de nouveautés, en toute indépendance, sans compromis ni compromissions.

De belles qualités humaines

Sophie Mottu était active au sein de l'équipe du CHI depuis début 2000 et elle a occupé de nombreuses fonctions, partageant le secrétariat avec ses amies Chantal Rothen et Caroline Firmenich, secondant Anne Siegrist au Jockey Club, avant de devenir l'assistante de Pierre E. Genecand, de se plonger dans les comptes du

CHI-W et de partager la vice-présidence avec moi en 2003. Sophie connaissait donc à la fois les bénévoles, les comptes et les rouages du concours et elle avait déjà fait la preuve de son efficacité, de son sérieux et de ses belles qualités humaines. «*Le fait que je n'aie pas été parachutée directement à la tête du concours m'a beaucoup aidée. Ayant commencé comme bénévole parmi tant d'autres, je sais à quel point ceux-ci sont indispensables et que la direction, sans eux, n'est rien.*»
Modeste, souriante, mais ferme et tenace, elle convainc immédiatement membres du comité, sponsors et bénévoles. Sophie Mottu et moi avions dû porter l'édition 2003 quasiment sans Pierre E. Genecand, qui n'était revenu que deux fois d'Argentine durant l'automne et ce fut sans doute aussi un calcul de la part du président : lâcher les rênes et voir si le tandem à l'œuvre avait les reins suffisamment solides pour supporter cela. L'exercice n'était pas simple puisque le concours changeait de décor, la grande piste s'installant provisoirement dans la halle 6 surplombant

⇦ Que de banderoles et de drapeaux pour Steve Guerdat à Palexpo ! Et, chaque année, leur nombre augmente autant que les succès du Jurassien ! Ceci expliquerait-il aussi cela ? Ou vice versa ?
Photo Image – Bernard Sandoz

⇦⇦ En 2006, la Danoise Linnea Ericsson et PGL Cronus (ici à l'avant-dernier barrage) franchissent 212 cm dans les Six Barres et, sur un vertical, il s'agit d'un véritable record (voir p. 231). Ce cheval tout droit sorti d'un Yakari le fait pourtant avec une décontraction et une simplicité étonnantes.
Photo Image – Bernard Sandoz

⇦ Sans selle, comme pour le vainqueur du Prix TSR 2006 Cian O'Connor sur Zanoubia, ou avec selle (là il n'y a que le tapis), le passage du lac est toujours un moment plus ou moins délicat, à l'origine de quelques émotions ou grimaces…
Photo Valeria Streun

⇨ ⇨ En 2006, pour son premier Genève, Julien Epaillard se met vite au diapason: on l'admire sur les 212 cm des Six Barres, sur le Toy Horse de Pascale Dusseiller, sur un sulky… et il prend le 2e rang sur l'ensemble du concours. Il recevra la Mercedes offerte au meilleur cavalier en 2008.
Photo Geneviève de Sépibus

⇨ A Palexpo, Grégoire Oberson a souvent monté en artiste et en as, participant à trois barrages de GP Coupe du monde ainsi qu'à la finale 1996. Le voici en 2006 avec Oleandre, 5e du GP Coupe du monde Rolex. Le Genevois de Bruxelles faisait alors la paire avec ce prometteur cheval, hélas vendu peu après.
Photo François Mösching

⇨ Pierre Brunschwig, vice-président de l'Association du concours, a sagement attendu de gagner des wild cards dans des GP pour monter le CSI-W, comme ici en 2008 avec Orient Express.
Photo Geneviève de Sépibus

⇨ Christian Ahlmann, le champion d'Europe 2003 et héros de la finale de la Rolex FEI World Cup 2011 à Leipzig, gagnant une course de trot dans le Masters PMU devant le grand driver suisse Yvan Pittet, en 2004.
Photo François Ferrand

bien les dossiers qui lui étaient confiés. Une main de fer dans un gant de velours? Très vite, le budget du concours retourne à l'équilibre, pour ne plus le quitter durant sept ans. Raisonnable et réfléchie, elle gère fort bien les comptes, grâce aussi à l'aide précieuse du trésorier, Serge Bednarczyk.

L'édition de 2004 est déjà une belle réussite sur le plan sportif et médiatique. La transition est réussie! «L'essentiel de l'équipe était déjà en place, il fallait juste redonner un brin de motivation aux troupes, tout en leur faisant confiance», confie modestement Sophie Mottu à L'Hebdo. Elle est vraie, toujours la même, que ce soit avec les officiels, les sponsors ou les bénévoles. A l'écoute, mais guère influençable!

La cigale et la fourmi

Sophie Mottu fait preuve de beaucoup de finesse et de psychologie, mais elle peut aussi être assez méfiante et ne lâche rien, ne supportant pas d'être trahie. Le propre des gens honnêtes et elle l'est, intellectuellement aussi. Je dois dire que c'est un bonheur que de travailler avec elle. Nos attributions sont différentes et bien délimitées, mais nous échangeons avec franchise sur tout. «La cigale et la fourmi», avait titré Patrick Oberli, alors rédacteur en chef adjoint de L'Hebdo peu avant les finales 2010. Et l'article de commencer par: «La première est Genevoise, le second Vaudois. Elle est jeune, lui un peu moins. Il a le verbe coloré de celui qui adore raconter, elle est plus discrète. Ils affichent sans fard des caractères très différents, et pourtant, ils s'entendent comme larrons en foire (…) pour former la paire gagnante du Concours Hippique de Genève, qu'ils dirigent en duo depuis sept ans. Organiser une telle manifestation, c'est prendre des centaines de décisions, c'est se soutenir dans la difficulté, c'est beaucoup de confiance». Qu'ajouter à cela, sinon qu'un an plus tard, finales et 50e dans le rétroviseur, c'est toujours l'harmonie!

l'autoroute. Elle y reviendra en avril 2010 pour les deux grandes finales. Signe prémonitoire?

Accepter, à 28 ans, de diriger une manifestation de cette ampleur, de gérer un budget de plus de trois millions et de coacher 700 bénévoles, c'est remarquable. Quel autre concours a (eu) une aussi jeune femme à sa tête? Avec le soutien total de Gérard Turrettini et de Pierre Brunschwig, les dirigeants de l'Association du CHI-W, et l'appui inconditionnel du comité, Sophie Mottu a immédiatement fait ses preuves. Licenciée en géographie et diplômée en management urbain, elle avait aussi acquis de bonnes notions en comptabilité et gérait

Vrai qu'il n'y a eu aucun moment de tension entre nous en plus de dix ans de travail en commun et bientôt huit ans de direction partagée. Francisca Guanter Buss, pièce maîtresse du comité depuis plusieurs années et coordinatrice générale depuis 2009, travaille au secrétariat de Carouge aux côtés de Sophie Mottu, et avec elle aussi la complicité est grande. Le Bureau, fort de ses cinq à six membres, est très soudé aussi et, si le comité est un peu grand (33 membres) pour que beaucoup de décisions y soient prises en commun, le CHI, c'est d'abord une équipe. Les comités sont sérieux, les concepts et autres assemblées se tiennent de façon assez classique, mais le débat d'idées y est riche et cela se termine comme une réunion entre amis, la plupart allant ensuite manger et (ou) boire un coup.

Quand les têtes d'affiche le sont vraiment !

On l'a déjà dit, l'édition 2004 coïncide aussi avec la première grande victoire de Steve Guerdat, dans le Grand Prix HSBC du vendredi. Et le dimanche, c'est Rodrigo Pessoa qui s'impose avec Baloubet du Rouet : avoir précisément ces deux-là sur l'affiche ne devait donc pas tout à fait être un hasard. Ah, tous ces clins d'œil du destin !
Le registre est bien différent en 2005, avec les victoires de deux battants qui ne sont pas à proprement des stylistes à mettre sur l'affiche de son concours, l'Anglais Robert Smith – qui repartira avec la voiture promise au meilleur cavalier du concours – le vendredi et l'Autrichien Thomas Frühmann le dimanche.
2006 nous offre une série de belles victoires et d'émotions. Le vendredi déjà avec le doublé des frères Whitaker, Michael et John, dans le GP HSBC. Le samedi, avec le nouveau sacre de Meredith et Shutterfly dans la finale du Top 10 Rolex IJRC. Et le dimanche, c'est l'explosion, celle du public et l'éclosion d'un talent à l'état pur : Steve Guerdat ! Avec Jalisca Solier, acquise trois mois plus tôt par Yves G. Piaget, le Jurassien triomphe dans le Grand Prix Coupe du monde Rolex FEI : la fin d'une traversée du désert courte mais éprouvante, après son départ de chez Jan Tops. Et la plus belle des récompenses pour le comité, dont certains sont émus aux larmes. C'est que la semaine a été éprouvante, avec la tenue de quatre (!) assemblées générales de fédérations, un cours pour des vétérinaires du monde entier, un cours pour stewards, sans

⇐ En 2006, Mateo, alias Mathieu Nassif, fait un retour très applaudi à Palexpo, flanqué de ses deux frères *horsemen*, Guillaume et Julien.
Photo Scoopdyga

⇐ L'obstacle est sérieux – et vivant – mais Edwin Smits n'est nullement impressionné. Epatant, le Mateo hollandais de Chevenez ! Son épouse, Delhia Œuvray, et lui ont souvent brillé sur la grande piste.
Photo François Ferrand

⇐ Ambiance de folie en fin de soirée au stand du *Cavalier Romand*, sous la houlette d'Anne-So et de Jeffrey (à g.).
Photo François Ferrand

⇐ Le cavalier olympique (saut et complet) italien Juan Carlos Garcia apprécie les talents d'Anne-So.
Photo François Ferrand

parler de nos vingt épreuves et de tout le reste. Au total, plus de deux mille personnes à accréditer – et beaucoup d'autres à refuser ! –, à accueillir, ce n'est pas une sinécure.

Il y a aussi ce qu'on nomme les aléas du sport, et ne manque pas de vous secouer aussi, la fracture à la main de Rodrigo Pessoa le jeudi soir, les chutes impressionnantes de Christina Liebherr et de Ludger Beerbaum le samedi, la double fracture à la jambe de la groom de Daniel Würgler le dimanche : « trop, c'est trop ! ». Dans les tribunes, Sophie Mottu n'osait plus regarder le GP Coupe du monde de saut, nous croyant poursuivis par la

⇨ Le comité de l'édition 2006 réuni autour de Sophie Mottu, sa jeune et souriante directrice.
Au premier plan (de g. à dr.): Corinne Druey, Alban Poudret, Carol Maus (et derrière elle Francisca Guanter-Buss), Sophie Mottu et Eric Sauvain.
Photo François Ferrand-LDD

⇨ Les 700 bénévoles sont pour beaucoup dans la réussite du CHI-W de Genève.
Photo François Ferrand

⇨ Julien Pradervand, le chef du rideau, du timing, des lumières et autres cérémonies, a du pain sur la planche, mais une belle énergie et son… attelage avance bien !
Photo François Ferrand

guigne… Jusqu'à ce que le barrage de rêve de Steve Guerdat et ses belles larmes de joie, les nôtres aussi, ne viennent effacer tous ces incidents. Ludger Beerbaum, remis de ses propres émotions, est l'un des premiers à courir féliciter le cadet derrière le rideau, Rodrigo aussi.

Le grand retour de Steeeeeve !

La victoire de Steve Guerdat là-même où il avait disputé son tout premier CSI-W, face aux grands, à l'âge de 16 ans, que rêver de plus beau ? Pour sa famille, pour son père, à la fois conseiller avisé de Steve et aide précieuse du comité, pour Yannick, son aîné, webmaster du CSI, pour sa mère, si douce et attentionnée, et sa grand-maman venue du Jura aussi, ou encore pour le grand-père Serge resté devant sa télévision, mais prêt à revoir cent fois ce barrage victorieux sur sa vidéo et à nous raconter tout ça en rajoutant de bonnes blagues, mais aussi pour tous ces jeunes supporters de Palexpo, qui en ont fait leur coqueluche.

Roger Bourquard, qui avait fait passer sa licence à Steve, peut jubiler aussi. « Le Blanc » n'avait du reste pas quitté son sourire durant quatre jours, couronnant son « premier Palexpo » (il était invité à monter le Youngster Tour et deux épreuves-attractions) par un duel face à John Whitaker, son idole, dans le knock-out, et une chasse sans selle… pleine de panache, tout en baladant ses enfants – deux futurs petits cracks – à travers Palexpo.

Au-delà de cette belle victoire de Steve Guerdat, ce sont ces mille et une petites joies et anecdotes qui font la beauté d'un concours. L'allure juvénile de John Whitaker (encore lui !) sur son shetland dans les *pony games*, la joie et l'énergie dégagées par tous les jeunes qui l'entourent, le sourire des drivers (amateurs et pros), le punch communicatif de Mateo et des *horsemen*, tout comme l'avènement du génial meneur français Benjamin Aillaud, ou la grâce de Jean-François Pignon… Et aussi le cours que Steve Guerdat donne avec Malin Baryard Johnsson et (ou) Rodrigo Pessoa année après année le samedi après-midi à des jeunes de la Fondation Little Dreams. L'élève Jessy Putallaz sait-il que son premier CHI-W l'attend bientôt ? Alors le dimanche soir, que ce soit Julien et Pierre-Yves, qui entretiennent la piste jour et nuit, Rolf Lüdi et tous les magiciens des parcours, qui font chaque fois un sans-faute ici, Julien Pradervand et les responsables de la régie, Anthony Schaub et la jeune équipe du

Jockey-Club, le staff attractions, le secrétariat, élargi aux accréditations, l'équipe des écuries ou celle de la piste, tout le monde est lessivé, mais heureux, prêt à poursuivre l'aventure. Pour partager de nouvelles tensions… et de nouvelles émotions.

⇦ Décembre 2007, 7ᵉ finale du Top 10 Rolex IJRC : 8 000 personnes retiennent leur souffle, Castle Forbes Libertina n'en manque pas et Jessica Kürten vérifie que tout se passe bien. Au bout, le titre de cavalière de l'année !
Photo François Ferrand

Cinq centièmes entre les trois premiers…

Et nous voilà déjà en 2007 avec un autre barrage de folie. Steve Guerdat et Jalisca sont à nouveau double sans-faute et rapides, mais pas suffisamment… 6ᵉˢ ! Le Jurassien pèche-t-il alors par excès de confiance ? Il est vrai aussi que l'on a droit à une lutte de folie, au centième près, comme en ski ou en athlétisme : Ludger Beerbaum, 1ᵉʳ avec All Inclusive, sa belle-sœur Meredith et Jessica Kürten, 2ᵉˢ ex aequo, sont dans un mouchoir de poche (à 5 centièmes)… Une Jessica victorieuse la veille du Top 10 avec sa phénoménale Castle Forbes Libertina.

Markus Fuchs, qui a gagné le Grand Prix du vendredi en 1994 ou le Prix Clarins des combinaisons en 2006 avec Granie V, mais n'a pas souvent de chance à Genève, remporte encore deux fois la grande chasse en Châtillon, en 2007 avec Sylver II et en 2008 avec Granie, mais l'heure de la retraite, déchirante même si planifiée à l'avance, va bientôt sonner… Un sacré cavalier, un homme attachant et un véritable ami de Genève, Markus !

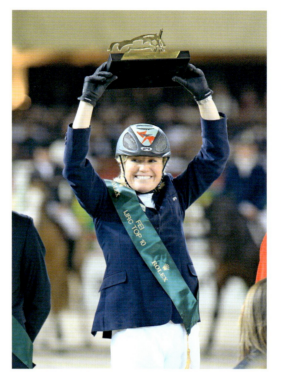

⇦ L'Irlandaise Jessica Kürten, en nouvelle championne, brandit le beau trophée du Top 10 Rolex IJRC 2007.
Photo Scoopdyga – Pierre Costabadie, LDD

⇩ La superbe arène de Palexpo, la plus grande du circuit indoor, théâtre de huit des dix premières finales du Top 10 IJRC présentées par Rolex. Ici, la Cavalcade de Chambord en attraction, en 2007.
Photo Roland Keller

Ces champions qui ont marqué Genève
STEVE GUERDAT, HÉROS DANS SON JARDIN…

Il a débuté à Genève plus jeune que les autres, à 16 ans, et y a remporté six des épreuves les plus prestigieuses depuis 2004. Il a su conquérir le cœur du public, il court presque à la maison, devant sa famille et ses proches et cela le motive. Comme en 2006, lorsqu'il triomphait pour la première fois en Coupe du monde. Et comme ce 10 décembre 2010, où Steve Guerdat est entré de plain-pied dans l'histoire en remportant le Top 10 mondial. A 29 ans (depuis le 10 juin 2011), le Jurassien a déjà à son palmarès un titre européen par équipe, deux autres médailles continentales, une médaille olympique, un podium en finale de Coupe du monde, un titre national et moult Grands Prix.

Cavalier, tel est son destin et tel était son rêve, petit déjà. Pas forcément cavalier olympique et médaillé européen, comme son père, mais cavalier. Comme Philippe Guerdat roulait alors encore sa bosse aux quatre coins du globe, il confia ses deux fils, Yannick et Steve, au prof. du coin, Roger Bourquard, dit « le Blanc », une figure attachante des concours du Jura. Le maître de manège de Glovelier donna alors de bonnes bases aux deux jeunets. *« C'était très simple, ça sentait le fumier, mais il y avait un bel esprit, une ambiance formidable. A la maison, c'était sérieux, très pro, tandis que là c'était la joie ! A son contact, j'ai découvert le plaisir de monter, d'être entouré de chevaux et de m'en occuper, boxes compris »*, dira Steve.

Nos deux Guerdat juniors comprirent aussi que, sans efforts et sans passion, il ne servait à rien de vouloir faire comme papa. *« On a forcément envie de faire comme son père, surtout quand celui-ci est connu. Pour nous, c'était un héros, même si j'étais trop petit durant Los Angeles. Je me souviens de Séoul, car on a eu le droit de mettre la télé dans la chambre et de regarder ça la nuit, sous la couette, avec ma mère et mon frère. Cela dit, à 10 ans, je préférais encore le foot, c'est à 11 ans que le déclic a eu lieu. Je tombais souvent, on avait de vieux chevaux d'école pas très doués pour le saut, et j'avais peur de mal faire, mais les premiers concours m'ont donné confiance »*, confiera Steve.

Steve a un talent qui saute déjà aux yeux ; Yannick, l'aîné de quatorze mois, a d'autres rêves. Yannick remportera certes une voiture à 17 ans (!), lors d'une mémorable finale « tournante » à Cheseaux, mais il comprend que sa voie est autre. Aujourd'hui, à 30 ans, il est un webmaster reconnu au-delà des frontières, il dirige Artionet, une boîte d'une quinzaine de personnes et, dans son domaine, il figure aussi parmi les meilleurs.

Attentif, mais souvent « en route », Philippe Guerdat laisse alors ses fils trouver leur propre voie, sachant aussi que Christiane, leur maman, leur donne beaucoup d'amour et de vraies valeurs. Il surveille bien sûr les progrès et se charge de leur trouver des chevaux. C'est alors qu'Arthur Schmid, le plus grand mécène du saut suisse, décide de confier Lampire à Steve. Le cheval a 16 ans ; sept ans plus tôt, il avait disputé les Mondiaux 1986 sous la selle de Bruno Candrian. A 11 ans et demi, Steve monte donc un (ex-) crack et gagne déjà tout ! *« Ça a été un déclic fantastique et m'a aussi appris à être reconnaissant envers mes propriétaires. J'envoyais à M. Schmid des nouvelles, des dessins, des poèmes. Mes parents m'ont toujours inculqué la politesse. »*

Mais le plus beau cadeau, le sacrifice, c'est Philippe Guerdat lui-même qui le fait, décidant d'arrêter sa propre carrière en hiver 1996, à 44 ans. *« J'étais choqué que mon père prenne une décision aussi abrupte, déçu de ne pas pouvoir faire de beaux concours avec lui ; sur le moment, je ne comprenais pas vraiment ce que cela signifiait, la générosité de son acte, j'étais jeune. »*

Une voiture à 16 ans !

A 15 ans, Steve gagne ses premières épreuves internationales, une médaille aux Européens juniors, et à 16 ans le titre de champion de Suisse junior et... une voiture, à Leipzig (janvier 1999) ! A 17 ans, au bénéfice d'une dérogation, il monte sur le podium du Championnat de Suisse 1999, à côté de Markus Fuchs et d'H.-U. Sprunger, en or, laissant Willi Melliger et sa Majesté Calvaro V, 4es, bredouilles... On se souvient de la joie de son grand-père Serge, qui voyait là ses efforts couronnés. Lui qui n'avait jamais hésité à manger de la vache enragée pour acheter des chevaux à son fils sentait bien que son petit-fils irait encore plus loin : une bien belle histoire de passion(s) !

Steve n'a pas 20 ans quand il est engagé comme premier pilote chez Jan Tops, à Valkenswaard (HOL), à la place de Rolf-Göran Bengtsson, qui entend alors voler de ses propres ailes. Il est encore jeune cavalier (21 ans) quand il dispute ses premiers Championnats d'Europe à Donaueschingen, ce qui ne l'empêche pas d'être le meilleur de son équipe (composée de MM. Mändli, Melliger et M. Fuchs), en bronze et qualifiée ainsi pour les JO 2004. Steve manque alors le titre individuel pour une touchette sur l'avant-dernier obstacle ; 21 ans, eût-ce été trop tôt ?

Il doit rendre Tepic La Silla et s'habituera à ne monter des cracks comme Pialotta que le temps d'un championnat et de deux ou trois concours, « *pour faire connaissance* ». Cela lui permettra de briller en finale de Coupe du monde et aux Européens de San Patrignano 2005 (argent), mais, lorsqu'on lui retire Tijl, vainqueur avec lui de plusieurs grandes victoires (GP de Cannes, Coupe des Nations de Rotterdam, etc.), pour le vendre à Doda de Miranda Neto, alors qu'il était prévu qu'il le garde jusqu'aux Jeux mondiaux, la coupe déborde.

Au lieu de monter dans l'avion pour le CSI 5 étoiles de Dubaï, le cheval rejoint les écuries du Brésilien. On a beaucoup ergoté sur les raisons du départ du Jurassien, mais la première, c'est Tijl. « *J'avais fait ce cheval de B à Z et on m'avait caché cette vente. Je m'étais beaucoup attaché à lui. Sa vente a été le déclencheur, on avait des intérêts et une vision de la vie différents. Je voulais pouvoir pratiquer mon sport avec des gens partageant ma mentalité.* »

Il dit ce qu'il pense, Steve Guerdat, et il pense ce qu'il dit. Sans se soucier de l'effet qu'il fera, sans manipulation, sans faux-semblant. Et peu lui importe, finalement, qu'on lui reproche de ne pas chercher le contact, d'être réservé : « *Je suis comme je suis, je n'ai nullement envie de jouer un rôle, de donner l'impression que j'aime tout le monde ni d'être aimé par tout le monde, car la réalité n'est pas comme ça. On a en fait très peu d'amis, de vrais amis, les seuls qui comptent. Et ceux-là, j'y tiens.* », confie-t-il à Sophie Kasser-Deller. Tout sauf complaisant, il a le courage de ses opinions. « *La fin de mon séjour chez Jan Tops et l'épisode Onishchenko, qui voulait que je change de passeport, la nécessité de tout (re)construire, les difficiles moments de doute, la solitude, la dure réalité d'un aspect peu reluisant d'un monde d'adultes sans sentiment et sans rigolade à laquelle j'ai été confronté ont transformé ma personnalité, m'ont ouvert les yeux sur la vie, les amis, la famille, le bonheur. J'ai alors compris à quel point tout cela comptait, qu'il est indispensable d'être un homme heureux pour être meilleur dans ce que l'on fait.* »

Le Jurassien décide donc à son tour de voler de ses propres ailes, refusant les propositions mirobolantes et les chimères, comme l'achat de cracks par le richissime Ukrainien Alexander Onishchenko, qui lui suggérait dans le même temps de prendre la nationalité ukrainienne. Jeune, fragilisé certes, mais la tête bien faite et... sur les épaules, Steve !

Retour triomphal à Genève

La transition – une traversée du désert de huit mois, même si Jürg Notz lui trouve quelques chevaux – sera forcément difficile, mais grâce à l'aide de son père, toujours discrètement présent, il trouvera Yves G. Piaget sur sa route. Et la bonne Jalisca Solier, qui lui permettra de fêter un retour triomphal, quelques mois plus tard dans le Grand Prix Coupe du monde Rolex FEI de Genève 2006.

⇧ photo Roland Keller

⇨ Un trio comblé : Yannick Guerdat, webmaster du CSI-W de Genève et son père Philippe, membre du comité du CHI-W depuis sa « retraite » de cavalier olympique qu'il fut deux fois, devenu un entraîneur reconnu, aux côtés du héros du GP Coupe du monde FEI Rolex 2006, un Steve radieux !
Photo Valeria Streun

« Il n'y a pas de mot pour dire ma reconnaissance à monsieur Piaget. Je peux le placer juste à côté des miens, ce qu'il a fait pour moi est extraordinaire ; ça vient du cœur et c'est fait avec intelligence, pour bâtir quelque chose de solide. Me permettre de faire ce que je veux, de devenir ce que je rêve d'être », confiera-t-il après sa victoire à Palexpo.

Steve Guerdat fera aussi des miracles avec Trésor, acquis avec son père en Espagne pour une somme raisonnable et pas vraiment destiné aux très grosses épreuves. Or l'étalon BWP lui permettra de monter sur le podium de la finale de la Rolex FEI World Cup 2007 à Las Vegas, passant même tout près du sacre. En finale de Coupe du monde, Steve Guerdat s'est chaque fois classé « dans les huit » (6e en 2005, 3e en 2007, 7e en 2008, 8e en 2009), sauf en 2010 à Genève, où il gagnera tout de même l'Acte II du vendredi, avec Trésor. L'étalon lui a aussi donné le Grand Prix de Lyon 2008 et, dans la foulée, le 1er Défi des Champions, à Palexpo. Et en 2009, Trésor gagnera le Grand Prix du CSIO de Rotterdam et le Masters de Rio de Janeiro. Après Genève et Vigo, Steve Guerdat remportera son troisième GP Coupe du monde Rolex FEI en janvier 2010 à Zurich, sur Trésor. Genève, Zurich, deux concours qui réussissent bien à Steve, qui sait être prophète en son pays et a été sacré champion de Suisse élite à Bâle, en 2008, dix ans pile après son premier titre national chez les juniors.

De l'or, il en a aussi gagné avec la Suisse aux Championnats d'Europe de Windsor, en août 2009. Avec sa bonne Jalisca Solier, il sort alors un sans-faute décisif en fin d'épreuve pour s'offrir ce titre et le partager avec ses potes et notamment Daniel Etter (il est parrain de son fils). En 2010, il s'adjuge aussi deux GP en avril à Genève, deux autres à Aix-la-Chapelle, avec Jalisca Solier et Ferrari, le GP de Donaueschingen avec Jalisca, celui de Salzbourg avec Ferrari et, avec douze victoires en GP (une par mois !), se qualifie ainsi pour la 10e finale du Top 10 Rolex IJRC.

Porté par le public

Cette finale représente un défi particulier et Steve Guerdat le relève avec un brio déconcertant, comme si l'enjeu et la pression le portaient autant que ses fans.
« Je sentais bien cette tension, j'étais nerveux toute la journée. Le public m'a toutefois motivé et je voyais bien que Jalisca était très en forme et, en la montant au paddock, ça m'a redonné le calme et la confiance nécessaires », avouera le Jurassien peu après sa victoire.

⇨ Belle complicité entre Steve Guerdat et Jalisca Solier, l'élégante jument S. F. (par Alligator Fontaine et par Jalisco B) d'Yves G. Piaget, héros du Grand Prix Coupe du monde Rolex FEI de Genève 2006, du Grand Prix Credit Suisse d'avril 2010 et surtout de la 10e finale du Top 10 Rolex IJRC de décembre, toujours à Palexpo. Ensemble au plus haut niveau depuis six ans bientôt, ils ont aussi triomphé aux Européens 2009 et dans une quinzaine d'autres Grands Prix internationaux.
Photo Roland Keller

Revigorée par un repos de six semaines, Jalisca Solier était revenue fringante début septembre et elle avait brillé tout l'automne. Son cavalier avait voulu lui épargner le long périple et la dure semaine des Mondiaux de Lexington et c'est comme si la jument l'en avait remercié ! Quelle victoire ! D'aucuns le comparent déjà à Roger Federer pour son talent naturel, son élégance ou encore son intelligence au moment de l'analyse. Alain Jeannet, le rédacteur en chef de *L'Hebdo*, a déjà osé le rapprochement à deux reprises après ce sacre, dans *Le Paddock*, le journal du concours, et dans *L'Hebdo*.

En 2011, de nouveaux chevaux, comme Nino des Buissonnets, Sidney ou Come on

Girl épaulent les « anciens » et Steve Guerdat semble armé pour continuer sur sa lancée. Avec l'aide d'Yves G. Piaget, mécène généreux et allié inconditionnel. Et avec l'aide aussi d'Urs Schwarzenbach, chez qui il est installé depuis avril 2007, au Rütihof, sur les hauts d'Herrliberg (Zurich), entre lac et forêts. Des installations superbes et un encadrement idéal pour lui et pour ses douze chevaux.

Il est bien entouré !

Le manège (62 x 22 m) a été agrandi, un beau marcheur en bois construit et de nouvelles écuries 5 étoiles, avec des boxes très spacieux, ont été bâties. Le sol (du sable synthétique), identique dehors et dans le manège, est excellent, mais Steve travaille aussi dans un grand pré, sur l'herbe et il franchit volontiers les petits troncs ou le gué. Et des chemins aménagés permettent de partir pour des balades dans les bois. « *C'est idéal, fonctionnel, aéré, tout a été conçu pour le bien-être du cheval. Et je bénéficie d'un contrat de sponsoring.* », soulignait-t-il en nous faisant découvrir ses belles installations.

Au Rütihof comme en concours, Steve est aidé par Heidi Mulari, sa fidèle groom finlandaise, qui l'a suivi après son départ de Valkenswaard (« *une belle marque de confiance* »). Il habite à deux pas de chez Thomas et Martin Fuchs et s'entraîne souvent avec eux. Au printemps 2011, Steve a été ravi d'épauler Martin dans sa première Coupe des Nations, à Lisbonne, et cette jeune équipe s'est classée 2e. Le Jurassien a ensuite signé un beau double sans-faute dans la Coupe des Nations de St-Gall avec Jalisca Solier. Et la Suisse était là encore 2e. Avant un doublé Prix des Nations - Grand Prix à Bratislava.

Pour lui, les 2es places sont presque des défaites, seules comptent les victoires, mais pas à n'importe quel prix, bien sûr. « *La compétition, c'est ma vie, mon moteur. J'aime plus que tout cette part d'inconnu qui lui est inhérente, ce piment, cette boule au ventre qui vous tenaille à chaque épreuve, cette remise en question continuelle, tout le travail que cela suppose. Il n'y a pas que les sportifs qui travaillent dur, mais là où un avocat ou un homme d'affaires ou n'importe qui le font avec pour récompense de l'argent, moi, l'argent ne m'intéresse pas. Ma motivation et mon bonheur à moi, ce sont les Coupes, les titres, les victoires, parce que là on touche au plus profond de notre être. J'ai d'ailleurs toujours dit que je préférais mourir avec beaucoup de médailles autour du cou que de l'argent sur mon compte en banque* », explique-t-il.

Pour « être bon », il faut réunir un certain nombre d'ingrédients : « *Il y a le travail, l'honnêteté, l'écoute et le respect, des chevaux, des sponsors, des gens qui vous entourent, la bonne organisation de l'écurie, y compris des jeunes chevaux, car il est indispensable de regarder loin devant soi, de préparer l'avenir. Et puis il y a le calendrier à gérer ; c'est compliqué, il ne faut pas charger le programme en voulant à tout prix se refaire après un concours où on a fait quatre points* ».

Son modèle à lui, c'est John Whitaker. Pas seulement pour sa monte, son sentiment ou la qualité de sa main, mais d'abord parce qu'avec lui « *c'est simple, ce n'est que du bonheur, ça rend le sport facile* ». Malgré les succès, Steve Guerdat garde les pieds sur terre. Particulièrement méticuleux et travailleur, il sait que le talent ne suffit pas. L'équitation est une longue école de patience et de travail. Et n'est-il pas qu'au début du chemin, après tout ?

⇦ Steve Guerdat avec Ferrari, sur les belles installations du Rütihof, à Herrliberg (ZH), propriétés d'Urs Schwarzenbach, où le Jurassien est installé depuis le printemps 2007.
Photo Roland Keller

Note : avec quelques extraits d'articles parus dans *Le Cavalier Romand* et *L'Eperon*.

Chapitre 17

Un beau Défi…

…et un autre en point de mire !

2008 est la première année sans Top 10 depuis le lancement de cette prestigieuse finale, en 2001. Nous comprenons fort bien que, pour l'aura et la crédibilité de cette finale, il soit judicieux de la faire un peu voyager. On nous avait promis les deux premières éditions et, grâce au succès de celles-ci, nous en avions eu une troisième, puis une quatrième et ainsi de suite. Nous nous étions mis d'accord sur un système de tournus et trouvions déjà magnifique de pouvoir accueillir cet événement un an sur deux. Il paraissait aussi logique que Rodrigo Pessoa, qui avait été un des principaux artisans de ce projet, puisse à son tour l'organiser dans le concours qu'il venait de créer à Bruxelles, avec son père et Christoph Ameeuw. Et comme nous n'avions forcément pas de concours en 2009, cinq mois avant nos finales, nous savions que le Top 10 partait pour deux ans, à Bruxelles, puis à Paris (Salon du Cheval de Villepinte), pour mieux revenir à Genève en décembre 2010, pour sa 10e édition.

Il nous fallait donc trouver une nouvelle épreuve phare pour l'édition de décembre 2008 et l'inventer ! Ce fut le Défi des Champions©, dont la formule fit mouche. Jamais, à notre connaissance, une épreuve n'avait jusqu'ici réuni de tels champions : les tenants des titres olympique, mondial, européen, du Top 10 Rolex IJRC et de la Coupe du monde Rolex FEI de saut, ainsi que leurs deux prédécesseurs. Les trois derniers vainqueurs du GP Coupe du monde Rolex FEI de Genève sont aussi qualifiés d'office.

L'autre originalité de ce Défi, c'est que ces champions ne sont pas seuls, puisqu'ils sont… défiés par les cavaliers et les paires les plus en forme du moment. Les meilleurs du Grand Prix Credit Suisse du vendredi soir et le lauréat de la grande chasse sont en effet ajoutés à ce lot, de façon à atteindre le nombre assez idéal de 20 partants (on nous fait souvent le reproche que le Top 10 est palpitant, mais un peu court).

Cela a pour autre avantage d'ouvrir le jeu, ce que l'on apprécie à Genève, d'où le nom de Défi ou de Challenge (en anglais). Ainsi, sans

⇦ Chaque année, durant plus d'une heure, des centaines de supporters (de supportrices surtout !) font le siège du stand du *Cavalier Romand* pour avoir un autographe de Steve Guerdat !
Photo artionet

⇦ Avec Trésor, Steve Guerdat remporte avec brio le 1er Défi des Champions©, en décembre 2008. Les organisateurs genevois ne pouvaient pas imaginer plus beau vainqueur pour leur « première » !
Photo Scoopdyga –
Pierre Costabadie, LDD

⇨ En décembre 2008, Sophie Mottu, Alban Poudret, le comité et les 700 bénévoles reçoivent un nouveau « Prix L'Année Hippique » du meilleur indoor au monde, pour la période 2007-08.
Photo Jean-Louis Perrier

⇨⇨ Pour sa première visite à Palexpo, fin 2008, Boyd Exell remporte brillamment le Grand Prix Egger Coupe du monde, grâce à un bon dosage d'assurance et d'audace : très fort, l'Australien basé en Angleterre !
Photo Christophe Bricot

⇨ Le superbe envol de Robert Whitaker et Finnbar V sur les 205 cm des Six Barres 2008 : impressionnant !
Photo Scoopdyga –Pierre Costabadie

⇨ La ferme éducative a été lancée en 2008 par Chantal Rothen, alors secrétaire du CHI et animatrice de la cellule « développement durable » du concours. Une belle initiative rééditée en avril 2010.
Photo Geneviève de Sépibus

⇨ En 2008, 2 600 élèves des écoles genevoises partagent une gigantesque marmite de l'Escalade, sur laquelle est inscrit : « Cultivons le sport responsable. Ensemble ». Plusieurs champions d'autres sports s'associent aux cavaliers, comme Timea Bacsinszky (tennis), Anne-Sophie Thilo (voile), Serge Aubin, star canadienne du GSHC, Louis Christoffel (debout), Simon Luginbühl (le n° 3, polo), ou Marc Ristori.
Photo François Ferrand

nuire en rien au très haut niveau de l'épreuve, cela donne la possibilité à un cavalier peut-être moins capé de venir troubler le jeu. Pas de privilèges excessifs pour les rois, ni les reines ! Si la formule est différente du Top 10, le type d'épreuve ainsi que son niveau de difficultés sont assez semblables. Un tour des vainqueurs *(winning round)* réunit les 8 meilleurs.

Savoir ménager ses montures

Steve Guerdat est le dernier à s'élancer dans le tour des vainqueurs. Avant lui, seuls le Français Timothée Anciaume et Meredith Michaels Beerbaum ont réussi un deuxième sans-faute, en assurant un peu pour le premier, beaucoup pour la seconde. La voie royale pour le Jurassien ? Son Trésor V, comme conscient de l'enjeu, prend hauteur et sûreté pour lui permettre de triompher. Les héros du Top 10 Rolex 2007 Jessica Kürten et Castle Forbes Libertina étaient certes plus rapides, mais avec une faute.

« Cette victoire me réjouit, car, entre Genève, le public, les organisateurs et moi, c'est une belle histoire d'amour et d'amitié », dira-t-il. Steve Guerdat a su aborder ce concours avec ses trois chevaux de pointe en forme pour… gagner. Le jeune Suisse ne mérite-t-il pas aussi la victoire pour ça, lui qui sait ménager ses montures, les préparer pour les échéances importantes, quitte à faire l'impasse sur d'autres. Ses chevaux semblent aussi frais en fin de saison qu'en début. Cela ne vous rappelle-t-il pas le grand Ludger du début des années 2000 ?

Le lendemain, c'est le Grand Prix Coupe du monde Rolex FEI, à nouveau devant une salle comble et vibrante ! Un final avec le couple champion olympique, le couple n° 1 mondial Marcus Ehning, et Steve Guerdat avec sa bonne Jalisca : spectacle garanti ! Et on se régale. Avec le vainqueur, le champion olympique Eric Lamaze : *« Je ferais volontiers de Genève une habitude. Cette grande piste, les meilleurs chevaux du monde, ici tout est grand et vous me reverrez sans doute à l'avenir ! »*, confie-il à Sophie Kasser-Deller. Il déclare par ailleurs à la presse : *« C'est génial que les obstacles soient différents, on ne les voit pas ailleurs, tout est typé, les épreuves, les parcours, les obstacles »*.

Heureux, Eric Lamaze (40 ans), qui se déplace pour la deuxième fois à Genève après la finale de 1996 et ne peut terminer mieux la saison de sa vie. *« Le barrage était fait pour mon cheval que je peux laisser galoper à son rythme, plein pot, lorsqu'il est détendu comme ici. »* Pour gagner, le Canadien à l'équitation dynamique et son explosif étalon hollandais ont tout risqué. Partie juste avant lui, Meredith Michaels Beerbaum avait placé la barre haut avec Shutterfly, 3e au final. Ne reste alors plus que Steve Guerdat sur Jalisca Solier. Et il s'en faut d'un rien, de vingt-six centièmes, que le Jurassien ne réédite son exploit de 2006. Une légère frustration… mais terminer 2e derrière le couple champion olympique, n'est-ce pas déjà une demi-victoire ?

Si Steve Guerdat (avec trois victoires) est le grand homme du week-end, Julien Epaillard remporte tout de même la Mercedes promise au plus performant sur les quatre jours, une voiture qui lui avait échappé – de peu – un an plus tôt. *« Genève est selon moi le plus bel indoor, parce que tout y est grandiose, mais surtout parce que ce concours a une âme. Du coup, on a envie de tout faire à fond, les petites épreuves comme les grandes, les amusantes comme les sérieuses ! »*, le beau compliment du Français à l'adresse de Genève.

A ce propos, les organisateurs reçoivent à nouveau le prix de « meilleur indoor du monde » des mains de deux amis fidèles du concours, Eleonora Ottaviani, directrice de l'IJRC, et Xavier Libbrecht, rédacteur en chef de *L'Eperon* et président de l'IAEJ, l'Alliance internationale des journalistes équestres étant désormais associée à ce prix parrainé par *L'Année Hippique*. Sophie Mottu prend bien soin de transmettre tout de suite le prix aux bénévoles présents sur la piste : *« Ce prix appartient à tous »*.

Cette 48e édition est un grand succès populaire avec près de 40 000 spectateurs (un record pour une édition dite « normale »), en comptant les 2 600 jeunes élèves des écoles genevoises venus animer allées, tribunes et paddocks le jeudi après-midi. Ceux-ci contrarient un peu les cavaliers, qui préparent leurs chevaux à deux pas et les trouvent très bruyants. Certains se plaignent du reste du public genevois, le trouvant parfois trop démonstratif ! Ces jeunes se partagent alors aussi une gigantesque marmite en chocolat de l'Escalade, sur laquelle est inscrit : *« Cultivons le sport responsable. Ensemble »*. Une initiative de Chantal Rothen et de l'équipe du développement durable, très actifs et déjà récompensés de plusieurs prix. Grâce à Alexandre Ahr, des champions comme Timea Bacsinszky (tennis), Anne-Sophie Thilo (voile), Serge Aubin, star canadienne du GSHC et plusieurs joueurs de hockey de renom, ou Marc Ristori (motocross), sont là. Et grâce à nos contacts amicaux avec Hugh Quennec, le président du GSHC, les hockeyeurs viennent au CHI-W et nous allons aussi voir des matches aux Vernets et notamment une fois par an avec nos bénévoles et quelques cavaliers comme Christina Liebherr, Daniel Etter, etc. Positifs, des échanges entre sports et sportifs, l'équitation n'est plus « à part ».

⇧ En 2008, Daniel Würgler nous gratifie d'un passage de gué explosif avec ses lippizzans !
Photo Christophe Bricot

↗ Steve Guerdat et Jalisca Solier, 2es du GP Coupe du monde Rolex FEI 2008, quelques centièmes derrière les champions olympiques. Un peu plus et le Jurassien réussissait le doublé « Défi-Grand Prix ! », ou même un triplé, puisque le GP des combinaisons Clarins était pour lui aussi !
Photo Scoopdyga – Pierre Costabadie

⇩ En 2008, les champions olympiques Eric Lamaze et Hickstead – un lion qui dompte ici l'aigle du Genève Servette HC – sont les héros de la planète-Palexpo. Et ils figureront aussi sur le podium du Top 10 et du GP Coupe du monde Rolex FEI en 2010.
Photo Scoopdyga – Pierre Costabadie, LDD

⇨ Le champion olympique
Eric Lamaze, triomphateur du
GP Coupe du monde Rolex
FEI 2008 avec Hickstead,
reçoit une Rolex des mains de
Jean-Noël Bioul.
Photo Scoopdyga –
Pierre Costabadie, LDD

Ces champions qui ont marqué Genève

ERIC LAMAZE, SI DYNAMIQUE ET OLYMPIQUE… AVEC HICKSTEAD

C'est le couple le plus impressionnant des années 2007-2011 et ce n'est sans doute pas fini. Sacrés champions olympiques en 2008, Eric Lamaze et Hickstead ont aussi remporté les Grands Prix les plus importants de la planète, Calgary, Aix-la-Chapelle, Genève, La Baule, Rome… la liste serait longue ! Pleins d'énergie et de brio tous les deux, le Canadien et son fabuleux étalon KWPN étaient aussi sur le podium des Jeux mondiaux 2010 (3es), des finales du Top 10 Rolex FEI 2009 et 2010 (3es), de la Coupe du monde Rolex FEI 2011 (2es). On a rarement vu une paire aussi brillante et régulière sur six saisons (au moins !) et Eric Lamaze mérite bien le titre de n° 1 qu'il a déjà porté à plusieurs reprises.

A Genève, le Canadien n'était apparu qu'une seule fois avant sa victoire de 2008, en 1996, pour la finale de la Coupe du monde, et sans jouer les premiers rôles. Il y est revenu par la grande porte en décembre 2008, auréolé d'un titre olympique, et pour gagner. Et, s'il n'a pas réussi à se qualifier pour la finale d'avril 2010, il était de retour en décembre, montant sur le podium du Top 10 (3e) et du Grand Prix (2e). Et la belle histoire pourrait bien se prolonger…

Son Hickstead est un étalon fabuleux, qui suscite l'envie du monde entier. Il est vraiment unique en son genre. Eric Lamaze est aussi devenu une star, mais le Québecois reste simple, cool et disponible. Attachant, quoi !

N° 3 mondial avant les JO déjà, n° 2 après son sacre et n° 1 pour la première fois en janvier 2009, au lendemain de sa victoire à Genève, Eric Lamaze ne peut pas être considéré comme un champion olympique surprise et pourtant il n'était pas très connu de ce côté-ci de l'Atlantique avant son triomphe de Hongkong. Avec Hickstead, il ne constituait pas encore aux yeux du grand public un couple mythique.

Pourtant, ces deux-là formaient incontestablement l'une des paires les plus performantes depuis deux ans déjà ; 3es du Grand Prix d'Aix-la-Chapelle lors de leur premier essai là-bas, en mai 2006, quatre mois avant les Jeux mondiaux (où ils ne furent que 27es, à cause d'une troisième manche ratée, après deux sans-faute), ils poursuivirent sur leur lancée en 2007 (victoire dans le Masters de Spruce Meadows, deux médailles aux Jeux panaméricains de Rio, etc.) et, en 2008, gagnant notamment les Grands Prix de Wellington et de Calgary, juste avant les JO. A Hongkong, pour les JO, les parcours de Leopoldo Palacios (qui fut le chef de piste de Palexpo en 1998 et 1999) étaient techniques et subtils. Ceci dit, on pouvait monter toutes les lignes en-avant, comme l'a du reste si bien fait Eric Lamaze (chez lui, c'est instinctif et il recherche du reste des chevaux faits pour cela !). Et si le cyclone annoncé eut le bon goût d'attendre la nuit de la finale pour débarquer à Hongkong, le public eut droit à un ouragan nommé Hickstead…

⇨ Le charismatique Canadien
Eric Lamaze et son énergique
étalon Hickstead sacrés
champions olympiques en
2008 à Hongkong. Un couple
des plus attachants et
spectaculaires !
Photo Scoopdyga –
Pierre Costabadie

Hickstead est un phénomène : quel pep et quelle force se dégagent de ce fantastique étalon KWPN, fils de Guidam ! Hickstead est un petit cheval de 160 cm athlétique et volontaire *(« il se sent beaucoup plus grand que ça dans sa tête »)*, comme son cavalier. Lamaze (165 cm pour 65 kg) l'avait acheté à 7 ans, en Belgique, et il l'a fait de C à Z.

Consécration et rédemption

A Hongkong, Eric Lamaze devient le premier Canadien sacré en individuel – Vaillancourt était 2ᵉ en 1976 à Montréal : dans les tribunes, des drapeaux à la feuille d'érable et des pancartes « Lamazing » s'agitent ; pour tous ses supporters, c'est le bonheur. Ils le savent depuis longtemps, eux, que Lamaze est un as. La vie du Québécois a été faite de hauts et de bas, de cabosses, mais chaque fois il est revenu plus fort. Un champion capable d'encaisser les pires épreuves dans la vie et de maîtriser les parcours les plus sélectifs à cheval. *Yes*, Lamazing !

« *Merci à ma famille, à mes amis, à tous ceux qui m'ont soutenu dans les moments difficiles, je partage ce bonheur avec eux* », dira Eric Lamaze lors de la conférence de presse, faisant allusion à une enfance pas toujours facile et aux ennuis dus à la drogue, qui l'avaient privé des JO d'Atlanta et de Sydney. Est-ce pour rattraper le temps perdu et racheter tout ça que le Montréalais est devenu si professionnel et exemplaire ? A Hongkong, ses médailles d'or et d'argent résonnent comme une rédemption, même s'il avait déjà participé aux Jeux mondiaux 1994, 1998, 2002 et 2006 et décroché trois médailles aux Jeux panaméricains ? En fait, il a toujours été considéré comme un très grand talent, avec un œil parfait, un sens du rythme et une niaque incroyable.

Le jeune Eric avait commencé à monter à 12 ans, à Montréal, avec l'aide de Diane Debuc. Sur sa route, il croisera George Morris, Roger Deslauriers – le père de Mario –, Hugh Graham ou Jay Hayes. Il s'est fait tout seul, sans argent, et est devenu un grand pro et l'un des plus grands marchands de chevaux de sport, outre-Atlantique.

Ce natif de Montréal, personnage sympathique et décontracté, facile d'abord, a trois camps de base, Torrey Pines Stable, à Schomberg, dans l'Ontario, où il entraîne de nombreux élèves et fait du commerce. A Wellington, à West Palm Beach, en Floride, où il passe une bonne partie de l'hiver, avec ses chevaux et la plupart de ses élèves, dans d'autres installations magnifiques. Et depuis 2008, en Belgique, où il est basé de longs mois. Fort de ses succès, de ses talents de marchand et avec l'appui de bons propriétaires, il s'est construit une vie très confortable. Et il sait prendre du temps pour lui, pour jouer au golf, au tennis ou au squash ou encore faire du ski (il adore Courchevel).

Homme de cheval accompli, il s'intéresse un peu à l'élevage, « *surtout depuis que j'ai Hickstead* », confesse-t-il. L'étalon fait la monte (par prélèvement) depuis 2009, mais sa carrière sportive prime toujours et ses fabuleuses victoires dans les Grands Prix de La Baule et de Rome au printemps 2011, après sa superbe 2ᵉ place à la finale de la Coupe du monde Rolex FEI de Leipzig, le prouvent bien. Eric Lamaze est aussi redevenu nᵒ 1 mondial en juin 2011 et il a encore triomphé en septembre 2011 à Calgary : de bien belles façons de fêter son entrée dans le team des témoins Rolex, aux côtés de Meredith Michaels Beerbaum et de Rodrigo Pessoa !

⇦ Eric Lamaze et Hickstead ont triomphé dans le GP Coupe du monde Rolex FEI de Genève 2008 et, deux ans plus tard, ils semblent à nouveau imprenables au barrage, mais Kevin Staut en décide autrement, pour 15 centièmes. Le couple champion olympique 2008, décidément de tous les podiums, sera aussi dans le trio de tête du Top 10 2010, comme un an plus tôt !
Photo Christophe Bricot

DEUX FINALES

DE COUPE DU MONDE
À GENÈVE

Geneva Palexpo 14-18 Avril 2010
Rolex FEI World Cup™ Final - FEI World Cup™ Driving Final

   www.worldcupgeneva.com

(ndlr: jusqu'en 1973, plusieurs médaillés européens l'avaient été avec deux chevaux, le règlement prévoyant alors cette possibilité). Les années 1980 ont changé la donne, car c'était l'ère des chevaux champions, des Milton, Jappeloup, Big Ben, Walzerkönig, le couple prenant le pas sur le seul cavalier. Mais, aujourd'hui, il n'y a plus de véritables chevaux superstars et le champion, c'est le cavalier», estime le créateur de la Coupe du monde. On pourrait répliquer que Baloubet, Shutterfly ou Hickstead sont des cracks d'exception. On a en tout cas le droit d'en débattre!

Un Schwizer pour la Suisse!

A la droite d'Ehning sur le podium, Pius Schwizer fait honneur à son pays et à son brassard des Rolex Rankings, partageant la 2e place avec Ludger Beerbaum, qui l'aidera à soulever le vainqueur! Un podium à dominante germanique qui ne reflète que partiellement une finale très colorée et riche en émotions: Luciana, Mario, Chris et Natale, Genève ne vous oubliera pas!

Une faute sur l'antépénultième obstacle, une faute de trop hélas pour l'élégante Portugaise Luciana Diniz, 4e avec Winningmood. Cette subtile combinaison de finesse, de légèreté et de force (l'étalon gris en a à revendre) a failli se révéler gagnante! Terriblement déçue, la Portugaise, encore jamais aussi bien placée dans un grand championnat, s'est montrée particulièrement démonstrative, comme en communion avec le public.

Un final carrément manqué pour le leader, Mario Deslauriers, 6e. Le plus jeune lauréat de l'histoire de cette finale (19 ans en 1984) était pourtant si proche du but. Un abord hasardeux sur le triple, Urico qui se fait peur à la sortie et qui traverse le vertical suivant, la cadence qui s'en va, la confiance qui s'envole et deux nouvelles barres. Un peu comme un certain Rodrigo Pessoa avec Tomboy en 1996 à Palexpo… Un nouveau coup dur pour le camp américain, qui avait déjà perdu son leader McLain Ward. Le camp américain avait-il mis trop de pression sur les épaules de «super-Mario» en replaçant tous ses espoirs sur lui, Spooner, 7e, et Fellers, 12e, ayant laissé passer leur chance?

Parmi les bonnes surprises, le retour de l'Irlandais Dermott Lennon, dans l'ombre depuis son titre mondial en 2002, 5e avec Hallmark Elite, celui de Patrice Delaveau, 11e avec Katchina Mail, la fantastique 7e place de l'Australien

⇦ Ces cinq journées de sport et de spectacle comblent un public en communion avec les cavaliers. Voici la Portugaise Luciana Diniz, si déçue d'être passée si près du but mais très démonstrative….
Photo Jean-Louis Perrier

Chris Chugg qui a fait des pirouettes de joie avec son étalon Vivant (hélas vendu depuis) ou l'affirmation de Natale Chiaudani, 12e avec Seldana di Campalto, qui sera elle aussi vendue et 2e des Jeux mondiaux pour l'Arabie saoudite. Dans le camp suisse, Jane Richard, 14e, est tout sourire, Steve Guerdat bien déçu de ses trois fautes après l'euphorie de ses succès des vendredi et samedi soirs. Les montagnes russes!

Au-delà des exploits et des échecs, des joies et des désillusions, c'est le sport qui a triomphé. Une arène de feu, une piste magnifique, des parcours de rêve grâce à un Rolf Lüdi au sommet de son art (en 2008 à Göteborg, il avait eu la main un brin lourde; ici, il avait son doigté habituel), le sport a été d'une incroyable intensité.

Si les Américains font grise mine au soir de cette 32e finale, ce n'est pas parce qu'on leur annonce qu'ils ne pourront pas rentrer chez eux avant une semaine à cause des cendres du volcan islandais Eyjafjalla en éruption, c'est parce qu'ils sont passés à côté d'une finale qui aurait dû leur redonner les joies des années 1980, eux qui s'étaient déplacés en Europe avec leurs meilleurs chevaux, ce qui n'était plus le cas depuis longtemps. Ils sont d'autant plus abattus qu'ils avaient cru la victoire possible. Rich Fellers, victorieux le premier soir, y a cru, tout comme McLain Ward, deuxième le jeudi et le vendredi, en tête du provisoire avant d'être disqualifié, tout comme Mario Deslauriers, encore leader à six obstacles de la fin.

La dernière victoire américaine en finale de Coupe du monde remonte à 1987 à Paris-Bercy, grâce à Katharine Bursdall alors impériale avec The (sur)Natural. Vingt-quatre ans que le précieux graal échappe aux Américains !

Sapphire out, comme un séisme !

Le vendredi soir, Sapphire, en tête du général, est donc disqualifiée pour la suite de la compétition pour sensibilité anormale au niveau de la couronne de l'antérieur gauche. McLain Ward se sent persécuté. D'aucuns le disent poursuivi par son histoire (une condamnation pour avoir glissé des pointes de plastique sous les protections de Benetton, en 1999 à Aix-la-Chapelle), mis hors course de manière arbitraire. La FEI a-t-elle voulu faire un exemple et signifier sa volonté de s'investir pour un sport respectueux du cheval et propre en s'attaquant à un cavalier au passé chargé ? Ce dernier a-t-il volontairement provoqué cette hypersensibilité de la couronne, forcément suspecte par les temps qui courent ?

⇦ Belle vue sur la piste légèrement hexagonale des finales 2010.
Photo Scoopdyga – Pierre Costabadie

« Victime, paria ou bourreau, McLain Ward ? On ne le saura sans doute jamais. Une chose est sûre cependant : cette mise à l'écart prématurée a privé le public genevois de sa belle et juste équitation, modèle d'équilibre, de sobriété, de fluidité et de légèreté. Une équitation non musclée, sans effets de force, sans contrainte. Une équitation d'inspiration classique (…), en continuant d'espérer qu'elle n'est pas fausse », écrira Sophie Kasser-Deller.

Si McLain Ward et son entourage vivent alors un calvaire, nous passons aussi vingt-quatre heures épouvantables. Convoqués à la fin de la remise des prix dans le bureau réservé à la FEI, Sophie Mottu et moi savons déjà que la situation est tendue. Qui, quoi, nous l'ignorons encore. Car enfin Sapphire était revenue au barrage, prenant la 2e place. Je suis pour ma part isolé par mon casque, commentant l'épreuve pour la Télévision Suisse Romande aux côtés d'Alain Meury, puis au micro de la salle. On passe ensuite à l'attelage et rien ne semble venir contrecarrer cette superbe soirée, suivie par des tribunes (10 500 places !) quasiment pleines et enthousiastes.

Quand nous sommes accueillis par les plus hautes instances de la FEI et constatons que la princesse Haya est revenue au concours en cette fin de soirée, nous comprenons que l'heure est grave. On nous informe du cas traité et nous écoutons d'interminables discussions entre le jury et les officiels, sans avoir voix au chapitre. Auditions et délibérations s'ensuivent à n'en plus finir. On nous dit de sortir, de revenir une heure plus tard, et ainsi de suite, jusqu'à 5 h du matin.

Nous discutons alors avec McLain Ward, abattu mais très digne. Un saut ensuite au *winning round*, la tente VIP, pour voir nos invités en faisant semblant de rien, avant une nouvelle séance avec les officiels. Entre deux, Sophie et moi nous arrêtons quelques minutes à une table pour reprendre nos esprits et réfléchir à l'attitude à adopter. C'est là que nous partons d'un fou rire nerveux homérique (voir l'avant-propos). Rires et larmes, impuissance devant un gâchis dont

on ne sait s'il est bien réel. On ne veut pas interférer dans la décision qui est prise, on fait confiance aux stewards, on se demande simplement si les preuves sont suffisantes, si certains ne sont pas un peu trop expéditifs et s'il ne vaudrait pas mieux remettre au lendemain la décision. La nuit ne porterait-elle pas conseil, ne sommes-nous pas tous épuisés et sur les nerfs ?

Pourquoi cette précipitation ? On nous répond que le règlement l'impose et que le communiqué de presse envoyé à 4 ou 5 h du matin on trouvera encore les rédactions américaines avant que les résultats ne soient publiés. Rodrigo Pessoa, Sophie et moi préférerions attendre et au besoin examiner à nouveau la jument ; le protocole ne le permettrait pas. Nous nous demandons aussi s'il est légitime de disqualifier Sapphire de l'épreuve, du moment qu'on l'a laissé partir et même disputer le barrage. Sur ces points-là, la suite nous donnera raison puisque, quelques mois plus tard, McLain Ward sera réintégré à la 2e place de l'épreuve, la FEI en supportant le coût.

Outre le Dr Pierre-Alain Glatt, concerné en première ligne, Ernest Scherz, très contrarié, quelques membres du comité, Francisca Guanter-Buss, Françoise Tecon et Eric Sauvain, ont aussi voulu partager notre nuit blanche et nos inquiétudes. Une sacrée équipe !

Vingt-quatre heures pénibles

Le lendemain, la journée est marquée par cette affaire. Les Américains convoquent une conférence de presse le matin, avec notre accord. McLain Ward présente sa jument aux journalistes, sur la piste des attractions. Certains spectateurs semblent bien intrigués. A la presse, l'Américain se dit persécuté. L'après-midi, une dizaine de cavaliers, membres du comité de l'IJRC ou très influents,

Deux victoires, et dans des épreuves majeures, l'acte II de la Rolex FEI World Cup et le Credit Suisse Grand Prix, pour Steve Guerdat. Entre le Jurassien et Genève, c'est une belle histoire d'amour qui dure, et se répète.
Photo Scoopdyga – Pierre Costabadie

Et toujours la même cohue au stand du *Cavalier Romand* pour les dédicaces de Steve Guerdat ! On bat même des records !
Photo artionet

sont convoqués pour visionner les images des contrôles faits la veille sur Sapphire. Plusieurs cavaliers semblent convaincus de l'hypersensibilité de Sapphire à un endroit bien précis (on lui a fait 54 pressions au total), mais d'autres leur rétorquent qu'un cheval peut garder des années la mémoire d'un coup ou d'une blessure et réagir ainsi même sans douleur effective.

A 18 h 00, la FEI a convoqué une conférence de presse et il y a plus de 150 journalistes et officiels, des dizaines de caméras qui tournent, des micros qui se tendent dans la salle. Sophie et moi sommes parmi l'assistance, nous ne sommes pour rien dans cette décision et n'avons pas à nous exprimer. L'ambiance est tendue, électrique, chaque intervenant sur ses gardes, hormis peut-être la princesse Haya, calme et détendue en toutes circonstances. Après avoir introduit la séance, elle laisse parler son 1er vice-président (et déjà adversaire quasiment déclaré pour la présidence de la FEI…). Sven Holmberg insiste sur le fait que, si la jument est disqualifiée, son cavalier, lui, n'est pas mis à pied, ni même suspecté de quoi que ce soit.

On nous avait promis de boucler le tout à 18 h 45, afin de ne pas nuire au Grand Prix Credit Suisse, mais la conférence s'éternise. Je devrais officier comme speaker au début du Grand Prix, puis prendre le relais sur la TSR pour la seconde partie, mais il m'est impossible de quitter la salle de presse. Un signe à mon complice Michel Sorg, qui comprend et fonce prendre le micro, avec son brio coutu-

mier. 19 h 00, 19 h 15 les tribunes applaudissent à tout rompre, beaucoup de spectateurs ne savent même pas ce qui se passe là audessous, en salle de presse. Certains ont entendu parler de cette disqualification au téléjournal de midi ou à la radio, mais quand McLain Ward entre en piste, il est applaudi normalement.

L'Américain aimerait manifester sa désapprobation à l'encontre de la FEI en abandonnant sans avoir sauté le moindre saut. Et en mettant pied à terre. Ayant eu vent de la chose, nous lui demandons de ne pas en rajouter et d'abandonner après quelques sauts sans faute : le message est le même, mais il s'adresse aux officiels. Inutile de gâcher la fête du public. Le lendemain, une banderole sera déployée au restaurant-terrasse, mais sans que cela ne gâche l'ambiance non plus. Difficile de trouver le juste équilibre ?

« La FEI a frappé un grand coup en éjectant McLain Ward. Il paraît surprenant qu'elle ait décidé de disqualifier pour la première fois un cheval pour hypersensibilité lors d'une finale de la Coupe du monde. D'autant plus qu'il s'agit de la monture du leader de l'épreuve, grand favori pour le titre. Par cette action la FEI a sans doute voulu œuvrer pour l'exemple. La décision était courageuse et a braqué les projecteurs sur la lutte qu'elle mène contre la maltraitance », écrira le lendemain Julie Conti dans *Le Temps*, tout en ajoutant : *« Reste à savoir si la fédération recherchera de façon systématique les cas litigieux et si le tremblement de terre provoqué à Palexpo*

Fin de parcours prématuré et sacré coup de blues pour McLain Ward et Sapphire, partis pour gagner et mis hors course par le jury pour une hypersensibilité du paturon de la jument. Une décision qui fera des vagues sur le Léman et au-delà…
Photo Scoopdyga – Pierre Costabadie

⇧ Lorenzo subjugue le public avec sa poste hongroise sautante, connue dans le monde entier, et nous émeut avec son numéro plus poétique, dans lequel il a exceptionnellement intégré trois poulains nés à la fin de l'hiver. Quelle maîtrise et quel calme, quel étonnement aussi en voyant ces poulains téter paisiblement. Un moment de magie pure !
Photo Denis Roulet

⇩ Lanceurs de drapeaux, armaillis chantant le ranz des vaches et vaches, yodleurs, cors des Alpes, lutteurs. Emmanuelle Lathion a mis l'accent sur le folklore suisse : la Suisse reçoit le monde à l'occasion de ces finales et se montre !
Photo Geneviève de Sépibus

restera lettre morte ». Sapphire s'adjugera peu après coup sur coup les Grands Prix de La Baule et de Rome et aucun cheval ne sera plus officiellement disqualifié des Jeux mondiaux au Kentucky, des finales de Coupe du monde de Leipzig ou d'un autre concours important lors des douze mois suivants… Consolons-nous en espérant que cet incident incitera les cavaliers à la prudence et au respect de l'éthique ! On notera qu'en été 2011, plusieurs chevaux ont été disqualifiés pour hypersensibilité, notamment à Rio.

De grands moments

La victoire de Marcus Ehning ne souffrira guère de cette disqualification, qui nous laisse tout de même un goût d'inachevé et nous empêche d'être totalement heureux de cette semaine un peu folle. Pour le public, ce fut en tout cas une grande réussite. Les trois actes de la finale ont été d'un niveau exceptionnel, et les épreuves d'encadrement également. Ainsi ce Grand Prix Credit Suisse et la fantastique victoire de Steve Guerdat et Jalisca Solier. Au terme d'un parcours initial très sélectif, le barrage n'oppose plus que le Jurassien, Edwina Alexander et Kevin Staut. Et, comme la veille, le Jurassien fait alors une démonstration : le chronomètre explose et le public aussi ! La grande chasse, parrainée avec fidélité par Charles et Nado Burrus, est remportée par Philippe Rozier, victorieux de deux épreuves de vitesse avec Idéal de Roy. Qu'elle soit courue avec ou sans selle, la chasse est toujours un des temps forts de Palexpo, la seule piste indoor à comprendre lac et butte. Pour cause de finale, il ne pouvait clairement y avoir d'épreuve à cru cette

fois-ci – il eût été délicat de convaincre des finalistes de tenter l'expérience – et, comme la finale de la Coupe du monde commençait par une (sorte de) chasse le jeudi, la grande chasse, la vraie, était déplacée au samedi.

On retiendra encore la victoire le premier jour, sous le regard du détenteur de la Coupe du monde de ski et champion olympique de géant Carlo Janka, dans le Prix L'Hebdo, de l'Allemand Philipp Weishaupt. Quant à Martin Fuchs (17 ans et demi), 3e de cette épreuve à barrage, il allait prendre sa revanche le dimanche matin : premier Palexpo et première victoire ! Comme Jessy Putalllaz, excellent dans la chasse, ou encore Jennifer Meylan et Deborah Lazzarotto, très convaincantes lors du 50e, la nouvelle vague est décidément à l'honneur sur les bords du Léman.

Une fois de plus, les cavaliers reconnaissent le mérite du chef de piste, Rolf Lüdi, bien secondé par Gérard Lachat, Jürg Notz, Heiner Fischer et cie, et œuvrant en harmonie avec le délégué technique américain, le fin et agréable Anthony d'Ambrosio, lui-même responsable des tracés de la finale 2009 de Las Vegas. *« On le savait déjà, Rolf Lüdi est l'un des meilleurs constructeurs qui soient. On s'attendait à cette qualité de parcours. Il est vraiment très fort »,* dira Marcus Ehning.

« Les parcours étaient difficiles, très techniques mais fair pour les chevaux. Avec Rolf, à la reconnaissance, on croit qu'il y aura plein de sans-faute, mais, au bout du compte, il y a les fautes qu'il faut, mais pas de catastrophes. Cet homme connaît et sent les chevaux, les cavaliers, le sport. Chapeau ! », surenchérissait Pius Schwizer à la conclusion d'une finale aux parcours (nettement) moins gros que ce que l'on a pu connaître lors des dernières éditions de la finale.

« On n'est jamais sûr qu'un très bon chef de piste construise une très bonne finale, mais cette fois ce fut le cas, Rolf Lüdi a signé des tours très intéressants et très fair à la fois, avec de nouveaux obstacles inédits. On a vécu du très grand sport, intense, spectaculaire. J'ai le plus grand respect pour tout le travail fait ici », ajoutera Ludger Beerbaum.

De bien beaux compliments

Cinquante-quatre mille trois cents spectateurs ont vécu une très grande finale. *« J'ai été impliqué dans la plupart des finales depuis vingt-cinq ans, mais Genève a sincèrement fixé de nouveaux repères, un nouveau niveau d'exi-*

gences », déclare Sven Holmberg, 1er vice-président de la FEI. Le communiqué de la FEI souligne aussi la qualité exceptionnelle de l'organisation, parlant de « nouveaux standards ». La presse étrangère est très positive aussi. Dans *Cavallo Sport*, on peut lire : « *Une infrastructure et une organisation magnifiques, une affluence extraordinaire: à Genève, c'est toujours un mélange exemplaire d'ingrédients de nature très variée, un enthousiasme et une passion de marque très latine, une rigueur toute germanique, un charme et une élégance bien français. En résumé, Genève et Marcus Ehning sont assez semblables: ils obtiennent des résultats grandioses en faisant semblant que c'est facile, même si en vérité, c'est très difficile* ».

Le plus beau compliment est peut-être celui de Peter Hofmann, l'organisateur des Championnats d'Europe de Mannheim et chef du saut d'obstacles germanique, qui confie à la presse : « *C'est la plus belle finale de Coupe du monde à laquelle j'ai assisté, il sera dur d'égaler cette qualité d'organisation* ». De la bouche d'un organisateur allemand, qui plus est…

Genève, c'est du grand sport, des épreuves variées et originales, mais c'est aussi une vraie rigueur dans l'organisation et le timing. Nous devons aussi cela à tous nos bénévoles et notamment à ceux de la piste, qui font des prouesses pour changer parcours et décors huit ou dix fois par jour, à l'équipe de la régie et du rideau animée par Julien Pradervand et aussi au minutieux road-book établi grâce à Christine – Cri-Cri pour ses amis – Lucain, qui a un souci et un soin du détail absolument incroyables. Genève, la précision suisse et une certaine fantaisie latine ?

Pierre E. Genecand, qui a quitté la présidence sept ans plus tôt, n'est pas le moins élogieux : « *Cette finale a été hors norme, extraterrestre, supérieure à toutes celles que j'avais vues. L'infrastructure était exceptionnelle, le décor magnifique: un sans-faute s'il n'y avait eu la FEI et cette disqualification hasardeuse* ». Une grande finale, un public enthousiaste, une infrastructure et une organisation de qualité, il fallait probablement tout cela pour compenser ce qui aurait pu être un désastre : l'élimination du leader provisoire.

Quelques sueurs froides !

N'imaginons pas non plus les conséquences qu'aurait pu avoir le volcan islandais s'il avait

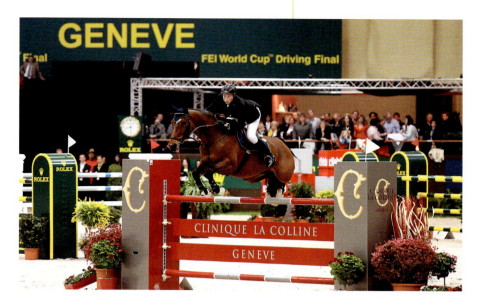

été en éruption trois ou quatre jours plus tôt ! Si ces nuages de cendre ont hélas privé Genève de la visite de beaucoup de journalistes et de personnalités bloqués chez eux (il n'y a plus eu d'atterrissage à Genève entre le jeudi après-midi et le mardi matin !), ils auraient tout aussi bien pu réduire ces finales à un petit CSI de province… Aurait-on annulé les finales en cas d'absence de certains extracontinentaux ? Qu'auraient dit les sponsors et les spectateurs ? Remboursez-nous ? Tout cela donne évidemment le vertige.

Devra-t-on à l'avenir se prémunir financièrementcontre toutes sortes de dangers potentiels et même les plus imprévisibles ? En évoquant les conséquences qu'aurait pu avoir le volcan, Sophie Mottu, Francisca Guanter-Buss et moi en avons des frissons ! Francisca, responsable de la coordination générale, a eu des centaines d'appels supplémentaires à cause du volcan. Des gens qui voulaient être remboursés, d'autres qui devaient prolonger leur séjour à l'hôtel et ainsi de suite. Dans ces cas-là, garder son calme comme Francisca sait le faire, c'est un tour de force.

Les Américains pensaient être bloqués au moins une semaine en Suisse, mais tous peuvent finalement rentrer plus tôt. Rich Fellers et son épouse profitent de leur mardi ensoleillé pour monter jusqu'à Zermatt. Le Californien avait mis « Matterhorn » sur son GPS et il ne trouvait pas le bon itinéraire, mais Francisca est encore là pour le guider ! Le mercredi soir, nous avions réservé toute la salle du Café du Port à Rolle pour que les Américains goûtent des filets de perche et autres poissons du lac, mais un avion les ramène dans l'après-midi à New York.

⇧ Martin Fuchs a de qui tenir. Le fils de Thomas et Renata et neveu de Markus a déjà tout d'un grand et malgré ses 17 ans et demi, il brille pour ce qui est son premier Genève. Avec Riot Gun et Karin II CH, il fait preuve d'une grande régularité, parvenant même à s'imposer le dimanche matin.
Photo Photoprod – Serge Petrillo

⇩ Amitié, même dans le stress, entre Sophie Mottu, Pedro Cebulka, Eric Sauvain et Philippe Guerdat (de g. à dr.).
Photo François Ferrand

Ces champions qui ont marqué Genève

MARCUS EHNING, LE STYLISTE TANT ADMIRÉ

Il est l'un des cavaliers les plus adulés de la planète et ce depuis son plus jeune âge, surtout depuis ses titres européen (1999) et olympique (2000) par équipe avec For Pleasure. Marcus Ehning a ensuite triomphé individuellement, réussissant un triplé en Coupe du monde (Las Vegas, Kuala Lumpur, Genève) et s'imposant dans le Top 10 2009 et en dominant souvent le classement des Rolex Rankings. Sa monte, son talent, son calme, ses chevaux, son palmarès, tout épate ! Et la famille Ehning se consacre tout entière à la réussite de son champion.

Marcus Ehning
Photo LDD

Couronnement mérité que ce troisième sacre en Coupe du monde pour Marcus Ehning, qui avait déjà fait preuve de sa supériorité du moment lors de la finale du Global Champions Tour à Rio, en août 2009, et de la finale du Top 10 Rolex IJRC, en décembre 2009 à Paris. Et, dans la foulée, en octobre 2010, lors des Jeux équestres mondiaux du Kentucky, Marcus Ehning a encore puissamment contribué au net succès des Allemands. De l'or, encore de l'or !

Période dorée donc pour Marcus Ehning, qui était passé par des moments difficiles après ses lourds échecs aux Jeux mondiaux 2006 à Aix-la-Chapelle et aux Européens de Mannheim 2007, mais qui a progressivement retrouvé confiance et équilibre. Par la remise en question et le travail, bien sûr, mais aussi grâce à l'équilibre trouvé auprès de son épouse, l'ex-championne du monde de voltige Nadja Zülow (aujourd'hui Ehning), sa compagne de longue date, épousée le 9 juin 2009, et de leur petite Yula Ekatharina, née le 17 juillet 2009.

« *Nous avons maintenant notre maison, nous habitons à 3 km des écuries et y sommes très bien* », explique Marcus Ehning. Son épouse, triple championne du monde et d'Europe individuelle de voltige, après avoir été championne du monde par équipe avec le groupe de Neuss, ne pratique plus guère son sport favori, mais elle entraîne encore des élèves et notamment l'équipe suisse de Lütisburg, 2e des Européens 2009 et 4e des Jeux mondiaux 2010 (Nadja n'a pu se rendre au Kentucky, son père étant hélas décédé peu auparavant). Et elle lui a donné un deuxième enfant, le 16 juillet 2011.

Tout de l'antistar

On peut dire de Marcus Ehning qu'il est LE cavalier des années 2000, avec Meredith Michaels Beerbaum et Rodrigo Pessoa, multichampions et triples lauréats de la Coupe du monde Rolex FEI aussi, et ce même si Eric Lamaze et Kevin Staut atteignent aussi les sommets depuis 2008 pour l'un, 2009 pour l'autre. Surdoué, au talent inné, qui vante sa solide formation de base mais ne se vante jamais, Marcus Ehning a pourtant tout de l'antistar. Sa petite silhouette lui

permet de passer inaperçu à pied, mais à cheval, ferme et décidé, il se transforme en centaure ailé.

« *Tout semble si simple lorsqu'il est sur le dos d'un cheval : quelle harmonie ! Mais quel perfectionnisme il faut pour en arriver là !* », le compliment est de Martin Fuchs. Le fils de Thomas et neveu de Markus se régale des parcours d'Ehning, « *même quand il fait des fautes, car il reste calme et corrige son cheval avec tact* ». Junior déjà, Marcus Ehning collectionnait déjà les médailles (six titres continentaux entre 14 et 21 ans).

Comme souvent, tout avait commencé avec un poney, Narmit. Ce petit gris, coqueluche de la maison, aura fait le bonheur de Marcus (dès l'âge de 7 ans) et de sa sœur aînée Kerstin. « *Mon père, précise le champion, a toujours aimé les chevaux, même s'il ne montait pas.* » Panama sera la première jument de Grand Prix de Marcus et ensuite du cadet, Johannes. Chez les Ehning, le partage, c'est naturel ! L'entraide familiale aussi. Kerstin travaille dans une banque, mais, le soir, elle vient monter et s'occupe aussi de la paperasserie : inscriptions, factures, gains, administration générale… Cornelia, la deuxième, a monté sur 1,30 m, et Karina, la cadette, est directrice des écuries.

Un talent inné et instinctif

Marcus Ehning a-t-il eu des instructeurs attitrés ? « *Non, excepté des moniteurs régionaux* (ndlr : dits « de société ») *lorsque j'avais 12 ans. C'est venu naturellement.* » Le mot est lâché. Et cela fait immédiatement penser à John Whitaker, un cavalier auquel on le compare parfois. Pour la finesse de son équitation ? « *Je ne sais pas* », dit-il, presque surpris. Et lorsque l'on insiste sur cette comparaison, « *pour la fluidité, la légèreté de votre équitation* », il répond : « *Oui, ça m'est arrivé de l'entendre, mais John Whitaker a sa manière à lui, l'a toujours eue et je ne crois pas qu'on puisse le comparer à qui que ce soit, même si la comparaison est flatteuse».* Pour louer sa légèreté et son talent, son instinct, Rodrigo Pessoa dit de lui *«qu'il est le plus latin des Allemands».*

On insiste et, plus tard, a-t-il eu des entraîneurs de dressage? *«Non, non. J'ai eu la chance d'avoir des poneys plutôt lents, je ne pouvais par conséquent pas être compétitif dans des épreuves de vitesse. Cela m'a obligé à me concentrer sur les épreuves de style et à soigner mon équitation. J'ai aussi monté en dressage, en petites épreuves. Puis j'ai eu la grande chance d'avoir de bons entraîneurs nationaux, Lutz Merkel chez les poneys, Fritz Ligges chez les juniors et les jeunes cavaliers, mais pas d'entraîneur spécifique en dressage».*

Marcus Ehning, c'est la sobriété, à tous les égards... Aucun artifice, ni à cheval, ni à pied. Aussi n'aime-t-il pas trop parler de lui. *«Mon caractère? Mes défauts? Je suis un peu trop perfectionniste et pas toujours assez patient, mais je ne tiens pas trop à m'ausculter.»* Discret il est, mais disponible et courtois aussi. Et lors de notre première visite chez lui, en 2005, il ouvrit même de vieux tiroirs et des cartons à chaussures, dans lesquels on dénicha quelques vieilles photos, quelques trésors du passé. Marcus Ehning n'est pas le premier n°1 mondial qui vit simplement, mais sa modestie et son esprit de famille frappent. Comme son génie et sa précision sur la piste.

For Pleasure, le bien nommé

A 25 ans, il est champion d'Europe par équipe à Hickstead; l'année suivante, champion olympique par équipe à Sydney avec For Pleasure. Cet étalon, déjà en or aux JO 1996 et vainqueur du GP Coupe du monde Rolex FEI de Genève 1996 avec Lars Nieberg, deviendra son compagnon de victoires durant de longues années. En 2005, l'étalon se blessera hélas à Arezzo. Le cheval de sa vie? *«Si For Pleasure m'a offert des succès fantastiques, je dirai quand même que c'est Panama. Je l'ai eue à 5 ans, j'ai franchi avec elle tous les échelons, elle a beaucoup gagné avec moi et ensuite avec mon frère. Elle est adorable et nous a donné de beaux poulains.»*

Sur le plan individuel, il gagne à peu près tout et s'adjuge ses deux premières finales de Coupe du monde, en 2003 à Las Vegas avec la bonne Anka et en 2006 à Kuala Lumpur avec le sublime étalon Sandro Boy, mais, subitement, la pression d'équipier devient trop lourde, ce d'autant que sa Küchengirl, pourtant gagnante des Grands Prix de La Baule et d'Aix en début de saison, est bien chaude et compliquée, et Ehning rate deux grands championnats. Aux Jeux mondiaux d'Aix-la-Chapelle, devant 60 000 spectateurs, sur une Küchengirl trempée et désemparée, il s'effondre. Puis

Les installations de Marcus Ehning, à Borken, où il vit et travaille en famille.
Photos Alban Poudret

aux Européens 2007, il est éliminé lors de ses trois parcours. Du jamais vu! *«Marcus reste malgré cela un des meilleurs du monde, sinon le meilleur»,* dira immédiatement Ludger Beerbaum. Dans l'adversité, le respect de ses pairs est intact! La reconquête se fera patiemment. Ehning ne sait plus à quel entraîneur se vouer, il avance alors à petits pas, mais la confiance reviendra, en travaillant encore plus dur, notamment avec Henk Nooren. Il fera toutefois l'impasse sur les JO 2008. Reculer pour mieux sauter... Et les succès reviendront en masse, à partir de 2009 surtout. Plus fort qu'avant?

La simplicité faite champion

En 2009, on l'a dit, il épouse Nadia Zülow et leurs deux enfants illuminent depuis leurs vies, on le sent bien. Mais de sa vie, Ehning ne parle guère. A Borken, sur la route qui mène à la frontière hollandaise, pour le trouver, il faut le chercher! Aucun panneau ne signale son nom. *«Vieh und Fleisch* (litt. bétail et viande) *Richard Ehning»,* voit-on à l'entrée du domaine! Veaux, vaches et cochons ont pourtant été abandonnés depuis longtemps au profit des chevaux et eux on ne les mange pas, on les monte!

Ses installations respirent la simplicité: il faut que cela soit pratique, c'est tout! Les infrastructures ont tout de même grandi progressivement, en même temps que le palmarès s'étoffait. On a rajouté dix bons mètres au manège (50 x 20 m), histoire de pouvoir y monter quelques parcours d'entraînement. Il n'y a ni galerie, ni club-house, rien de superflu! L'écurie attenante a certes été dotée de boxes de 3,60 x 3,80 m, joliment ornés, mais sans luxe. Les stars, comme For Pleasure (mort en février 2011) ou Sandro Boy logent dans la cour, où une rangée de grands boxes (4 x 4 m) a été ajoutée voici quelques années.

Fin 2004, le père avait pu racheter la ferme d'à côté pour Johannes, qui dispose ainsi depuis de ses propres quartiers. On fait un peu d'élevage avec les anciennes juments de concours, comme Panama et Anka, mais plus pour le plaisir.

«L'élevage, souligne Marcus, *est pour nous anecdotique et sentimental. On le fait pour prolonger notre histoire avec ces deux chevaux d'exception, ce n'est pas dans l'idée de vendre un produit.»* Les Ehning habitent au cœur de l'Allemagne du concours hippique, en Rhénanie-Westphalie, à une heure de voiture de Düsseldorf et de la Ruhr, direction le nord, entre Münster et Arnhem. On quitte les hauts-fourneaux et la grisaille pour les herbages, les forêts de pins et les fermettes en brique rouge.

Note: avec des extraits d'articles de l'auteur pour *L'Eperon* et *Le Matin*.

⇨ L'Australien Boyd Exell fait un véritable récital pour épingler sa deuxième Coupe du monde FEI d'attelage.
Photo Scoopdyga – Pierre Costabadie

Une grande finale d'attelage

La finale de la Coupe du monde d'attelage FEI offre aussi du très grand sport et le comité se réjouit d'avoir pu associer ces deux finales, très complémentaires. Le public semble aussi conquis, même si les tribunes ne sont pas pleines. Comment se fait-il que les férus de saut ne tentent pas tous de découvrir ce fabuleux spectacle ? Tous ceux qui essaient se prennent apparemment au jeu, mais tous n'essaient pas ! Les meneurs sont pourtant si brillants et si communicatifs, toujours prêts à faire plaisir, à partager avec le public, notamment en improvisant un véritable spectacle à la remise des prix, se croisant et recroisant sans fin en effectuant les voltes les plus compliquées. Fabuleux !

⇨ Deux Néerlandais aux trousses de Boyd Exell : Koos de Ronde sera 2e et Ijsbrand Chardon (photo) 3e.
Photo Sandra Culland

Les meneurs se déclarent d'ailleurs aussi enchantés de la compétition et le directeur de la Coupe du monde, Ian Williams, parle «*de la plus belle finale de l'histoire de la Coupe du monde*». Ce fut «*la finale la plus excitante*», dira au moment des récompenses le Hollandais Koos de Ronde, 2e.

Le champion Boyd Exell exulte aussi, et pour cause ! «*En indoor, où tout est concentré, où tout va si vite, la moindre erreur est lourde de conséquences. Koos (de Ronde) et Ijsbrand (Chardon) avaient fait très fort, la pression était donc à son comble au moment de s'élancer sur ce tour très rapide et très technique. D'autant que mes chevaux étaient trop frais et volontaires, pas faciles à gérer, en première manche*», reconnaissait, ravi, l'Australien après sa deuxième consécration en finale.

⇨ Chaude ambiance tous les soirs, toutes les nuits, au *winning-round*, où Anne-So (photo), Jeffrey et River Swing savent conquérir le public de noctambules des finales !
Photo artionet

On savait le détenteur de la Coupe du monde à nouveau grand favori de cette finale. Vainqueur de l'épreuve Coupe du monde ici même en décembre 2008, l'Australien (37 ans), grand dominateur de la saison hivernale, est donc une fois de plus à la hauteur de sa réputation. Tout comme ses formidables chevaux, «*véritables petites bombes, explosivité incarnée*», écrira Sophie Kasser-Deller. «*Ils ont entre 17 et 20 ans, ils sont extraordinaires ; c'est la première fois que je dispose d'un qua-*

tuor aussi fiable et rapide. Je vous assure que c'est une sensation incroyable !*», confie le meneur des meneurs.

Pour la toute première fois, deux Suisses étaient qualifiés pour la finale et très motivés à l'idée de briller devant leur public. Le charismatique Daniel Würgler, que l'on espère tant voir poursuivre la compétition (il comptait sans doute sur un exploit pour motiver des investisseurs !), 4e, manque de peu la seconde manche, tandis que Werner Ulrich, 6e, n'avait pas un team suffisamment expérimenté et rapide pour briller. Il saura du reste le renforcer les mois suivants, pour gagner l'étape de Budapest et se qualifier pour une nouvelle finale, à Leipzig, en 2011. Pour lui, en tout cas, l'aventure continue et pour Genève espérons-le aussi.

Ces champions qui ont marqué Genève

EXELL PORTE BIEN SON NOM

Boyd Exell est le roi de l'attelage à Genève comme ailleurs dans le monde depuis 2008. Trois participations à Palexpo entre 2008 et 2010 et trois victoires! Et avec trois triomphes en Coupe du monde, suite à son nouvel exploit à Leipzig, le 1er mai 2011, ainsi que le titre mondial 2010 obtenu au Kentucky, l'Australien est bel et bien devenu le meneur des meneurs: Exell, taille XL!

Boyd Exell domine l'attelage à 4 chevaux avec fougue et élégance, été comme hiver: les trois dernières Coupes du monde et les Jeux mondiaux ne lui sont-ils pas revenus, au terme de duels épiques avec ljsbrand Chardon? Il excelle depuis longtemps et surtout depuis 2008, au point d'éclipser les (rares) succès de ses rivaux, hormis peut-être ceux d'Ijsbrand Chardon, au charbon depuis vingt-cinq ans et toujours aussi motivé.

Exell-Chardon, Chardon-Exell, c'est un peu l'histoire de ces dernières saisons, en indoor comme à l'extérieur, mais, lors des trois dernières finales de Coupe du monde (2009 à 2011) et des Jeux mondiaux 2010, l'avantage fut tout de même chaque fois à l'Australien. «*Ijsbrand a déjà quatre titres mondiaux, il peut donc une fois me laisser savourer ce bonheur!*», lançait avec le sourire Exell (38 ans) au soir des Mondiaux du Kentucky. Aura-t-il un jour un aussi beau palmarès que le Néerlandais?

Sacré à 16 ans déjà champion d'Australie, victorieux à cinq reprises dans le parc royal de Windsor, triomphateur à Aix-la-Chapelle en 2003 déjà, victorieux à Donaueschingen, à Beekbergen, à Deauville et dans de nombreuses étapes Coupe du monde et trois fois en finale, Boyd Exell a déjà un palmarès époustouflant.

Après son triomphe aux Jeux mondiaux 2010, Exell avouait que le circuit indoor de la Coupe du monde lui avait beaucoup apporté: «*Même si ce ne sont pas les mêmes chevaux, ni les mêmes exigences, ça vous apprend à vous battre à fond, tout en gérant la pression*». Avant cela, l'Australien avait tout de même déjà disputé quatre championnats du monde.

Un bon mélange!

«*Ce sont mes 5es Mondiaux, mais il fallait savoir attendre, comme souvent dans la vie. Attendre d'avoir cinq bons chevaux en forme au bon moment, et six personnes autour de soi au top au bon moment également. Mes chevaux ont le bon âge, la bonne expérience, la bonne forme; sans tous ces facteurs, il est impossible de gagner*», ajoutera-t-il. Exell mène aussi bien un trotteur français qu'un orlov, un holsteiner qu'un croisé pur-sang et s'adapte à toute circonstance. «*Un bon meneur doit avoir fin nez pour trouver et acheter le bon cheval. Puis savoir bien l'entraîner et être un bon compétiteur, ce qui est très différent. On doit aussi maîtriser le management des gens, de six à dix personnes selon les cas, qui forment une équipe. Il faut aussi un certain sens du business et des bonnes relations avec les sponsors*», nous expliquait-il avec sa lucidité habituelle.

Ce pro de l'attelage, enseigne beaucoup – en Angleterre où il est basé depuis ses 19 ans, mais aussi en Amérique, en France, en Italie et en Espagne – et il a aussi une petite entreprise avec chevaux et attelages pour les funérailles et les mariages. Marié à Preetha, Boyd Exell est père de deux enfants, James (né en 2007) et Olivia (née en 2009) et il a sans doute encore de beaux jours devant lui…

⇧ Photo Scoopdyga

l'Unil sonde spectateurs et bénévoles

Septante-cinq pour cent de femmes et de filles et même 96 % chez les moins de 20 ans, 41 % des spectateurs âgés de moins de 30 ans et 82 % de non-Genevois dans les tribunes, notamment 33 % de Vaudois et 13 % de Fribourgeois, près de 80 % de Suisses et 15,6 % de Français, voilà quelques-uns des résultats très intéressants et parfois décoiffants de l'enquête réalisée par des étudiants de l'Université de Lausanne le samedi des finales 2010… Décortiquons donc ces chiffres !

L'Université de Lausanne a profité des finales d'avril 2010 pour proposer une enquête sur le Concours hippique international de Genève, son public, les médias qui s'y intéressent, ainsi que les bénévoles. Une étude passionnante placée sous la direction d'Olivier Mutter. Sophie Mottu et moi avions rencontré le professeur et ses élèves avant les finales et suggéré certaines questions que nous pensions utiles, à commencer par la provenance du public et son degré de satisfaction, ses critiques ou suggestions.

Voici un résumé des résultats de cette enquête réalisée dans le cadre d'un cours de gestion des événements sportifs et du développement territorial suivi à l'Université de Lausanne. Nous n'aurions jamais pu nous offrir une telle étude, qui s'est révélée riche en renseignements et très utile pour le développement de notre manifestation. Olivier Mutter et quelques-uns de ses élèves sont ensuite venus présenter les principaux résultats de leur enquête au comité. Et la discussion, passionnante, s'est prolongée autour d'une pizza.

Concernant l'étude sur le public, le fait qu'elle ait été effectuée un samedi a évidemment son importance. Les résultats auraient sans doute été moins surprenants un jeudi soir, on aurait eu moins de jeunes et davantage de Genevois dans les tribunes, mais tout cela est tout de même instructif et prouve

aussi qu'un grand réservoir de spectateurs existe pour l'avenir. Près de 500 personnes ont dû répondre à un questionnaire, ce qui offrirait un niveau de confiance de 95 % et une marge d'erreur de 5 %.

Un public très féminin

Parmi les spectateurs du samedi, 16,9 % avaient moins de 20 ans, 25,2 % entre 20 et 29 ans (la plus forte classe d'âge !), 14,3 % entre 30 et 39 ans, 22,6 % entre 40 et 49 ans, 11,4 % la cinquantaine, 6,2 % la soixantaine, 3,1 % 70 ans et plus, les 0,3 % restant davantage encore. Jeune, le public du CHI ; 74,6 % étaient des femmes, 25,4 % seulement des hommes. On n'a que 4,6 % de garçons chez les moins de 20 ans, puis 25 % d'hommes environ jusqu'à 59 ans et ce n'est qu'au-delà de 60 ans que les hommes sont nombreux (41,7 %, et 50 % depuis 70 ans).

Quatre-vingt-trois pour cent des spectateurs ont un lien avec le monde hippique ; 62,6 % avaient déjà assisté au CHI de Genève, un bon tiers jamais ; 12,9 % avaient déjà suivi plus de dix éditions, 7,6 % dix éditions, 19,2 % une seule ; 60,8 % pensaient revenir en décembre, 34,6 % répondaient

⇧ Photo Joseph Carlucci

«*peut-être*», 4,6 % ne pensaient pas revenir… Cela s'est du reste vérifié dans les chiffres de décembre et bien des gens nous ont dit ne pas avoir les moyens de se déplacer deux fois, «*quand bien même les billets sont plutôt jugés pas trop chers*» (excepté pour 15 sondés!).

Les spectateurs sont 52,8 % à avoir été «*principalement attirés*» par leur entourage, 16,4 % par les magazines spécialisés, 14,2 % par les quotidiens, 13,6 % par la télévision, 12,5 % par l'affiche, 7,5 % par internet, 4,2 % par la radio.

Français et Vaudois en masse

Septante-neuf pour cent du public venait de Suisse, 15,6 % de France, 5,5 % d'autres pays. Une proportion qui serait sans doute beaucoup plus internationale chez les officiels, les propriétaires, les invités et les VIP, qui n'étaient pas interrogés. De Suisse, on vient d'abord du canton de Vaud (33 %), de Genève (18 %), de Fribourg (13 %), du Jura (7,6 %), de Berne, du Valais et de Neuchâtel (5 % chacun) et de Zurich (4 %). De France, on vient d'abord de la Haute-Savoie (24 %), de l'Ain (16 %), de la Drôme et de la Savoie (6,5 % chacun), mais aussi de Paris (6,5 %).

«*Les spectateurs apprécient tout d'abord l'ambiance, l'atmosphère, la convivialité et le cadre, ainsi que l'organisation et le spectacle. (…) Les stands reçoivent eux aussi des notes positives en raison de leur variété et de leur qualité. Autre point positif, la possibilité d'assister aux entraînements des cavaliers et d'accéder aux paddocks.*»

Nous avons aussi appris que les principales critiques du public concernaient la restauration de base et les parkings. Ce n'était pas forcément une surprise, mais cela nous a encore encouragés et même incités à réagir. Une autre critique concernait l'étroitesse des couloirs (un point qui concernait surtout les finales). «*L'analyse de satisfaction révèle que le public a été globalement enchanté, même si certains aspects comme le parking, l'aménagement des lieux ou encore la restauration ont essuyé quelques critiques*», conclut cet intéressant rapport.

Où sont les médias américains?

Concernant les médias, les chiffres sont à prendre avec plus de prudence, le volcan finlandais ayant retenu beaucoup de journalistes chez eux (plus un seul avion n'a atterri à Genève à partir du jeudi en fin de journée). Les étudiants s'étonnaient surtout de la forte présence de journalistes français (33 %) et de la faible participation des médias américains (2 %), sachant que 24 % des finalistes provenaient des Etats-Unis. Une remarque intéressante, même si les coûts engendrés par un si long déplacement l'expliquent en partie; 81 % des journalistes sont spécialisés en équitation, même si 22 % d'entre eux travaillaient (aussi?) pour des télévisions. La grande majorité des journalistes

⇧ Photo Joseph Carlucci

interrogés étaient très satisfaits des conditions de travail, notamment de l'accueil (46 sur 56 très satisfaits, les 10 autres plutôt satisfaits), des infrastructures (24 très satisfaits, 23 plutôt satisfaits, les 9 autres se plaignant des problèmes de Wifi – connection internet – rencontrés les premiers jours), etc. Corinne Druey, notre chef de presse, peut être fière de ces résultats, même si un quart seulement des quelque 250 journalistes a répondu en détail à ce questionnaire. Les enquêteurs ont peut-être raison de suggérer que notre sport s'ouvre davantage à d'autres rubriques (culturelle, *life style*, économique, etc.) et aux nouveaux médias, en utilisant davantage Twitter, Myspace, Facebook (Michel Sorg le fait), etc.

Des bénévoles plutôt jeunes

Une autre équipe s'est penchée sur les bénévoles, leur recrutement et leur fidélisation. En Suisse, le bénévolat revêt une importance primordiale: volontaires et bénévoles constituent le fondement du sport suisse. Le CHI de Genève en est un bel exemple et les étudiants ont surtout été frappés par la jeunesse de nos volontaires (23 ans de moyenne!) ainsi que par leur passion pour le cheval (95,6 % pratiquent l'équitation) 574 bénévoles sont suisses, 141 français, souvent frontaliers. Les filles représentent 70 % du contingent (rens. tirés de *L'Hebdo*) ou 67 % selon ce sondage, ce qui est en adéquation avec le public et la vie des manèges; 20 % des bénévoles interrogés sont au CHI-W depuis plus de dix ans, mais 53 % depuis un à trois ans seulement: le renouvellement est donc important; 86 % viennent par le bouche à oreille, 11,6 % par le site internet, 5,8 % par leur club, etc. Malgré la soirée des bénévoles (repas et fête), la sortie au match de hockey et divers présents (tee-shirts, billets, etc.), certains bénévoles ne se sentent pas suffisamment valorisés. Diverses propositions (réseaux sociaux, internet, boîte de dialogue, etc.) ont été faites. Si beaucoup semblent attachés à l'événement, la fidélisation devra donc encore être renforcée.

Que d'informations utiles pour l'avenir!

Chapitre 20

La fête du 50ᵉ…

…et une cerise sur le gâteau !

A peine remis des émotions procurées par les finales 2010, nous repartons gaiement vers le 50ᵉ ! *«C'est sidérant, on n'a même pas eu le temps de souffler, ni même de nous réjouir et de se repasser entre nous le film des finales, que nous devons déjà nous mettre à fond au travail !»*, dira plusieurs fois Sophie Mottu à ses principaux collaborateurs et au comité après le fabuleux (double) événement d'avril 2010. C'est que sept mois, c'est court pour organiser une édition du CHI, qui plus est la 50ᵉ !

En automne, la Télévision Suisse Romande nous propose en outre de collaborer au montage d'un film retraçant l'histoire du CHI, film que vous avez le privilège de trouver joint à ce livre, avec d'autres documents comme les clips réalisés pour l'écran géant ou encore la 10ᵉ finale du Top 10, marquée par la victoire de Steve Guerdat. Une belle façon de concrétiser l'étroite collaboration existant entre la TSR et le CHI depuis le début des années 1970. Les premières retransmissions télévisées du CHI datent de 1973 (la fameuse année de la manif «anti-Gnägi» !). A cette époque, une seule caméra captait les images diffusées en léger différé et commentées par François-Achille Roch. Puis, dès 1975, la Télévision Romande propose la manifestation pour la première fois en direct, avec trois caméras. Tout évoluera alors rapidement et Roger Félix, qui commentera les dernières années aux Vernets et les huit premières à Palexpo, souligne à quel point la technique a progressé, pour le plus grand bénéfice du sport. Et la qualité des images, des prises de vue, des

angles et des ralentis de la TSR, devenue Radio Télévision Suisse, est exceptionnelle et reconnue comme telle par les cavaliers étrangers.

Marc Bueler réalise le Concours hippique pour la TSR depuis cinq ans et il confie à Pierre Meyer pour le quotidien *Le Paddock* de décembre 2010 : *«Avant, la TV était très factuelle, en raison de l'éloignement des caméras. Actuellement, nous avons neuf caméras, dont six au sol, ce qui nous permet de capter les cavaliers et leurs montures au plus près. Désormais, on raconte une histoire riche en émotion. Jusqu'à proposer au téléspectateur des détails invisibles à l'œil nu grâce à l'utilisation de l'ultraralenti»*.

Un triple anniversaire !

Ce 50ᵉ concours international (voire même le 51ᵉ, si l'on compte 1946 !…) coïncide de sur-

⇧ Un grôs gâteau d'anniversaire pour ce 50ᵉ CHI-W et le Prix des Etendards Credit Suisse proposé dans l'idée de replonger dans le passé. En piste, le Suédois Rolf-Göran Bengtsson et Casall La Silla. Le vice-champion olympique et champion d'Europe 2011 gagne aussi le Prix Clarins.
Photo Scoopdyga – Pierre Costabadie

⇦ Pour le Starling Hotel Masters du 50ᵉ, Pénélope Leprévost et Kevin Staut, coéquipiers et compagnons dans la vie, acceptent de présenter un pas de deux très élégant. Sympa, non ? C'est aussi ça, Genève !
Photo Nicolas Hagmann

⇧ En état de grâce, aussi fins et élégants l'un que l'autre, Steve Guerdat et Jalisca Solier triomphent, seuls sans faute et rapides de surcroît, dans la finale du Top 10 mondial, parrainée par Rolex et l'IJRC. Une finale d'autant plus intense qu'elle ne rassemble pas seulement tous les meilleurs cavaliers, mais les meilleurs couples. Une cerise sur le gâteau d'anniversaire du 50e !
Photo Valeria Streun

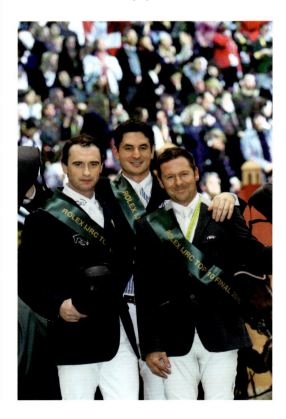

⇧ Séance photo pour Steve Guerdat posant sur les bords du Léman avec la Coupe du Top 10 Rolex IJRC.
Photo LDD – Kit Houghton

⇨ Le beau vainqueur de la 10e finale du Top 10 Rolex IJRC Steve Guerdat, entouré de ses deux dauphins, l'Irlandais Denis Lynch, 2e sur Lantinus pour sa toute première finale, et le Canadien Eric Lamaze, 3e comme en 2009 avec Hickstead, décidément de tous les podiums.
Photo Valeria Streun

croît avec la 20e édition à Geneva Palexpo et aussi la 10e finale du Top 10 Rolex IJRC. Il y a donc beaucoup de raisons de fêter, du 9 au 12 décembre à Geneva Palexpo. Et cette 10e finale qui tombe un 10 décembre 2010 ! Un clin d'œil de l'histoire ? Comme la victoire de Steve Guerdat ?

On décide de consacrer la soirée du samedi à un hommage au passé, sans savoir que d'autres événements assez émouvants viendront se greffer au spectacle, comme les adieux au public romand du génial LB No Mercy, qui a tant donné à la Suisse et à Christina Liebherr. Ou encore la remise officielle de leur médaille olympique à la Fribourgeoise justement et à ses valeureux coéquipiers Steve Guerdat,

Niklaus Schurtenberger et Pius Schwizer, la Norvège ayant été rétrogradée pour dopage. Avec plus de deux ans de retard…

Un Prix des Etendards et une Puissance, comme à l'époque, doivent aussi évoquer des souvenirs. La présence de grands champions comme Pierre Jonquères d'Oriola, Pierre Durand ou Nelson Pessoa apporte aussi du prestige à cette soirée, qui se veut par ailleurs festive et drôle. C'est ainsi que Pénélope Leprévost et le n° 1 mondial Kevin Staut, très élégants en noir, présentent un pas de deux symbolique (ne forment-ils pas le couple le plus médiatique du saut d'obstacles ?), qu'Eric Lamaze, le champion olympique, et Martin Fuchs, le champion olympique… de la Jeunesse (la médaille a été obtenue en août 2010 à Singapour) se mesurent avec des attelages de mini-shetlands, que Steve Guerdat et Jessy Putallaz présentent pour la première fois de leur vie des mulets et des *agility dogs*, que Daniel Würgler prend le relais, que Marie Pellegrin Etter et Alexander Schwabe nous concoctent un vrai numéro comique avec leur attelage, et que Markus (le clown) et Thomas Fuchs (le dresseur) nous offrent un moment de magie pure : la piste est aux étoiles !

Le seul nom qui ne vous dit peut-être rien dans cette longue énumération de champions offrant leur numéro, leur cadeau, au public, c'est celui d'Alexander Schwabe. Vigneron, journaliste et éditeur, meneur, collectionneur de voitures (il faut visiter sa grange remplie de landaus, de phaétons et de diligences pour y croire !), cavalier, il a plus d'une corde à son arc. Et, en décembre, il est tout heureux de quitter le beau domaine agricole qu'il gère non loin de Bâle avec son épouse Barbara pour passer quatre jours (et nuits !) à Palexpo. Avec deux chevaux, une ou deux calèches de sa collection. Tout ça pour le plaisir et l'amitié.

Le plus beau des cadeaux

Mais revenons au grand sport, aux deux épreuves majeures et aux deux héros de cette 50e édition, Steve Guerdat et Kevin Staut. La 10e édition du Top 10 est d'une grande intensité. Et elle va sourire à Steve Guerdat, pour le plus grand bonheur de son public, de ses fans, de sa famille et de ses amis, qu'il n'oublie pas au moment des remerciements – le Jurassien a aussi rendu hommage au propriétaire de Jalisca Solier Yves G. Piaget et à son entraîneur Thomas Fuchs. Pour le 50e CHI-W de Genève, on ne pouvait pas imaginer plus beau cadeau d'anniversaire que ce sacre : la cerise sur le gâteau !

La soirée s'annonçait de toute manière belle, intense, magique, avec un plateau royal, les meilleurs cavaliers de la planète, sept Européens, une Australienne (Edwina Alexander) et deux Nord-Américains (Eric Lamaze et McLain Ward), deux femmes, deux Français et, pour la première fois, deux Suisses en finale.

L'épreuve, très convoitée et dotée de 250 000 fr., a été avancée au vendredi pour permettre à tous les meilleurs couples d'être en lice. Par le passé, on avait en effet pu constater que, placée le samedi, cette finale n'attirait pas forcément tous les cracks. En fonction de leurs intérêts ou de leurs besoins en points Coupe du monde, quatre à sept cavaliers engageaient leur cheval de tête dans cette épreuve-ci, et autant le lendemain, ce qui veut dire qu'une minorité de chevaux couraient les deux épreuves majeures. Un jour de repos allait changer la donne.

Comme les meilleurs chevaux sont tous en lice cette fois-ci (exception faite de Carlina, au repos pour trois mois), les deux manches de Rolf Lüdi, Gérard Lachat et cie sont particulièrement sélectives, techniques et... bien dosées : quatre sans-faute au premier tour et un seul double sans-faute, signé Steve Guerdat et Jalisca Solier (par Alligator Fontaine et par Jalisco), âgée de 13 ans et déjà souvent gagnante sur cette grande piste.

Porté par le public, le jeune Suisse ose même prendre tous les risques, jouant le chronomètre et poussant Marcus Ehning, dernier à s'élancer en seconde manche avec Plot Blue, à la faute. Celle-ci intervient à l'entrée du double, cinq sauts avant la fin. Le génial Allemand, tenant du titre, était de toute manière moins rapide que le Jurassien, mais sa faute l'écarte même du podium.

Un Steve Guerdat au comble du bonheur, acclamé par le public : *« Merci à vous tous, je me suis battu pour entrer dans cette finale et je voulais réussir quelque chose ».* Et d'ajouter à tête reposée : *« J'étais en pleine confiance, ma jument est en grande forme depuis plusieurs mois, elle aime sauter sur cette grande piste, où je me sens aussi porté par le public ; tout ça me donnait une extrême motivation et une belle confiance ».*

Pour Steve Guerdat comme pour ses fans, il faudra savourer ce succès en se disant qu'une place dans le Top 10 n'est pas garantie tous les ans et qu'une telle victoire est particulièrement rare, exceptionnelle. Seuls des géants comme

Meredith Michaels Beerbaum, son beau-frère Ludger, Rodrigo Pessoa (à deux reprises chacun), Jessica Kürten, Michel Robert et Marcus Ehning ont à ce jour inscrit leur nom au palmarès de cette grande épreuve.

Le Top 10, un club très fermé

Et pour cette 10e édition, cinq de ces six monstres sacrés n'avaient pas réussi à se qualifier pour la finale. Ce club très exclusif est devenu de plus en plus difficile à atteindre : ils sont désormais 30 ou 40 à avoir plusieurs cracks de Grand Prix et à courir tous les grands événements pour faire partie des

⇧ En décembre 2010, McLain Ward donne le ton dès le premier jour. Le double champion olympique par équipe enlève le Credit Suisse GP avec Antarès F : la classe ! Et une (certaine) consolation après les désillusions connues lors de la finale d'avril.
Photo Geneviève de Sépibus

⇦ De l'émotion en ce samedi soir commémoratif, comme celle qui envahit Christina Liebherr et le public lors des adieux de LB No Mercy. Une belle complicité entre ce couple d'exception, vice-champion d'Europe en 2005.
Photo Nicolas Hagmann

⇧ Le Français Kevin Staut, champion d'Europe 2009 et n° 1 mondial d'août 2010 à mai 2011, et Silvana de Hus en route vers leur premier succès en Coupe de monde Rolex FEI.
Photo Christophe Bricot

⇨ Un peu d'aura olympique en décembre 2010 à Palexpo: l'équipe de Suisse, composée de Niklaus Schurtenberger, Christina Liebherr, Steve Guerdat et Pius Schwizer (de g. à dr.), recevant sa médaille de bronze des JO 2008. Après 28 mois de patience!
Photo Roland Keller

⇨ Un quatuor enchanté de mettre sur pied cette 10e finale du Top 10 Rolex IJRC à Genève et heureux de son déroulement: Eleonora Ottaviani, directrice de l'IJRC, Rolf Lüdi, chef de piste d'exception, Sophie Mottu, directrice du CHI-W de Genève, et Alban Poudret, directeur sportif.
Photo Roland Keller

⇨ A l'ancien Palais déjà, le joaillier d'art Gilbert Albert récompensait l'élégance et, pour ce 50e, il offre une superbe cravache de sa création à la cavalière la plus élégante du Credit Suisse Prix des Etendards, Samantha McIntosh (2e depuis la dr.). On reconnaît Pierre Jonquères d'Oriola, Mme Gilbert Albert, Nelson Pessoa et Pierre Durand (de g. à dr.).
Photo Scoopdyga – Pierre Costabadie

meilleurs. Steve Guerdat était, avec Pénélope Leprévost dans une moindre mesure, le seul à avoir séché le Global Champions Tour et ses GP à 300 000 euros hyperimportants pour le classement mondial, parmi les dix finalistes.

Le plus rapide des 4 pts, l'Irlandais Denis Lynch et son incroyable «machine à sauter» Lantinus soufflent la 2e place aux champions olympiques Eric Lamaze et Hickstead, pourtant très audacieux aussi et 3es comme en 2009. Lynch est ravi de sa première participation au sein du club très fermé des dix meilleurs mondiaux et de son tout premier Genève. «J'ai attendu longtemps pour être sélectionné ici, mais je ne suis pas déçu, tout est fantastique. Merci aussi à Rolex de parrainer une telle finale, c'est exceptionnel» Eric Lamaze n'est pas trop mécontent non plus après l'incident survenu la veille (un refus de Hickstead sur le n° 1!) et… il fera encore mieux le dimanche.

Marcus Ehning se contente sportivement du 4e rang, devant Pénélope Leprévost, toujours aussi élégante avec Mylord Carthago HN (un des trois selle Français et un des quatre étalons de cette finale), 5e pour sa première finale, devant rien moins que MM. Ward et Bengtsson. Moins de réussite pour son compagnon, le n° 1 mondial Kevin Staut avec Silvana de Hus: une barre provoquant un peu d'inquiétude chez la jument, très respectueuse, un refus deux obstacles plus loin et du temps dépassé (11 pts). La seconde manche, en revanche, parfaite, permet au Français de remonter au 8e rang, mais pas davantage. Le Français se rachètera superbement le dimanche dans le Grand Prix Coupe du monde Rolex FEI: la marque des Grands!

Un barrage de folie

Le numéro un mondial du moment, Kevin Staut, devant le champion olympique en titre, Eric Lamaze, son dauphin, Rolf-G. Bengtsson, et la triple gagnante de la finale de la Coupe du monde, Meredith Michaels Beerbaum avec Shutterfly: le Grand Prix Coupe du monde Rolex FEI de ce 50e tient une nouvelle fois toutes ses promesses et offre un palmarès de rêve. Sur Silvana de Hus, le champion d'Europe s'offre donc le luxe de devancer Eric Lamaze en selle sur l'un des chevaux les plus rapides de la planète, Hickstead. Dernier à s'élancer, audacieux comme jamais, le Français ose prendre tous les risques pour devancer Lamaze de 15 centièmes. De la folie! «Genève s'offre le grand Staut», titrera l'enthousiaste Raffi Kouyoumdjian dans Le Quotidien Jurassien, précisant que seuls «les plus fameux cavaliers s'imposent un jour sur la piste aux étoiles de Palexpo». Son compère de Sportinformation Julien Pralong est tout aussi positif.

Le Français se sentait-il porté par le public? Voulait-il le conquérir? Ce fut en tout cas fait. A Michel Sorg, Kevin Staut avait déclaré deux mois plus tôt : «*J'aimerais un jour avoir le même accueil que Steve Guerdat à Genève*». Il ne pensait sans doute pas que cela se produirait si vite ! Et à Palexpo ! «*J'ai eu droit à un bel aperçu de cela, c'était magique !*» De leur côté, les bénévoles apprécient le joli petit speech que le Français improvise lors de la petite fête de fin de concours, où tous se retrouvent pour casser la marmite, boire un verre et partager les émotions de la semaine !

Ce 50e ne se résume pourtant pas à ces deux épreuves phares et à ces deux champions hors normes, McLain Ward, revenu à Genève pour monter le Top 10, obtient une sorte de consolation en triomphant dans le Grand Prix Credit Suisse avec Antarès F, Rolf-Göran Bengtsson épate tout le monde en dominant les véloces vice-champions d'Europe Carsten-Otto Nagel et Corradina dans le Prix Clarins des combinaisons, Guy Williams et Richi Rich atteignent des sommets tant dans les Six-Barres (208 cm) que dans la Puissance (222 cm),

partagée avec Daniel Etter (Cederick). Doublé aussi pour Philippe Rozier et Idéal de Roy, mais en vitesse.

Au palmarès de ce 50e, on trouve aussi l'Irlandais Cian O'Connor dans la chasse « en Châtillon », commentée pour la première fois par notre excellent confrère et ami d'Equidia Kamel Boudra, ou encore la petite Française

⇧ Francisca Guanter-Buss, la très dynamique coordinatrice générale du CHI-W, et sa fille Sophie, très efficace aussi au secrétariat général, méritent bien de souffler les bougies du 50e lors de la verrée des bénévoles qui clôt toute édition du CHI !
Photo Joseph Carlucci

⇦⇧ Meneur le plus titré de tous les temps et toujours en course pour la gagne, Ijsbrand Chardon (ci-contre) doit encore se contenter du 2e rang ici à Genève derrière ce «diable» de Boyd Exell (ci-dessus).
Photos Scoopdyga

⇧ Pour faire plaisir à ses fans, Steve Guerdat n'hésite pas à participer au Starling Hotels Masters, montant un mulet avant de disputer le premier *agility dog* de sa carrière face à un Jessy Putallaz déchaîné…
Photo Jean-Louis Perrier

Tressy Muhr, championne d'Europe *children*, qui s'adjuge le GP poneys, succédant ainsi à Julia Haeberli. Et Boyd Exell, qui fait un nouveau récital en attelage.

Les attractions, de Guillaume Assire-Bécar, merveilleux de poésie et d'humour, de Jean-Marc Imbert faisant danser son palomino Yelo sans aides apparentes, des chèvres et des *border collies*, jusqu'au quadrille d'attelage, en passant par les fabuleux numéros offerts par des cavaliers-acteurs lors du Starling Hotels

Masters, déjà mentionnés, contribuent également au succès de cette 50e édition.

De beaux hommages

«*Dans le Temple équestre des superlatifs*» titre le lundi le grand quotidien zurichois *Tages Anzeiger*. Rolf Gfeller n'a jamais vu un public pareil: «*Quelle ambiance dans la plus grande arène indoor du monde! (…) Les teenagers sont en grande forme, ils dansent, crient, tapent des mains, brandissent des drapeaux suisses et des banderoles. Et quand Steve Guerdat, qui les dépasse tous, gagne une épreuve, l'ambiance est comparable à celle d'un match de Coupe Davis, et encore en Suisse romande!*». Et de rappeler que le CHI-W de Genève a souvent reçu le prix de «*meilleur indoor du monde et que les bons et enthousiastes speakers contribuent à ce vote des cavaliers. Les infrastructures sont incomparables aussi, avec l'hôtel, le parking, la gare et l'aéroport à quelques minutes à pied*». Peter Jegen, de la *Neue Zürcher Zeitung*, suit également la manifestation avec fidélité depuis de nombreuses années et il titre aussi sur «*la vraie fête du 50e*», même si pour lui les médailles olympiques remises aux Suisses n'en sont pas vraiment des «*vraies*». «*Che spettacolo!*», conclut Marco Gabutti dans le *Corriere del Ticino*.

⇨ Comme en 2000, Markus Fuchs revêt un costume et des allures (!) de clown pour nous faire rire et rêver, sur une musique de Nino Rota. En Monsieur Loyal, à la place de Franke Sloothaak, on trouve son frère Thomas, qui fut un des cavaliers les plus titrés et les plus élégants du circuit avant de transmettre son savoir à son fils Martin et à Steve Guerdat.
Photo Jean-Louis Perrier

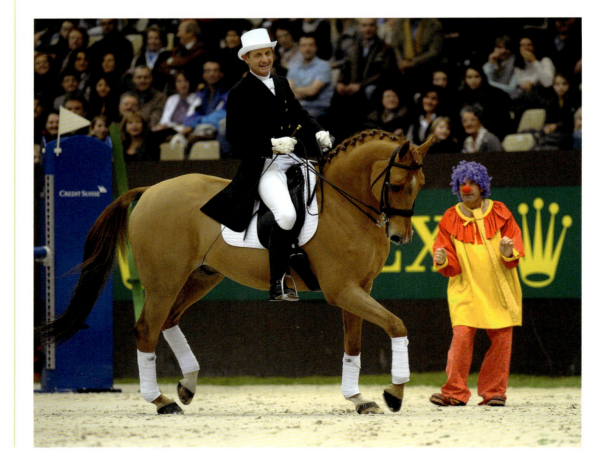

Ces champions qui ont marqué Genève

KEVIN STAUT, LE PERFECTIONNISTE JAMAIS SATISFAIT

Inconnu ou presque avant les Européens 2007 de Mannheim, Kevin Staut est devenu en peu de temps un des rois du saut d'obstacles: champion d'Europe individuel en 2009, médaillé d'argent par équipe aux Jeux mondiaux 2010, vainqueur de son 1er GP Coupe du monde Rolex FEI en décembre 2010 à Genève, no 1 mondial d'août 2010 à mai 2011, etc. Il a ensuite connu une baisse de régime, mais s'y attendait car ce champion du management avoue volontiers se sentir encore et toujours… en apprentissage. La quête de la perfection faite cavalier?

Le visage est parfois fermé, mais l'intelligence et la détermination… sautent aux yeux. Kevin Staut impressionne par sa fulgurante ascension, sa technique, son sang-froid et, par-dessus tout, sa soif d'apprendre. Un seul mot d'ordre: le travail! Sur sa veste marron, le vert et l'or du brassard Rolex – signe extérieur de son statut de no 1 mondial – se sont vus durant dix mois, mais le Français restait plutôt discret.

Kevin Staut se protège et avec son nouveau statut de star, c'est sans doute devenu utile, car il est très sollicité. Il a un agenda de folie, mais sait garder du recul. Et, quand il veut bien prendre le temps, Kevin Staut dévoile sa vérité et ses doutes, il en devient alors attachant. Cet homme un peu mystérieux adore *L'Ombre du Vent*, le livre plein de secrets de Carlos Ruiz Zafon, où la clé du mystère se trouve dans la nuit. Et le chanteur de slam Grand Corps Malade, lui le long athlète sain. «*Je suis plutôt un solitaire, un peu timide, en tout cas réservé, c'est vrai. Cela dit, je suis très touché par des marques d'affection ou par l'accueil du public, comme à Genève, après ma victoire de décembre 2010.*»

⇧ Le Français Kevin Staut, champion d'Europe 2009 et n° 1 mondial d'août 2010 à mai 2011, et Silvana de Hus en route vers leur premier succès en Coupe de monde Rolex FEI.
Photo Christophe Bricot

Mystérieux ou mystique?

Sabrine Delaveau, l'épouse de Patrice, son camarade de l'équipe de France, a révélé dans un excellent livre* qui se dévore qu'adolescent le jeune Kevin, alors en stage chez les Delaveau, priait chaque soir trois quarts d'heure. «*Je suis croyant, mystique en tout cas, mais pas pratiquant, je suis baptisé, mais pas… très catholique. Disons que j'essaye d'avoir la notion du bien et du mal, de me cultiver, d'écouter. La foi est pour moi une manière d'interpréter les événements de la vie*», nous a-t-il confié.

Et de préciser en souriant: «*Je ne prie pas pour réussir, pour obtenir une victoire, éventuellement pour relativiser une*

défaite – qu'est-ce dans ce monde de souffrances et de malheurs? Rien! –, mais pour avoir une ouverture sur le monde*».

Sa mère, cavalière amateur, lui inocule le virus et, à 6 ans, il monte déjà à poney. De 13 à 16 ans, il passe son temps libre chez les Delaveau, dans l'Eure. «*C'est chez eux que l'on a acheté mon premier double poney, Sauvageon.*» Déjà, il veut tout savoir et on doit lui interdire l'accès aux écuries une heure avant tout le monde, lui qui réclame des conditions de travail dures, voire extrêmes.

Doué, il remporte le Critérium Juniors 1996. «*C'est ensuite que je me suis décidé à en faire mon métier.*» L'année suivante, il arrête le lycée, mais passera son BAC littéraire par correspondance, puis un BTS de gestion-compta. Il est prêt à apprendre et va le faire, au contact des grands: Voorn, Bourdy, Baldeck, Pomel, Balanda et, ces dernières années, Nooren.

A 18 ans, en pleine crise d'adolescence tardive, il part chez Michel Hécart à Aix-en-Provence et sera champion d'Europe

---

* *Confessions cavalières*, 289 pages, Editions du Rocher. www.editionsdurocher.fr.

par équipe « jeunes ». A 23 ans, après une année et demie chez Hubert Bourdy, dans l'Ain, Kevin s'installe en Alsace, chez le marchand de chevaux Pierre Baldeck, *« mon second père »*. *« Je regardais les meilleurs mondiaux à la télé et monter à ce niveau me semblait utopique. »* Mais, en Alsace, il est plus près de l'Allemagne et de la Suisse, *« deux nations dominantes ; fréquenter ces as m'a fait réaliser qu'il fallait évoluer »*.

⇧ Kevin Staut.
Photo LDD

Après l'Alsace, la Suisse !

Sur les conseils de Pierre Baldeck, les grands-parents de Kevin achètent l'étalon Kraque Boom : une grande carrière se dessine et le Français s'installe deux ans en Suisse, chez Rüdi Stüssi, près de Zoug. Son choix est dicté par sa petite amie d'alors, Nadine Traber. Il se rapproche de l'entraîneur Thierry Pomel, qui, au printemps 2007, le convainc d'aller à Arezzo, où l'équipe de France est en stage. Il y remporte le Grand Prix, c'est l'ascension.

Début 2008, c'est le transfert au Haras de Hus, près de Nantes, chez Xavier Marie, un puissant homme d'affaires, et l'année suivante la consécration, avec la victoire par équipe à Aix-la-Chapelle et le titre européen individuel à Windsor. *« J'ai été très touché par la manière spontanée de Nicolas Canteloup de parler de mon titre sur France 2, alors qu'il avait peu de temps pour sa promo perso ! »*

Notre champion s'installe alors au Haras d'Eccaussines, au sud de Bruxelles. Il est plus près des concours… et du marché, car il doit aussi vendre des chevaux pour justifier son partenariat avec le Haras de Hus. Il développe également ses propres affaires, une ligne de vêtements, des contrats de sponsoring, toutes activités où Christoph Ameeuw, le maître des lieux et organisateur des Jumpings de Bruxelles et Paris, l'aide. Il doit même se plier à des séances de photos de mode pour *Gala* !

Autre avantage, son entraîneur, Henk Nooren, est à trois quarts d'heure de là. Trois mois après avoir pris la tête des Rolex Rankings, il confiait à Michel Sorg : *« Je serai n° 1 quand j'aurai l'équitation que je recherche »*. Le pense-t-il toujours ? *« Absolument, mon but c'est de devenir à la fois élégant et performant. J'ai envie d'être en osmose avec mon cheval, comme Ehning-le centaure, ou les frères Whitaker. Je tente d'approcher cette finesse dans l'équilibre. Voyez les Whitaker, ils ont brillé avec de vieux chevaux de 20 ou 22 ans, ça c'est le sommet ! On a le temps, dans vingt ans, j'espère être meilleur, vingt fois meilleur si possible. »*

Note : larges extraits tirés d'un article paru dans *Le Matin Dimanche* (le 17 avril 2011).

L'école française existe-t-elle ?

L'école française, l'équitation dite de légèreté, cela veut-il encore dire quelque chose ? *« Le courant d'une équitation plus latine, légère et instinctive, existe toujours, mais nous avions un peu perdu notre identité. Il a fallu que Gilles de Balanda redéfinisse une ligne, privilégiant une équitation en équilibre, naturelle. Il faut laisser une place au feeling et Henk Nooren, tout hollandais qu'il soit, a su s'adapter, tout en nous donnant la rigueur qui nous manquait. »*

Il soigne aussi le dressage, avec Jean Alazard, un cavalier de doma vaquera installé en Camargue, qui avait travaillé avec le maître Nuno Oliveira et avec Jos Kumps, le dresseur des Pessoa. *« Je suis en constante recherche de compréhension. »* Que ce soit en concours ou chez lui, Kevin Staut est à 6 h 30 aux écuries. *« J'aime bien passer une heure à regarder mes chevaux, parfois même à faire des boxes. »* Il monte huit chevaux par jour. Ses chevaux, il les veut aussi volontaires et battants que lui. *« Ils doivent avoir l'envie de donner le meilleur d'eux-mêmes en piste, être très répondants, pas forcément très classiques dans leur style, mais lutteurs ! »*

« En 2009, après mon titre européen, devenir n° 1 mondial, c'était un peu une obsesssion et j'en faisais un peu trop, mais j'ai compris ensuite que la course aux points ne servait à rien. Je suis beaucoup plus dans la recherche de l'amélioration technique, artistique. »

Il lui faudra curieusement attendre le 12 décembre 2010 à Genève pour gagner son premier Grand Prix 5 étoiles : *« Ça restera un moment fort de ma carrière, d'autant plus beau qu'inattendu, car j'avais raté ma finale du Top 10 le vendredi et j'étais plus spectateur qu'acteur, je me sentais hors du coup. Silvana était inquiète, mais on a repris confiance et porté par l'ambiance, le public, on s'est surpassés »*.

Durant tout l'hiver 2011, il est le leader du circuit européen de la Coupe du monde Rolex FEI et le restera jusqu'à la finale, où il se classera à nouveau 7e avec Silvana de Hus. La transition indoor-outdoor a été plus compliquée : élimination et abandon dans la Coupe des Nations de La Baule avec Silvana, calvaire aussi avec Kraque Boom, sans envie, à St-Gall. Conséquence logique, il transmet son brassard de n° 1 à Eric Lamaze, mais, une fois Silvana reposée, il devrait retrouver sa redoutable efficacité. Silvana ne revient-elle pas en se classant 3e du GP de Fontainebleau et surtout 2e du GP Rolex d'Aix-la-Chapelle ? *« Silvana est une des meilleures juments au monde, mais le niveau est devenu incroyable et j'ai besoin de deux ou trois autres cracks pour me maintenir. »*

Cet enchaînement inlassable de concours implique toute une organisation : *« Chacune de mes grooms a ses chevaux de tête et son camion, les autres chevaux étant interchangeables en fonction des impératifs et imprévus. Chaque* groom fait deux concours par mois et moi… quatre ! Il ne reste donc que deux jours par semaine pour gérer les affaires et le commerce, une vie de fou ! ».

Un couple de champions

Et Pénélope Leprévost, sa compagne et coleader de l'équipe de France, dans tout ça ? *« J'aimerais bien qu'il y ait un TGV direct entre Bruxelles et la Normandie ou, allez, un jet privé à notre disposition (rires !) pour la voir plus souvent, mais il y a les concours pour cela, on essaye de faire un peu les mêmes ! »* Et de confesser : *« Je n'avais jamais imaginé être en couple avec une cavalière et là, en plus, professionnellement, on fait jeu égal, c'est assez incroyable ».* « On échange beaucoup sur le plan technique, mais, paradoxalement, Pénélope représente pour moi tout ce qui est extra-équestre, on a la même volonté de faire autre chose, une fois notre travail terminé. La réalité est loin des hôtels 5 étoiles où nous logeons en concours ou des chevaux valant des millions. On vit simplement et on essaye d'être ouverts au monde. »

« Il n'est pas exclu que la perspective des Mondiaux m'encourage à me rapprocher de la Normandie. » Le Français est encore plus occupé depuis le printemps 2011 et sa nomination au Comité exécutif de la FEI, où il est le seul cavalier actif parmi les cinq membres. Kevin a-t-il le temps de faire autre chose ? Avec son I-Pad, il lit *Le Monde* tous les soirs. Il lui arrive aussi de jouer au badminton, *« qui entretient la forme et me permet de me vider la tête ».* Et le ciné, les copains, parfois. Mais c'est d'abord un bosseur, un bûcheur invétéré.

⇧ Cela fait bientôt dix ans que le CHI-W de Genève propose un cours, un clinic, donné par de grands champions. Malin Baryard Johnsson, Rodrigo Pessoa et Steve Guerdat l'ont longtemps donné sous l'égide de la Fondation Little Dreams, puis c'est le CHI qui a pris le relais. En décembre 2010, c'est au tour de Kevin Staut de conseiller – et de passionner – élèves et spectateurs.
Photo Joseph Carlucci

Chapitre 21

La suite est à écrire !

De 2011 à … ?

Le CHI de Genève a donc traversé près d'un siècle d'histoire, il en a subi quelques contre-coups, mais a plutôt bien résisté aux aléas économiques et aux modes, tout en sachant s'adapter et même anticiper certaines (r)évolutions, comme lors de l'avénement de la Coupe du monde et du sport professionnel ou encore celui du Top 10 et du sport spectacle.

L'ancien Palais, la plaine de Plainpalais, les Vernets et Palexpo, quatre lieux qui symbolisent bien des époques différentes, mais, au-delà, demeure un état d'esprit, façonné par la passion du cheval et la volonté d'offrir une grande manifestation équestre. Et une âme, guidée par les milliers de bénévoles qui se sont succédé sur le navire, sur l'attelage du CHI.

Le titre de « concours n° 1 mondial » que Genève porte fièrement et assez régulièrement depuis 1996, l'engouement populaire croissant pour le concours, sa réussite sportive et médiatique ne sont pas seulement des récompenses pour les bénévoles et tous ceux qui font – ou ont fait – le succès du CHI, mais constituent aussi un formidable encouragement pour la suite. Cela donne une motivation supplémentaire aux bénévoles comme aux cavaliers de ce coin de pays, aux jeunes, à la relève de demain, aux cavaliers et aux éleveurs d'ici. *Wild cards*, GP poneys ou défi, épreuves pour jeunes chevaux suisses et Swiss Breed Classic, beaucoup en rêvent et cela anime aussi la saison hippique romande. A Palexpo, les spectateurs, extraordinairement connaisseurs, chaleureux et réactifs,

sont à l'image des bénévoles. Genève est devenu un rendez-vous incontournable dans le cœur des passionnés de la Suisse romande et au-delà, de beaucoup de Français aussi, comme le souligne l'étude réalisée par des étudiants de l'Université de Lausanne lors de nos finales d'avril (voir encadré pp. 202-203) ;. 54 300 personnes se sont déplacées en avril 2010 pour voir les finales de Coupe du monde et chaque année, désormais, entre 35 000 et 40 000 personnes assistent à une édition « normale ».

Des rencontres exceptionnelles

Le CHI de Genève, c'est une belle aventure humaine, beaucoup de rencontres, avec des gens d'ici, des bénévoles, des passionnés, des

⇧ De jeunes supporters qui prouvent bien que cette manifestation a un bel avenir devant elle.

↘↘ Dessin de Clément Grandjean.

⇦ Les bénévoles font une grande part de la réussite du CHI de Genève.
Photo Photoprod – Serge Petrillo

⇨ Laetitia Bernard, cavalière de saut, non-voyante de naissance et journaliste de profession, effectue une démonstration très poignante en 2005 : enchaîner un parcours entier, une dizaine de sauts, avec la complicité de Michel Robert, son guide. Elle revient depuis chaque année en spectatrice à Palexpo.
Photo Geneviève de Sépibus

⇨ Médaillées d'or et d'argent aux Championnats d'Europe 2005 de handi-équestre, Bettina Eistel (à dr.) et Angelika Trabert (à g.) nous offrent en décembre 2005 un véritable récital, présentant les airs les plus relevés. Et une leçon de joie de vivre.
Photo François Ferrand

⇨ Vraie complicité et amitié entre Sophie Mottu, la souriante directrice du CHI-W de Genève, et Anthony Schaub, efficace responsable du Jockey Club et coresponsable du sponsoring équestre chez Rolex S.A.
Photo Scoopdyga – Pierre Costabadie

⇧ Françoise Tecon, coordinatrice équestre et décoratrice, a besoin d'un ou deux vans pour transporter ses belles décorations. Sans elle, la piste comme les allées ou le village des organisateurs seraient beaucoup moins gais.
Photo Joseph Carlucci

* *Pas à Pas*, Celine van Till, Éditions Slatkine, 2011.

éleveurs, mais aussi avec des gens du monde entier, des Japonais, des Australiens ou des Sud-Américains que nous n'aurions sans doute jamais croisés ou connus de façon aussi agréable et intense à la fois. Partager une passion commune permet d'abolir des barrières.

Ce sont aussi des rencontres avec des gens hors du commun, comme les champions de para-équestre présents lors de l'édition 2005. J'avais déjà la joie de connaître Laetitia Bernard, cavalière de saut, non-voyante de naissance et journaliste de profession, depuis plusieurs années et chacune de nos rencontres est un vrai bonheur. Malgré son handicap, qui ne nuit en rien à sa curiosité, à son ambition et à son ouverture, à son humour et à sa fraîcheur non plus, Laetitia a réussi à devenir une brillante journaliste sur France Inter. Elle écrit aussi dans des médias équestres – nous avons réalisé ensemble pour *L'Eperon* un grand reportage sur les 23 membres de la famille Whitaker, rencontrés dans leur belle campagne du Yorkshire – et elle est

une excellente cavalière. Laetitia monte régulièrement en concours (des compétitions handi et même des épreuves dites normales) et, en 2005 à Palexpo, elle avait fait une démonstration assez spectaculaire et poignante, enchaînant un parcours d'une dizaine de sauts avec la complicité de Michel Robert, son guide.

Laetitia revient depuis chaque année en spectatrice à Palexpo et espère convaincre un jour les Suisses d'ouvrir le para-équestre au saut d'obstacles et non plus seulement au dressage et à l'attelage. Laetitia soupçonne les Helvètes de pécher par excès de prudence et de sécurité. Simone Rübli qui se bat énormément pour donner sa vraie place au para-équestre – sans elle, il n'y aurait pas eu de délégation suisse aux Jeux mondiaux 2010 au Kentucky –, dit vouloir aller par étapes.

En décembre 2005, nous avions aussi accueilli les médaillées d'or et d'argent des Championnats d'Europe 2005 de dressage para-équestre, les Allemandes Bettina Eistel et Angelika Trabert. Ces deux dames particulièrement enjouées et sympathiques nous avaient offert un véritable récital, présentant les airs les plus relevés, comme dans un Grand Prix. Bettina montait pourtant un cheval d'emprunt. Quelle leçon de vie et de joie !

Sous l'impulsion de Simone Rübli, responsable de ces présentations à Genève, les Suisses commençaient alors à se joindre au concert international et nous sommes heureux que tant de progrès aient encore été effectués depuis. La 4e place glanée par Celine van Till, une Genevoise de 19 ans, aux Jeux mondiaux 2010, en est la meilleure preuve. Celine est évidemment une habituée du concours genevois. Paralysée suite à un terrible accident d'équitation en 2008, la Genevoise a retrouvé mobilité, force, envie de vivre et tout son talent à cheval. Comme si le cheval avait voulu lui rendre sa mobilité… Elle raconte ce parcours dans un livre touchant paru aux Editions Slatkine*.

Le CHI, c'est donc un lieu d'échanges, un point de rencontres. Nous voyons évidemment beaucoup de cavaliers et de passionnés lors des autres manifestations de l'année. Pour mon travail de journaliste, je visite des concours internationaux au moins une fois par mois et Sophie Mottu, comme ses prédécesseurs avant elle, assiste à cinq ou six événements par an, si possible les grands championnats et (ou) les finales de Coupe du monde. Nous y apprenons chaque fois quelque chose, stimulons notre volonté de faire toujours mieux et renforçons par ailleurs nos liens avec des cavaliers. Nos soirées, nous les passons le plus souvent avec des journalistes et, au-delà de l'amitié, leur regard et leurs remarques sont souvent fort intéressants.

Il arrive aussi que d'autres membres du comité, notamment Francisca Guanter-Buss, Serge Bednarczyk ou Eric Sauvain, se déplacent et c'est toujours l'occasion d'apprendre, de voir, de comparer, d'échanger. Et si nous sommes sept ou huit, comme lors de la finale de la Coupe du monde de Las Vegas, en avril 2009, c'est très instructif et aussi l'occasion de resserrer des liens déjà très amicaux !

Un comité riche de sa diversité

Le comité, c'est une équipe, cosmopolite mais soudée. Il est composé de gens de milieux et d'âges très différents, l'agriculteur y côtoyant le financier et tout le monde se respectant. L'addition de ces styles très différents fait aussi la richesse et la complémentarité de l'ensemble. Un comité composé pour une bonne moitié de Genevois et pour l'autre de Vaudois et « apparentés ». Cela donne un équilibre au tout et le CHI-W est du reste devenu le concours de la Suisse romande.

Représentant de Genève et de l'ancienne garde, comme mentor de L'Etrier, Club fondateur du CHI qui a fêté son centenaire en mai 2011, Egon Kiss-Borlase représente la tradition, mais une tradition ouverte sur la jeunesse. A 74 ans, il garde le même enthousiasme pour la bonne cause. Actif au sein du concours comme bénévole depuis 1965, il était déjà responsable de la Commission des prix à l'ancien Palais, contrôleur des comptes depuis 1975 aux Vernets et fait partie du comité depuis le transfert à Palexpo. Longtemps trésorier du CHI, poste qu'il a remis en 2004 à Serge Bednarczyk, il est toujours responsable de la tenue des comptes du concours. Personnalité particulièrement attachante, il évoque sans nostalgie l'évolution du concours, ayant autant de plaisir à faire partie de cette joyeuse équipe aujourd'hui que voici… quarante-cinq ans.

« En 1975, le budget était de 370 000 fr., aujourd'hui il est multiplié par dix, tout a changé et le public a droit à un véritable spectacle en continu durant quatre longues journées. » L'arrivée de la Coupe du monde, synonyme de professionnalisation du sport, l'avait dans un premier temps contrarié, voire

peiné, mais il a depuis changé d'avis. *« J'étais triste de la disparition des Coupes des Nations, mais j'ai totalement révisé mon jugement depuis, car le spectacle est devenu fabuleux, avec une mise en scène grandiose, c'est un vrai plus pour Genève ! Et le monde a changé, l'équitation s'est largement démocratisée. »*

Le comité a quasiment doublé – comme le budget, du reste – depuis le transfert à Palexpo. Signe que le monde a changé, que les pro-

⇦ France Bussy Pittet, qui dirige le village des exposants avec charme, douceur et fermeté depuis bientôt quinze ans, et le Dr Pierre-Alain Glatt, vétérinaire en chef et responsable de l'attelage.
Photo Joseph Carlucci

⇦ Serge Bednarczyk, le très efficace trésorier du CHI-W depuis 2004, et Patrick Favre (à g.), qui chapeaute la communication et édite le très beau programme officiel de Palexpo depuis le début des années 1990.
Photo Joseph Carlucci

⇦ Corinne Druey (3e depuis la droite), si précieuse chef de presse depuis 1996 et son joyeux staff.
Photo Joseph Carlucci

⇗ Francisca Guanter-Buss, la dynamique coordinatrice générale du CHI-W, et Eric Sauvain, l'efficace responsable des infrastructures, coupent le gâteau du 50e CHI !
Photo Joseph Carlucci

⇧ Après avoir organisé le Riders', le coin des cavaliers, des propriétaires et des officiels, avec tribune et restaurant, Valérie Renggli dirige le dicastère des écuries et des coulisses : du pain sur la planche ! Son père, Jean-Claude Jacquet, est aussi membre du comité depuis le transfert à Palexpo.
Photo Joseph Carlucci

⇨ Chantal Rothen, longtemps précieuse secrétaire du concours et responsable du développement durable, aux côtés de Julien Pradervand, le responsable de la régie, et Yannis Varetz, le chef des finances sportives (à dr.).
Photo François Ferrand

⇧ Catherine Tizon, aide des plus efficace, attentive et prévenante pour le directeur sportif du CHI, officie aussi dans les plus grands concours français. Un renfort de choix !
Photo Geneviève de Sépibus

blèmes sont devenus plus complexes aussi. Du coup, le comité n'est peut-être plus l'endroit où se prennent les vraies décisions. Il y a en fait plusieurs entités. Il y a ce tandem si complice et complémentaire à la fois, que nous formons avec Sophie Mottu, le trio solide et soudé que nous composons avec Francisca Guanter-Buss, devenue coordinatrice générale de la manifestation, le rôle clé joué par notre trésorier Serge Bednarczyk et l'importance du Bureau, super-comité stratégique et financier, auquel participent en plus de ce quatuor-là Gérard Turrettini et Pierre Brunschwig, au nom de l'Association du CHI. Il y a aussi depuis peu un comité stratégique d'une douzaine de personnes qui peut avoir un rôle décisionnel en cas de soucis ou de crise (affaire McLain Ward, volcan, épidémie équine ou que sais-je). Signe aussi que les temps ont changé…

Tout au long de l'année, c'est surtout au sein des concepts que se prennent les décisions. Administration et logistique, infrastructures, sport et spectacle, écuries et coulisses, communication, tels sont les cinq grands dicastères, lieux de débats et d'échanges très vivants, qui se réunissent régulièrement. Lors du concept équestre, rebaptisé « sport et spectacle », la plupart des projets sont ainsi remis en question, amendés ou enrichis. Et ces débats, qui se déroulent chez les uns ou chez les autres (vive l'hospitalité de Françoise et Luc Tecon !) sont souvent suivis de repas d'où surgissent parfois les meilleures idées !

La structure du comité a donc été élargie et complétée. Il faudra encore renforcer l'équipe, responsabiliser davantage certains et penser… à la relève. On commence (enfin !) à devenir raisonnables, à se dire que chacun devrait pouvoir être remplacé en cas de pépin, de coup dur. Les événements survenus lors des finales n'y sont sans doute pas pour rien. A chacun d'associer un bras droit à ses activités ! Et le rajeunissement du comité, des concepts et autres entités ne peut que garan-

tir un avenir plus lointain au concours, vœu le plus cher de chacun.

Garder le cap et la foi !

Cela dit, les problèmes auxquels nous sommes confrontés sont de plus en plus complexes. Le budget a pris l'ascenseur, les cavaliers sont de plus en plus gourmands et les sponsors de moins en moins des philanthropes. Il faut essayer de contenter tout le monde sans tomber dans la surenchère. Trop de concours pensent devenir les meilleurs du monde en augmentant « simplement » la dotation. Ce sont pourtant beaucoup d'aspects et mille détails qui font la qualité d'une manifestation. Nous faisons tout cela par passion et souvent pour la beauté du geste et avons parfois du mal à comprendre certaines exigences. Il y a aussi les éventuels abus, le dopage. Pas (forcément) à Genève, mais ailleurs dans le monde et cela atteint le moral des troupes. Comme organisateurs, nous sommes parfois gênés de voir le décalage entre l'engagement total, le cœur mis par nos bénévoles et notre équipe et l'état d'esprit de certains. Comme je l'écrivais en préambule, nous préparons une fête et les cavaliers sont plus ou moins en accord ou en phase avec ce projet-là. Cela dit, il y a sans doute autant de belles histoires au sommet de l'échelle qu'au bas et vice versa pour les plus moches ! Il y a fort heureusement aussi beaucoup d'attitudes magnifiques de la part des pros, de l'engagement désintéressé, de la générosité, de l'éthique, et nos coups de déprime sont vite effacés.

L'équipe animée par Sophie Mottu est à pied d'œuvre tout au long de l'année. Organiser un concours comme Genève, c'est très prenant et on se demande à longueur de mois comment améliorer l'infrastructure, la décoration, le programme, le budget et ainsi de suite. Ce n'est que comme cela que l'on peut progresser. Président jusqu'en 2003, Pierre E. Genecand suit encore attentivement le concours. Il estime que « le CHI-W s'est fait une réputation exceptionnelle, dans le monde hippique, mais aussi à Genève, où la manifestation est devenue aussi ancrée que le Salon de l'auto, et en Suisse romande. J'ai été épaté par la finale 2010, Genève doit toujours viser l'excellence ». Et d'ajouter : « Rolex fait l'exception dans l'horlogerie et le CHI de Genève doit aussi avoir une place à part, en restant très indépendant et original. Genève a osé renoncer à beaucoup d'argent, au système 'une *table contre une place', le concours n'en est que plus fort. Les dotations augmentent, les cavaliers sont prêts à monter n'importe où si on leur fait miroiter beaucoup d'argent, mais les circuits passent, et Genève reste et reste Genève. Il faudra que les organisateurs continuent à être à la fois indépendants, rigoureux et novateurs».*

Entre sponsoring et mécénat

Ce haut niveau, cette superbe infrastructure, ces grands projets, ces innovations sont justement rendus possibles grâce à nos sponsors et notamment au soutien indéfectible et important de Rolex. Une grande banque est indispensable aussi et le Credit Suisse, présent de 1993 à 1998, est revenu ces dernières années encore plus motivé. Entre deux, nous avons pu compter sur la Banque Edouard Constant, le CCF et HSBC Guyerzeller, les banquiers privés genevois nous ayant soutenus ponctuellement et individuellement, à titre privé, par quelques dons.

Un concours comme celui-ci repose à la fois sur le soutien du public, des sponsors, des médias et évidemment des bénévoles et les uns ne vont souvent pas sans les autres. Un concours sans public perdrait à coup sûr ses sponsors et l'appui des médias. Et les bénévoles se fatigueraient aussi sans doute…

Si Rolex et le Credit Suisse sont indispensables au concours, et si le Jockey Club, comme déjà dit, est sans aucun doute notre troisième gros sponsor, d'autres partenaires comme la Radio Télévision Suisse, Palexpo, Gaz Naturel, Clarins, Sporttip, le Garage André Chevalley et Mercedes, La Clinique La Colline, ou encore les supports médias *L'Hebdo* et la *Tribune de Genève* sont importants : un ou deux en moins et c'est tout l'équilibre du concours qui vacille…

Il est temps de rendre hommage à un grand mécène et à un grand monsieur qui nous aura soutenus durant treize éditions, le si regretté Charles Burrus, décédé le 9 mai 2011, dans sa 82e année. C'est en 1998, lors du Festival équestre de Tramelan, rendez-vous alors incontournable du calendrier, que Charles Burrus nous avait annoncé vouloir soutenir le CHI à titre privé, en parrainant une jolie épreuve, pour marquer sa belle collaboration équestre avec Dehlia Oeuvray Smits, débutée à Genève, lors de la finale 1996. Ce fut la chasse, épreuve qui allait bien à ce cavalier terrien et amoureux des obstacles de

terrain. Une fidélité et une amitié allaient nous lier à cet homme si merveilleux et à son épouse, Nado. Dans le Jura, on l'appelait monsieur Charles. Monsieur, parce qu'il était assurément un grand monsieur, un peu d'un autre temps aussi, même si pleinement et à fond dans son temps. Et Charles, parce qu'il était profondément humain, direct, vrai et chaleureux. Il est des rencontres exceptionnelles sur cette terre et, pour moi comme pour tant d'autres, chaque moment passé auprès de Charles Burrus, mécène ayant tant œuvré pour la jeunesse et en faveur des sports équestres, était un instant privilégié, une leçon d'humanité, d'écoute, de souci de l'autre. Merci Charles !

Hommage aux bénévoles !

Au-delà de toutes ces aides si précieuses, de ces apports indispensables, si Genève se distingue de la plupart des autres concours indoors, c'est d'abord par le nombre de ses bénévoles et leur engagement sans faille. La réussite de Genève, c'est d'abord celle de ses

⇦ Charles Burrus (à g.), Hans Günter Winkler et Pierre Jonquères d'Oriola (à dr.) heureux de féliciter ensemble Katie Monahan Prudent et Landato après le Prix « En Châtillon » 1999. Charles Burrus, grand homme de cheval et grand Monsieur, hélas décédé en mai 2011, aura été un des plus fidèles et généreux mécènes du CHI-W.
Photo Team-Reporters – Alain Gavillet

⇧ Dehlia Oeuvray Smits s'est souvent illustrée à Genève avec les chevaux de Charles et Nado Burrus, notamment King Cavalier, Lord Cavalier et Cerano von Hof CH (que voici en 2010).
Photo Geneviève de Sépibus

⇩ Une partie du staff d'écurie autour de Winningmood ou le bonheur de humer et de toucher du champion !
Photo Sedrik Nemeth

⇧ L'équipe de piste animée par Thierry Eissler fait un travail inouï, du matin au soir, changeant sans cesse parcours et décors. Et monter les Six Barres ou le mur de la Puissance prêté par Michel Danioly (comme en décembre 2010), ce n'est pas de la tarte non plus !
Photo Scoopdyga – Pierre Costabadie

⇧ Monique Kast, qui a repeint quantité de barres et d'obstacles à Palexpo ! Elle en a aussi créé de très originaux, notamment pour La Gambade !
Photo Geneviève de Sépibus

bénévoles ! Certains bossent durant toute l'année ou viennent décharger du matériel des containers, repeindre des barres ou aider à construire les écuries le week-end, parfois des semaines avant le concours. Les Scherz et l'équipe des écuries sont alors déjà à l'ouvrage, Eric Sauvain supervise les travaux avec son calme olympien, Françoise Tecon et son équipe préparent leurs multiples sapins et décors.

Et, durant la semaine du concours, ce sont plus de 730 fourmis, sans compter tous les gens de Palexpo et les différents prestataires de service venus épauler les bénévoles, qui s'agitent dans cette gigantesque fourmilière. Sur la piste et « dans le quartier de Thierry Eissler », ils sont plus de 150 à changer sans cesse le décor. Aux écuries, ils sont 70 et à grande majorité féminine (90 % sont des demoiselles), qui officient à raison de vingt à trente heures la semaine, cinquante même pour les plus assidus. Responsable de ce petit monde, Anastasia Scherz est admirative : « C'est énorme pour des bénévoles, d'autant qu'elles sont jeunes, parfois très jeunes (entre 13 et 20 ans) ».

A la question de savoir comment elles combinent école et concours, ces demoiselles ont déclaré « venir après l'école, ou entre les examens, prévoir cela comme stage, prendre congé ou... courber les cours ! Bien sûr, la semaine est un peu chargée, mais ce n'est qu'une fois par année ». « Et pour rien au monde, elles, ils, ne manqueraient ça », expliquaient-elles à Sophie Kasser-Deller, dans Le Cavalier Romand. Et d'ajouter : « C'est là, aux écuries, que l'on hume, que l'on touche, du

rêve, du champion, fut-il cheval ou cavalier. Là qu'on peut comprendre comment ça marche. Là qu'on est tout le temps avec les chevaux, qu'on peut les voir couchés, les observer travailler. Là, encore, qu'on peut parler aux cavaliers ».

Certains cavaliers ont une cote maximale auprès de ces bénévoles-là. Ainsi Philippe Le Jeune, vieil habitué du concours mais tout frais champion du monde (2010). « Il est génial, il a toujours un mot gentil ! » Kevin Staut a aussi ses fans. En décembre 2010, à l'issue de sa belle victoire dans le GP Coupe du monde Rolex FEI et de la conférence de presse qui suivait, le Français a passé à la fête de clôture des bénévoles du CHI et a accepté de dire quelques mots : « Merci à tous. Ce concours est magnifique et c'est grâce à vous. Je suis fier d'avoir gagné mon premier Grand Prix Coupe du monde ici, un grand coup de chapeau à tous ! »

Parmi tous ces bénévoles, il y a des Français et qui parfois viennent de loin, comme ces jeunes apprentis des métiers du cheval de « La Chabraque » qui se déplacent avec les Cheminat depuis l'Aveyron. Ou encore des « exotiques », comme des élèves de l'AISTS, un charmant Indien enturbanné ou encore un Australien.

Certains bénévoles officient au CHI depuis cinquante ans... ou plus. C'est par exemple le cas de Roger Ryser, qui a fêté son demi-siècle de bénévolat au service du CHI lors des finales 2010. Il avait donc vécu six éditions de l'ancien Palais comme actif ! Jean-Marc Félix, actif depuis 1963 et animateur de cette joyeuse équipe depuis l'époque des Vernets, Jacques Künzi, Roland Favre, Cyril Freymond et Cⁱᵉ sont aussi là depuis des lustres. Le vétéran des bénévoles fut longtemps l'écuyer Roger Schaer, l'ancien écuyer du DFCA, qui, après avoir longtemps officié sur la piste, s'occupait de l'arrivée des chevaux à la grande porte, à plus de 80 ans et malgré les courants d'air. Aujourd'hui, c'est Robert Rihs, qui affiche tout de même 83 printemps et officie aux obstacles. «*Il ne faut pas trop parler de moi, il y en a d'autres qui sont depuis bien plus longtemps que moi aux obstacles!*», souligne modestement Robert, bénévole depuis 1993. Le Concours hippique de Genève, il y assiste depuis 1955. «*J'étais venu de Gland, où j'étais charretier, avec mon patron. J'allais alors aussi à Berne, à Aarau et jusqu'à Frauenfeld pour voir les courses et les concours.*» «*Je me souviens de Genève à l'époque du vieux Palais, où on regardait tous ces cavaliers avec une admiration sans borne, notamment Paul Weier. Et ce soir de 1973 où Rudolf Gnägi s'est fait siffler par le public, les dragons tournaient le dos au chef de l'armée, c'était incroyable, je sifflais aussi, on a fait du bruit!*» Et des Vernets, que et qui retient-il? «*J'aimais bien voir Thomas Fuchs, si élégant, Willi Melliger et Philippe Guerdat. Aujourd'hui, il y a son fils, Steve, un champion, et Christina (Liebherr), que j'aime bien aussi. L'ambiance de Palexpo, avec tous ces jeunes dans les tribunes, est extraordinaire. A l'époque, peu d'enfants pouvaient monter, ça coûtait cher; aujourd'hui, c'est devenu possible. L'ambiance est formidable sur la piste et aussi dans les coulisses.*»

A Palexpo, Robert Rihs ne monte et démonte plus les parcours, il répare les obstacles, leur redonne un petit coup de jeune, avec Roland Pellanda, «*qui amène tout son matériel*», et Eric Portier, «*qui a son atelier tout à côté*». Serge Delèze, Antonin Ramel et tant d'autres sont là depuis beaucoup plus longtemps, mais le vétéran, c'est lui! On revoit tant d'images des coulisses défiler, Monique Kast avec ses pinceaux, peignant et repeignant des centaines de barres, créant des décors, Laurence Etter rangeant et déplaçant tout ce matériel avec une énergie incroyable, Thierry Borne, toujours de bonne humeur, Adrien Gonseth, devenu membre du jury depuis peu, animant l'équipe de Thierry Eissler en chantant à tue-tête: «*On est les champions du monde des barres et des montants*» après l'attribution de chaque titre «d'indoor n⁰ 1» et durant plusieurs jours! Merci et bravo à tous ceux qui œuvrent depuis des décennies et

des décennies à la réussite du concours. Dans l'ombre. Et en mettant de la lumière partout, car, répétons-le, si les grooms sont bien accueillis, ils sont heureux et les cavaliers aussi.

⇧ Les bénévoles sont pour beaucoup dans la réussite du CHI de Genève. Les voici réunis, en été 2011, lors de la fête annuelle qui leur est dédiée.
Photo Joseph Carlucci

Avec Anne-So ou River Swing…

Cette ambiance de fête que l'on trouve certains soirs – ou petits matins – aux obstacles et aux écuries, elle rejaillit sur tout le concours. Il y a aussi eu ces fins de soirée homériques au stand du *Cavalier Romand*, où l'on dansait avec le jazz de River Swing et la disco d'Anne-So et où on servait à boire jusqu'à point d'heure. Des bénévoles nous y rejoignaient aussi. Plusieurs cavaliers internationaux étaient sensibles à cette ambiance et apprenaient ainsi la définition du mot «pédzer».

Les soirées animées par la merveilleuse Anne-So, chanteuse et animatrice de talent fidèle du CHI-W depuis 2005, ont pris tellement d'ampleur qu'il a fallu lui trouver un décor plus vaste que le stand du *Cavalier Romand*! Si un *winning round* incroyable avait été créé pour les finales 2010, c'est un peu à cause d'elle aussi – ou plutôt grâce à elle! –, il n'était pas possible de faire aussi grandiose pour les éditions suivantes, mais la solution trouvée par Eric Sauvain pour décembre 2010 semble idéale. De ce podium géant, l'on surplombe stands et paddocks: impressionnant! Le seul inconvénient, c'est qu'il y a beaucoup de marches à gravir et que, pour certains, c'est compliqué. On pense à Slim Kahn, qui vend

⇧ Les écuries, c'est le cœur du CHI, même si leur accès est forcément limité à peu de gens: sécurité et tranquillité des chevaux obligent! Le rôle des grooms est essentiel, sans eux pas de victoire!
Photo Nadja Kohler

⇑ Francis Menoud n'a pas seulement fonctionné à une dizaine de postes différents comme bénévole depuis 1959 (rideau, piste, construction, écuries, animation, speaker, élevage, etc.), il a aussi fait le show, que ce soit en imitant Geoff Billington, comme ici, ou sur un chameau : sacré Francis !
Photo Image – B. Sandoz

⇓ Une partie des sponsors et des membres du comité du 51ᵉ CHI de Genève pris en photo lors de la soirée des sponsors, le 20 juin 2011 au Club nautique de Genève.
Photo Joseph Carlucci, LDD

des cartes à l'entrée en fauteuil roulant et aime tant venir danser et faire la fête en fin de soirée. Grâce à nos gros bras, à Bernard Chabloz et à ses acolytes de Show Medical Service notamment, on trouve souvent une solution !

Grâce à cet esprit d'entraide et d'amitié, les collaborateurs défrayés ou rétribués – il y en a forcément quelques-uns dans des domaines très spécialisés ou nécessitant beaucoup de matériel –, ont le même état d'esprit que les vrais bénévoles. Ils essayent aussi de faire des miracles… avec peu. On pense par exemple à Dominique Gelin et à son équipe, qui offrent des images de super-pros sur l'écran géant quand la TSR ne couvre pas en direct.

Cet état d'esprit, la presse n'y est pas insensible. « *Sport, spectacle, cheval, humour et amitié, tels sont les ingrédients du CHI-W de Genève, où se mêlent action et émotion, dans une ambiance de grande fête* », soulignait la journaliste française Jocelyne Alligier, qui suit le concours pour *L'Eperon* et Cavadeos depuis plus de quinze ans avec son compagnon photographe Jean-Louis Perrier, dans le programme officiel. Des photographes qui, à l'instar de Geneviève de Sépibus, couvrent parfois le CHI-W depuis plus de trente ans. Et Jocelyne Alligier d'ajouter : « *Voilà toute l'alchimie du Concours hippique international de Genève, une grande compétition, avec ses enjeux, ses règles et ses verdicts, fondue dans un grand rendez-vous placé sous le signe de la convivialité, où tous les acteurs deviennent des amis. Le résultat en fait un des plus beaux joyaux des sports équestres.* » Quel plus beau compliment ? C'était vrai en 2002 et la suite n'a semble-t-il fait qu'amplifier cette alchimie.

On peut compter sur Sophie Mottu Morel, qui s'est mariée en été 2011, sur sa belle équipe et sur les 700 bénévoles pour poursuivre sur cette lancée. La directrice, ses acolytes et tous ceux qui l'ont précédée à la tête du comité avaient aussi assisté au concours enfant, la tête et le cœur remplis de rêves. Beaucoup y fonctionnaient déjà jeunes comme bénévoles. Les uns tiraient le rideau, les autres portaient des barres. Et le rêve de se prolonger.

Le CHI, une longue et belle histoire, on vous le dit.

Postface
de Sophie Mottu

Depuis mon enfance, les chevaux font partie de ma vie. Ma mère, passionnée d'équitation, nous emmenait très régulièrement, ma sœur, mon frère et moi, au manège de Troinex. Pendant qu'elle s'occupait de Pop Corn, cheval qui aura permis à mon frère et moi-même de débuter en concours de saut, nous jouions dans la cour. Nous créions alors notre univers et rêvions déjà secrètement de devenir, un jour, cavalier. Et cela ne s'est pas fait attendre trop longtemps puisque mon frère commença très tôt à monter et par la suite à aller en concours. Ma sœur et moi lui emboîtions le pas.

Comme tout cavalier qui se respecte, nous allions bien évidemment chaque hiver à la patinoire des Vernets pour voir LE Concours hippique international. Que de souvenirs magiques et incroyables des belles soirées que nous avons pu y vivre ! Avec nos yeux d'enfants émerveillés, nous admirions ces grands cavaliers et leurs magnifiques montures. Je revois encore ces deux couples mythiques qu'étaient Jappeloup et Pierre Durand et John Whitaker et Milton fouler le sable de la patinoire, et l'effervescence du public qui les accompagnait. Je me souviens aussi des reprises de dressage de Christine Stückelberger et Gauguin de Lully CH. Entre les épreuves, nous essayions d'accéder aux coulisses et surtout d'aller dans les écuries pour voir de près tous ces grands champions, mais c'était peine perdue et nous nous contentions de les regarder de loin.

Après ces quatre jours de sport de haut niveau, nous rentrions à la maison chargés d'énergie et de motivation pour les entraînements et les prochains cours à venir. Ne dit-on pas que de regarder est déjà une bonne partie de l'apprentissage ? Et c'est bien ce que nous faisions durant le CHI, regarder très attentivement !

Puis la saison de concours commençait et, grâce à mon frère, nous découvrîmes de beaux concours en Suisse comme à l'étranger. Nous avons eu alors la chance de voyager et de côtoyer de près de futurs grands cavaliers, je pense notamment à Rodrigo Pessoa ou encore à Jeroen Dubbeldam, tous deux futurs champions olympiques.

Mais revenons au CHI, début des années 1990 vint le déménagement à Palexpo. Tout était encore plus beau et la grandeur des halles donnait encore plus d'ampleur à l'événement ! Je repense aux victoires de Philippe Le Jeune et Rodrigo Pessoa dans le Grand Prix Coupe du monde en 1992 et 1993.

Le début des années 1990 a aussi été marqué par la naissance d'une belle amitié entre mes parents, Philippe Guerdat et Alban Poudret. Avec eux, nous partagions notre passion commune du cheval. Durant l'année, ils partaient arpenter les concours hippiques organisateurs d'autres étapes Coupe du monde pour voir les exploits de Philippe sur ses fidèles Pybalia, Lanciano V, Lucinda IV et cie. A leur retour, ils nous racontaient ce qu'ils avaient vu et j'espérais un jour avoir la chance de pouvoir vivre cela également.

Et ce jour arriva. En décembre 2001, lorsque Pierre E. Genecand, alors président du CHI, me parla de sa volonté de se retirer et de me former à sa succession, je crus rêver ! Aurais-je pu un jour imaginer être à la tête de ce prestigieux concours ? Très sincèrement, même dans mes rêves les plus fous, je ne crois pas. Grâce à son soutien, mais aussi à celui d'Alban, dont l'amitié et la confiance grandiront année après année,

⇧ Sophie Mottu
Photo Valeria Streun

ainsi qu'à celui de tous les membres du comité d'organisation qui crurent en moi, je repris la direction du CHI en janvier 2004, après presque deux ans de travail auprès de Pierre et d'Alban, motivée comme jamais. Grâce à cette équipe absolument formidable, ce baptême du feu fut un succès !

Depuis ces nombreuses années où nous travaillons ensemble, des liens étroits se sont tissés entre nous tous. Parce que le CHI de Genève, c'est avant tout cela, de l'amitié et du respect. En somme, une grande famille composée de 33 membres de comité mais aussi de plus de 700 bénévoles qui donnent de leur temps et de leur passion au CHI. Je ne les en remercierai jamais assez car cette énergie insufflée par chacun d'entre eux donne une âme au CHI. Une âme propre à Genève et qui fait des envieux sur d'autres places de concours !

Ensemble, nous avons vécu des moments extraordinaires, comme les victoires de Rodrigo Pessoa et Meredith Michaels Beerbaum dans les finales du Top 10, les succès de Steve Guerdat, chouchou du CHI, dans le Grand Prix Coupe du monde en 2006, le 1er Défi des Champions© en 2008 ou encore lors de la 10e Finale du Top 10 en 2010. Et je n'oublie bien évidemment pas les finales de Coupe du monde en avril 2010 ! Ensemble, nous avons aussi vécu des moments moins heureux, parce que cela fait aussi partie de notre sport, comme en 2006 lorsque Ludger Beerbaum chuta violemment dans la finale du Top 10 ou lorsque la voiture de Daniel Würgler se retourna sur la piste sur une de ses grooms ou encore lors des finales d'avril 2010 avec la disqualification de McLain Ward, leader du classement.

Etre aux commandes de ce prestigieux événement, c'est rencontrer les stars comme Pierre Durand ou John Whitaker qui m'ont fait rêver enfant et aussi celles d'aujourd'hui comme Meredith Michaels Beerbaum, Steve Guerdat, Eric Lamaze ou encore Kevin Staut, mais c'est également connaître les dessous de notre sport, en comprendre les ficelles. Et parfois les images que nous en avions sont un peu esquintées… Notre sport est actuellement en mutation. Que les choses changent est une réalité et nous devons vivre avec notre temps. Mais certaines nouvelles tendances ne sont pas toujours de notre goût.

La concurrence entre les événements, en Europe mais aussi en Suisse, devient de plus en plus vive, les enjeux financiers sont toujours plus nombreux et les attentes des cavaliers, de la FEI et parfois de certains sponsors, plus grandes. L'organisateur que nous sommes se trouve dès lors pris entre ces acteurs aux attentes différentes et son rôle devient toujours plus compliqué.

Il nous arrive parfois de nous décourager, de vouloir baisser les bras. La course au concours le mieux doté, aux surenchères et aux superlatifs va devenir un jour ingérable. La FEI, qui devrait jouer son rôle de garde-fou, semble elle-même parfois dépassée par les événements et nous laisse alors face à nous-mêmes.

Le CHI de Genève a des principes et il y tient. Comme celui de ne pas accepter de l'argent pour qu'un cavalier vienne y monter. Même si nous avons parfois le sentiment d'être considérés comme des nostalgiques et que nos décisions déclenchent l'incompréhension de certains, nous savons aussi qu'elles incitent au respect.

L'actuelle crise économique qui touche l'Europe et aussi la Suisse n'arrange bien évidemment pas nos affaires. Trouver des partenaires pour assurer la pérennité de notre événement s'avère bien difficile. Heureusement de fidèles sponsors et mécènes qui croient en nous comme Rolex, le Credit Suisse, les membres du Jockey Club et bien d'autres encore nous soutiennent depuis de nombreuses années. Sans eux, l'aventure prendrait fin. L'un de nos principaux enjeux est donc de continuer à répondre à leurs attentes mais aussi à les faire rêver, car c'est aussi cela qu'ils souhaitent vivre en venant au CHI. Tout comme le public qui vient toujours plus nombreux !

Malgré les enjeux économiques, financiers et parfois politiques, les exigences de la FEI, les attentes de nos sponsors ou encore les contraintes techniques, nous sommes toujours aussi motivés à faire vivre des émotions et à transmettre notre passion.

Le CHI a vécu 50 éditions sur près d'un siècle (1926-2010) et, pour qu'il puisse fêter un jour sa 100e, il aura encore bien besoin du soutien des sponsors, de la FEI, des autorités cantonales et communales, des médias, du public et bien évidemment de ses bénévoles. L'histoire du CHI est belle car elle fait rêver, et unit des personnes aux horizons différents autour d'une passion, celle du cheval.

Postface
de Steve Guerdat

Par quoi commencer ? Quand je pense à Genève, tant de beaux souvenirs ressurgissent, ça me donne des frissons. Monter là-bas si jeune, à 16 ans, a été magnifique. J'ai connu des succès dans de petites épreuves, mais pour moi ce qui a toujours compté, ce sont les grosses épreuves. Quand je voyais ceux qui gagnaient le Grand Prix Coupe du monde le dimanche, cela me faisait rêver et me motivait. A cet âge-là, je n'avais pas le droit de le faire et, de toute façon, je n'avais pas le niveau, mes chevaux non plus. Mais je voulais vivre ce que ces cavaliers vivaient.

J'ai beaucoup travaillé pour atteindre ce niveau et pouvoir moi aussi goûter à ces moments-là. Que l'on soit suisse ou étranger, quand on gagne le Grand Prix à Genève, c'est un sentiment indescriptible et ça n'a pas de rapport avec l'argent que l'on peut y remporter. Genève est un des rares concours à avoir une âme et ça, ça ne s'achète pas, ne se fabrique pas.

Pour atteindre cet objectif, j'ai donc continué à travailler. Je n'irais pas jusqu'à dire que je n'ai travaillé que pour Genève, mais pour vivre les moments magiques que j'y avais découverts. Je n'osais pas imaginer que j'arriverais à gagner ce genre d'épreuves. Mais il y a eu le Grand Prix du vendredi, d'autres gros tours, le Grand Prix Coupe du monde, le Défi des Champions et encore la finale du Top 10. C'est impensable en fait, c'est fou, incroyable.

Ce qui est tellement beau à Genève, c'est que le concours a une âme, il n'est pas acheté. Les cavaliers qui sont là le sont car ce sont les meilleurs. On vit toujours du grand sport. Les cavaliers rêvent de gagner, même si on ne trouve pas forcément la même dotation que dans d'autres manifestations. Chacun rêve d'entrer sur cette piste en tant que vainqueur.

Je suis un privilégié. Réussir à vivre ce dont les autres rêvent et en plus à la maison, en tant que Suisse, c'est rare. Je me sens béni d'avoir pu goûter à cela dans ma vie. On ne sait jamais ce qui arrivera, mais j'espère qu'il y aura encore d'autres moments comme ceux-ci à Genève. D'ailleurs, ça me fait parfois presque peur, parce que j'ai déjà presque tout gagné ici. A quoi puis-je encore rêver ? Je n'aurai peut-être pas toujours un cheval pour remporter ce genre d'épreuve. C'est pour cela que, lorsque je pense au futur, parfois, je suis un peu inquiet.

Quand je pense à Genève, je me dis que c'est pour un concours comme celui-ci que je fais ce sport. C'est le sport pur, des gens purs et simples, la perfection. Genève est un des rares concours où le cheval et ce qui va avec, à commencer par les grooms, si importants, sont au centre de l'attention. Le bien-être, le cheval et le sport sont nos préoccupations. L'argent et les paillettes passent au second plan. C'est cela qu'il faut mettre en avant quand on parle de Genève.

Aujourd'hui, il y a des concours énormes qui arrivent avec plus de moyens et plus d'argent, mais moi ce n'est pas le sport que j'aime. J'espère qu'un concours comme Genève va durer, se maintenir au niveau où il est et conserver cette âme du sport que j'aime tant. Là, on peut se battre avec le cheval et pour le sport avec un grand S.

⇧ Steve Guerdat
Photo Roland Keller

Genève, par et pour le Sport.
Le concours par excellence.

Palmarès des épreuves majeures

de 1926 à nos jours

Années	Prix des Nations	Grand Prix de Genève, Grand Prix de Suisse, Grand Prix Coupe du monde*	Trophée de la Ville de Genève, GP HSBC et Credit Suisse Grand Prix*
1926		Alessandro Bettoni/ITA (Scoiattolo)	
1927	Suisse	Christian de Castries/FRA (Irish Boy)	
1928	Italie	Henry de Royer/FRA (Vol-au-Vent)	
1929	Allemagne	Henri de Vienne/FRA (Pompignac)	
1930	Italie	Joseph Stevenaert/BEL (Sournoise)	
1933	France	Christian de Castries/FRA (Wednesday)	
1934	Belgique	Ranieri di Campello/ITA (Herouville)	
1938	Allemagne	H. H. Brinckmann/ALL (Oberst II)	
1946	-	Jean d'Orgeix/FRA (Sucre de Pomme)	
1947	Italie	James Kaiser/USA (Dagmar)	
1949	Grande-Bretagne	(à Zurich)	
1951	France	"	
1953	France	Pierre J. d'Oriola/FRA (Voulette)	
1955	Italie	Francisco Goyoaga/ESP (Toscanella)	
1957	Allemagne de l'Ouest	Francisco Goyoaga/ESP (Fahnenkönig)	
1959	Italie	Bernard de Fombelle/FRA (Buffalo B)	Raimondo d'Inzeo/ITA (Posilippo)
1961	Allemagne de l'Ouest	Raimondo d'Inzeo/ITA (Posillipo)	Francisco Goyoaga/ESP (Kif Kif B)
1963	Suisse	Werner Weber/SUI (Lansquenet)	Raimondo d'Inzeo/ITA (Posilippo)
1965	Espagne	Andrew Fielder/GB (Vibart)	Graziano Mancinelli/ITA (Turvey)
1967	Brésil	Anneli Drummond-Hay/GB (Merely-a-Monarch)	José Fernandez/BRE (Cantal)
1969	Allemagne de l'Ouest	Raimondo d'Inzeo/ITA (Bellevue)	Anneli Drummond-Hay/GB (Merely-a-Monarch)
1971	Allemagne de l'Ouest	Raimondo d'Inzeo/ITA (Fiorello)	Graziano Mancinelli/ITA (Ambassador)
1973	Allemagne de l'Ouest	Hendrik Snoek/BRD (Rasputin)	Hartwig Steenken/ALL (Simona III)
1975	Allemagne de l'Ouest	Eric Wauters/BEL (Pomme-d'Api)	Hans Horn/HOLL (Codex)
1977	Grande-Bretagne	Ferdi Tyteca/BEL (Ransome)	Hartwig Steenken/ALL (Gladstone)
1979	Grande-Bretagne	Nick Skelton/GB (Lastic)*	Eric Leroyer/FRA (Bayard du Peray)
1981	Grande-Bretagne	Bruno Candrian/SUI (Van Gogh)	Gerd Wiltfang/ALL (Roman XI)
1983	Suisse	Graziano Mancinelli/ITA (Gitan P)	Wilhelm Bettinger/ALL (Wuestenfee)
1985		Franke Sloothaak/ALL (Warkant)*	Patrice Delaveau/FRA (Laeken HN)
1987		Paul Schockemöhle/ALL (Orchidee)*	Hubert Bourdy/FRA (Lichen V)
1989		John Whitaker/GB (Milton)*	Jeff McVean/AUS (Whisper Grey)
1991		Philippe Rozier/FRA (Waïti Oscar)*	Thomas Fuchs/SUI (Dollar Girl)
1992		Philippe Le Jeune/BEL (Roby Foulards Shogoun)*	Stefan Lauber/SUI (Lugana II)
1993		Rodrigo Pessoa/BRA (Loro Piana Special Envoy)*	Hugo Simon/AUT (Apricot D)*
1994		James Fisher/GB (Bowriver Queen)*	Markus Fuchs/SUI (Interpane Goldlights)*
1996 FINALE		Hugo Simon/AUT (E.T.) FINALE CM*	Ludger Beerbaum/ALL (Sprehe Gaylord)*
1996		Lars Nieberg/ALL (For Pleasure)*	Hugo Simon/AUT (E.T. FRH)*
1997		Katie Monahan Prudent/USA (Belladonna)*	Emile Hendrix/HOL (Ten Cat Finesse)*
1998		Trevor Coyle/IRL (Cruising)*	Rodrigo Pessoa/BRA (Gandini Lianos)*
1999		Ludger Beerbaum/ALL (Champion du Lys)*	Rodrigo Pessoa/BRA (Baloubet du Rouet)
2000		Rodrigo Pessoa/BRA (Gandini Lianos)*	Rodrigo Pessoa/BRA (Gandini Lianos)
2001		Malin Baryard/SUE (H&M Butterfly Flip)*	Rodrigo Pessoa/BRA (Baloubet du Rouet)
2002		Rodrigo Pessoa/BRA (Baloubet du Rouet)*	Robert Smith/GB (Mr Springfield)
2003		Thomas Velin/DAN (Equest Carnute)*	Lars Nieberg/ALL (Adlantus As FRH)
2004		Rodrigo Pessoa/BRA (Baloubet du Rouet)*	Steve Guerdat/SUI (Campus)
2005		Thomas Frühmann/AUT (The Sixth Sense)*	Robert Smith/GB (Kalusha)
2006		Steve Guerdat/SUI (Jalisca Solier)*	Michael Whitaker/GB (Portofino)
2007		Ludger Beerbaum/ALL (All Inclusive NRW)*	Heinrich-H. Engemann/ALL (Aboyeur W)
2008		Eric Lamaze/CAN (Hickstead)*	Laura Kraut/USA (Miss Independent)*
2010 FINALES		Marcus Ehning/ALL (Noltes Küchengirl et Plot Blue)*	Steve Guerdat/SUI (Jalisca Solier)*
2010		Kevin Staut/FRA (Silvana de Hus)*	McLain Ward/USA (Antarès F)*

Prix des vainqueurs Défi des Champions ©*	Top 10 Rolex IJRC	Chef(s) de piste saut	
		Alfred Blanchet	1926
		Alfred Blanchet et Ernest Haccius	1927
		"	1928
		"	1929
Mario Lombardo/ITA (Bufalina)		Ernest Haccius et Emile Blanchet	1930
		"	1933
		"	1934
		"	1938
		Emile Pinget	1946
Gudin de Valerin/FRA (Sauteur)		"	1947
Bernard Chevalier/FRA (Tourbillon)		"	1949
Piero d'Inzeo/ITA (Uruguay)		Emile Pinget et Louis Dégallier	1951
Alonso Martin/ESP (Brise Brise)		Louis Dégallier et Gérard Haccius	1953
Fritz Thiedemann/ALL (Finale)		Louis Dégallier et Robert Carbonnier	1955
Gudin de Valerin/FRA (Sauteur)		Robert Carbonnier	1957
		"	1959
		"	1961
		"	1963
		"	1965
		"	1967
		"	1969
		"	1971
		"	1973
		"	1975
		"	1977
		Daniel Aeschlimann et Louis Meyer	1979
		"	1981
		"	1983
		Daniel Aeschlimann et Paul Weier	1985
		"	1987
		"	1989
		Paul Weier et Daniel Aeschlimann	1991
		"	1992
		Paul Weier	1993
		"	1994
		"	FINALE 1996
		"	1996
		"	1997
		Leopoldo Palacios/VEN	1998
		"	1999
		Rolf Lüdi et Heiner Fischer	2000
	Ludger Beerbaum/ALL (Goldfever)	"	2001
	Ludger Beerbaum/ALL (Gladdys'S)	"	2002
	Rodrigo Pessoa/BRA (Baloubet du Rouet)	Rolf Lüdi	2003
	Meredith Michaels Beerbaum/ALL (Shutterfly)	"	2004
	Rodrigo Pessoa/BRA (Baloubet du Rouet)	"	2005
	Meredith Michaels Beerbaum/ALL (Shutterfly)	"	2006
	Jessica Kürten/IRL (Catle Forbes Libertina)	"	2007
Steve Guerdat/SUI (Trésor)*	**Bruxelles:** *Michel Robert/FRA (Kellemoi de Pépita)*	"	2008
	Paris: *Marcus Ehning/ALL (Plot Blue)*	"	FINALES 2010
	Steve Guerdat/SUI (Jalisca Solier)	Rolf Lüdi et Gérard Lachat	2010

Années	Dressage Grand Prix	Dressage Kür Coupe du monde	Attelage Coupe du monde
1926			
1927			
1928			
1929			
1930			
1933			
1934			
1938			
1946			
1947			
1949			
1951			
1953			
1955			
1957			
1959			
1961			
1963			
1965			
1967			
1969			
1971			
1973			
1975			
1977			
1979			
1981			
1983			
1985			
1987			
1989			
1991			
1992			
1993			
1994			
1996 FINALE			
1996			
1997	Anky van Grunsven/HOL (Bonfire)	Isabell Werth/ALL (Amaretto)	
1998	Isabell Werth/ALL (Antony)	Isabell Werth/ALL (Antony FRH)	
1999	Ulla Salzgeber/ALL (Rusty)	Ulla Salzgeber/HOL (Rusty)	
2000	Ulla Salzgeber/ALL (Rusty)	Ulla Salzgeber/HOL (Rusty)	
2001			
2002			Daniel Würgler/SUI
2003			
2004			
2005			Michael Freund/ALL
2006			Ijsbrand Chardon/HOL
2007			Marc Westhof/HOL
2008			Boyd Exell/AUS (FINALE)
2010 FINALES			Boyd Exell/AUS
2010			Boyd Exell/AUS

Ils ont organisé Genève

Années	Président Association du CHI*	Président/directeur[1] CO**	Vice-président, secr. gén[2], dir. sportif[3]
1926		Charles Charrière	Emile Pinget
1927		"	"
1928		"	"
1929		Guillaume Favre	A. Blanchet, E. Haccius, A. Vidoudez, C. Odier
1930		"	Alfred Vidoudez et Camille Odier
1933		"	Alfred Vidoudez
1934	(Guillaume Favre)	Alfred Vidoudez	Emile Pinget
1938	"	Henri Poudret	Alfred Vidoudez et Emile Pinget
1946		Fernand Chenevière	Emile Pinget et Pierre de Muralt
1947			"
1949		"	"
1951	Emile Pinget	Pierre de Muralt	Emile Pinget, Rolf de Steiger et Léopold Boissier
1953	"	"	E. Pinget, R. de Steiger, L. Boissier et A. Barbier
1955	"	"	André Barbier, Léopold Boissier et Rolf de Steiger
1957	Pierre de Muralt	"	"
1959	"	"	André Barbier, J.-P. Albert et Léopold Boissier
1961	"	"	André Barbier et Arthur Schmidt
1963	"	"	"
1965	"	"	"
1967	–	"	"
1969	–	"	"
1971	–	"	"
1973	–	"	André Barbier, Arthur Schmidt et Louis Dégallier
1975	–	Robert Turrettini	Louis Dégallier et Yves G. Piaget
1977	–	"	"
1979	–	"	"
1981	Robert Turrettini	Yves G. Piaget	Jean Auvergne et Michel d'Arcis
1983	"	"	"
1985	"	"	"
1987	Yves G. Piaget	Michel d'Arcis	Jean Auvergne
1989	"	Claude Stoffel[1]	–
1991	"	Pierre E. Genecand	Christian Colquhoun[2]
1992	"	"	"
1993	"	"	Alban Poudret et Christian Colquhoun[2]
1994	Gérard Turrettini	"	Alban Poudret
1996 FINALE	"	"	Pierre Mottu et Alban Poudret
1996	"	"	Alban Poudret
1997	"	"	"
1998	"	"	"
1999	"	"	"
2000	"	"	"
2001	"	"	"
2002	"	"	
2003	"	"	Sophie Mottu et Alban Poudret
2004	"	Sophie Mottu[1]	Alban Poudret[3]
2005	"	"	"
2006	"	"	"
2007	"	"	"
2008	"	"	"
2010 FINALES	"	"	"
2010	"	"	"

*Précédemment comité permanent   **Précédemment comité directeur

Le livre des records

Nombre de victoires dans des épreuves majeures à Genève
Epreuves individuelles uniquement*

1er. **Rodrigo Pessoa:** 10 épreuves majeures
Quatre Grands Prix Coupe du monde le dimanche, quatre autres Grands Prix (aujourd'hui parrainés par le Credit Suisse) et deux finales du Top-10.

2e. **Steve Guerdat:** 6 épreuves majeures
1 GP Coupe du monde (2006), 2 GP CS (2004 et 2010), le Défi des Champions 2008, l'Acte II de la Coupe du monde Rolex FEI 2010 et la finale du Top 10 2010.

3e ex. **Ludger Beerbaum** : 5 épreuves majeures
Deux GP Coupe du monde (1999 et 2007), un GP (combinaisons du samedi en avril 1996) et deux Top 10.

3e ex. **Raimondo d'Inzeo** : 5 épreuves majeures
Le Grand Prix final en 1961, 1969 et 1971, le Trophée de la Ville en 1959 et 1963.

5e ex. **Hugo Simon (AUT)** : 3 épreuves majeures
La finale de la Coupe du monde 1996 et le GP du vendredi en 1993 et déc. 1996

5e ex. **Graziano Mancinelli (ITA)** : 3 épreuves majeures
Le Grand Prix de Suisse en 1983, le Trophée en 1965 et 1971.

5e ex. **Francisco Goyoaga (ESP)** : 3 épreuves majeures
Le Grand Prix de Suisse en 1955 et 1957, le Trophée en 1961

Suivent au 8e rang ex. **Meredith Michaels Beerbaum** (ALL) avec 2 finales du Top 10, **Anneli Drummond-Hay-Wucherpfennig** (GB/AF. du Sud), **Hartwig Steenken** (ALL) et **Lars Nieberg** (ALL), avec 2 victoires majeures chacun.

Par équipe (Coupes des Nations/Prix des Etendards):

1. **Allemagne** : 8 victoires
2. **Italie** : 5 victoires
3. **Grande-Bretagne** : 4 victoires
4ex. **France** : 3 victoires
4ex : **Suisse** : 3 victoires (1927, 1963 et 1983).

26 Coupes des Nations officielles se sont déroulées à Genève.

Dressage

4 victoires majeures pour **Ulla Salzgeber** (2 CM), trois pour **Isabell Werth** (2 CM), 1 pour **Anky van Grunsven**

Attelage

3 victoires en Coupe du monde (dont une finale) pour **Boyd Exell** (AUS), 1 victoire pour **Daniel Würgler** (SUI), **Michael Freund** (ALL), **Ijsbrand Chardon** (HOL) et **Mark Weusthof** (HOL).

* Les Coupes des Nations, épreuves par équipe, n'ont volontairement pas été prises en compte dans ce classement.

Les records de hauteur à Genève et dans le monde

Puissance:

Monde: 240 cm franchis par **Franke Sloothaak** (ALL) et **Leonardo** en 1992 à Chaudfontaine (**Alberto Larraguibel** et **Huaso** ont franchi 247 cm en 1949 à Viana del Mar (Chili), mais sur un obstacle incliné et avec plusieurs essais à des hauteurs choisies (c'était leur 3e et dernière tentative sur 247 cm)).
Genève: 230 cm, franchis par **Willi Melliger** (SUI) et **Beethoven II** (photo), **Diego de Riu** (ITA) et **Fanando** en 1985.

Six Barres:

Genève: 212 cm franchis par **René Tebbel** (ALL) et **Le Patron** en 1998 (photo). Un record non homologué par la FEI, qui n'enregistre de toute manière pas les hauteurs des Six Barres. Linnea Ericsson (DAN) et PGL Cronus ont égalé cette performance en 2006.

Les chefs de piste les plus sollicités

1er ex. **Rolf Lüdi**: 12 concours entre 1999 (bras droit de Leopoldo Palacios) et déc. 2010, dont **11 comme n° 1** (Rolf Lüdi était déjà là en 1998, mais il n'était pas décisionnel). Il lui a aussi été demandé de construire en décembre 2011.

1er ex. **Robert Carbonnier**: 12 concours entre 1955 et 1977 dont **11 comme n° 1** (en 1955, il était aux côtés du col. Dégallier, en 1953 son second seulement).

3e **Paul Weier**: 10 concours entre 1985 et 1997, dont **7 (voire 10!) comme n° 1**.

⇦ Les chefs de piste sont pour beaucoup dans la grande réussite des dernières éditions du CHI-W de Genève (de g. à dr.): Heiner Fischer, Luc Henry, Gérard Lachat, le nouveau n° 2 du team, Michel Pollien, le nouveau venu, Rolf Lüdi, génial n° 1 depuis l'an 2000, Jürg Notz, conseiller avisé et indispensable, et Marco Cortinovis, constructeur des Européens 2005.
Photo Valeria Streun

Statistiques Top 10
10 ans de Top 10 Rolex IJRC

STATISTIQUES APRÈS LES 10 PREMIÈRES FINALES DU TOP 10 MONDIAL
(y. c. lors des deux finales disputées ailleurs)

8 finales à Genève (2001 à 2007 et 2010)
1 finale à Bruxelles (2008)
1 finale à Paris (2009)

La finale 2011 a été attribuée à Paris, la finale 2012 à Genève

Cavaliers
Participation au Top 10 mondial

9 finales
Marcus Ehning (ALL)   1er (2009), 2e (2005), deux fois 3^e

8 finales
Ludger Beerbaum (ALL)   Deux fois 1er (2001 et 2002), 3e en 2007

6 finales
Rodrigo Pessoa (BRE)   Deux fois 1er (2003 et 2005), 2e en 2004
Rolf-G. Bengtsson (SUE)   Deux fois 2^e (2006 et 2009)
Markus Fuchs (SUI)   3^e (2005)

5 finales
Meredith Michaels Beerbaum (ALL)   Deux fois 1re (2004 et 2006)

4 finales
Gerco Schroeder (HOL)   3^e (2006)
Jos Lansink (BEL)
Michael Whitaker (GB)
Albert Zoer (HOL)

3 finales
Jessica Kürten (IRL)   1re en 2007
Lars Nieberg (ALL)   2^e en 2002 et 2003

Ludo Philippaerts (BEL)   2e en 2001
Edwina Alexander (AUS)   2e en 2008
Eric Lamaze (CAN)   Deux fois 3e (2009 et 2010)
Otto Becker (ALL)
Christian Ahlmann (ALL)

2 finales
Michel Robert (FRA)   1er en 2008
Steve Guerdat (SUI)   1er en 2010
Toni Hassmann (ALL)
Robert Smith (GB)
Beezie Madden (USA)
Kevin Staut (FRA)

1 finale
Beat Mändli (SUI)   2e en 2007
Denis Lynch (IRL)   2e en 2010
Franke Sloothaak (ALL)   3e en 2001
Leslie Howard (USA)   3e en 2002
Malin Baryard-Johnsson (SUE)
Jeroen Dubbeldam (HOLL)
Harrie Smolders (HOLL)
Pénélope Leprévost (FRA)
McLain Ward (USA)
Pius Schwizer (SUI)

Trente-cinq cavaliers provenant de 12 nations et de 3 continents ont monté cette finale depuis sa création, en 2001. Parmi eux, 7 cavalières. L'Allemagne a évidemment eu le plus fort contingent de finalistes (8 cavaliers différents), devant la Suisse et la Hollande (4 cavaliers chacun), la France et les Etats-Unis (3 chacun).

Victoires

Meredith Michaels Beerbaum (ALL)   2 victoires (2004 et 2006)
Ludger Beerbaum (ALL)   2 victoires (2001 et 2002)
Rodrigo Pessoa (BRE)   2 victoires (2003 et 2005)

Jessica Kürten (IRL)   2007
Michel Robert (FRA)   2008
Marcus Ehning (ALL)   2009
Steve Guerdat (SUI)   2010

Chevaux

Baloubet du Rouet (2003 et 2005) et **Shutterfly** (2004 et 2006) ont gagné deux finales

Goldfever, **Gladdys'S**, **Castle Forbes Libertina**, **Kellemoi de Pépita**, **Plot Blue** et **Jalisca Solier** ont remporté une finale chacun.

Chefs de piste

Rolf Lüdi (SUI) a construit 8 finales (2001 à 2007 et 2010), **Conrad Homfeld** (USA) 2 finales (2008 et 2009).

⇧ Rolf Lüdi a construit le CHI de Genève à treize reprises, d'abord comme assistant (1998), puis comme bras droit de Leopoldo Palacios (1999) et depuis 2000 comme responsable n° 1, 8 finales du Top 10 et la finale de la Coupe du monde Rolex FEI 2010. Le tout à la satisfaction générale.
Photo Valeria Streun

L'auteur

Journaliste hippique de 54 ans, né le 3 mai 1957 à Lausanne, marié et père de deux (grands!) enfants, Alban Poudret est éditeur et rédacteur en chef du mensuel *Le Cavalier Romand* depuis 1982 et correspondant régulier d'une dizaine de revues hippiques à l'étranger, dont *L'Eperon* et *Breeding News*. Consultant à la Télévision Suisse Romande depuis 1999 (après l'avoir été sur France 3), chroniqueur régulier à la Radio Suisse Romande depuis 1988 et au quotidien *Le Matin* depuis 1979, auteur de *Jappeloup et Milton, deux chevaux de légende* (Ed. Robert Laffont).

Directeur sportif du CHI de Genève depuis fin 1992, speaker lors de nombreuses manifestations (Jeux mondiaux, Rome, Paris-Bercy, Cannes, San Patrignano, etc.). A 10 ans, il voulait être journaliste hippique, à 12 ans il avait déjà un petit mensuel (photocopié à vingt exemplaires!) et faisait sauter ses amis dans son jardin deux fois par semaine. A pied surtout!

⇨ *Le Cheval solaire*, une sculpture de **Jean-Denis Cruchet.**

Remerciements

A Nathalie, mon épouse, qui m'a aidé dans mes recherches… et a dû supporter mes humeurs, dues à des nuits plus courtes, ainsi qu'à Gaëlle Kursner et à toute l'équipe du *Cavalier Romand*, qui parviennent à suivre la cadence.

A mon père, qui m'a transmis cette belle passion et a relu attentivement ce livre, et à ma mère, qui a toujours encouragé cette passion.

A Sophie Mottu, Pierre E. Genecand, Yves-G. Piaget, Anne Roch-Delmas, Catherine Dégallier, Egon Kiss-Borlase, Francis Menoud et tous ceux qui se sont replongés dans les souvenirs du passé.

A mes collègues et amis Sophie Kasser-Deller, Michel Sorg, Xavier Libbrecht et Patrick Favre.

A mes enfants, Antoine et Camille, et aux 732 autres bénévoles actuels du CHI.

A la Radio Télévision Suisse et à son directeur Gilles Marchand, sans qui le beau film sur l'histoire du CHI réalisé par Jean-Marc Chevillard et Alain Meury et ce DVD n'auraient pas vu le jour.

A tous les photographes qui ont immortalisé le CHI de Genève et rendent ce livre bien vivant.

Aux dessinateurs et caricaturistes, Françoise Joho, Clément Grandjean et… à ceux de la Belle Epoque.

A Eric Vaucher, qui a réalisé la belle mise en page de ce livre, à Christina Mustad, qui l'a relu, à Gérald Bruderlin, qui a coordonné sa réalisation, et à Ivan Slatkine.

A la Fondation Hans Wilsdorf qui a permis l'édition de cet ouvrage.

Table des matières

⇦ Photo Serge Petrillo,
www.photoprod.ch

Maquette et mise en page :
Imprimerie Slatkine

Imprimé à Genève – Suisse.